项目资助：
2014年武汉大学教学研究项目：《法律诊所教育与毕业实习的整合》
2015年武汉大学本科教材规划建设项目：《民事、刑事和行政诉讼的法律实务技能》

法律实习论

徐晨 著

WUHAN UNIVERSITY PRESS
武汉大学出版社

图书在版编目(CIP)数据

法律实习论/徐晨著. —武汉:武汉大学出版社,2018.9
ISBN 978-7-307-20473-7

Ⅰ.法…　Ⅱ.徐…　Ⅲ.法律—实习—研究　Ⅳ.D9－45

中国版本图书馆 CIP 数据核字(2018)第 193753 号

责任编辑:胡　荣　　　责任校对:李孟潇　　　版式设计:汪冰滢

出版发行:**武汉大学出版社**　　(430072　武昌　珞珈山)
　　　　　(电子邮件:cbs22@ whu. edu. cn 网址:www. wdp. com. cn)
印刷:北京虎彩文化传播有限公司
开本:720×1000　　1/16　　印张:15　　字数:268 千字　　插页:1
版次:2018 年 9 月第 1 版　　　2018 年 9 月第 1 次印刷
ISBN 978-7-307-20473-7　　　定价:45.00 元

版权所有,不得翻印;凡购买我社的图书,如有质量问题,请与当地图书销售部门联系调换。

目　　录

第一章　绪　论

第一节　法律实习概述

一、法律实习的概念和特征

法律实习是在正式从事法律工作之前，通过直接或者间接参与实践来提高法务技能和获得法务经验的一种学习方式。与知识教学不同，法律实习属于实践教学的重要组成部分。狭义上的法律实习主要是指毕业实习，即法学专业高年级学生到实务部门进行短期学习，并予以实习考核。广义上的法律实习包括校内的法律诊所和模拟课程、校外实习和假期社会实践、专门实习机构（如日本的司法研修所）的定期实训以及入职前的见习等。①法律实习具有如下特征：

（一）准职业化学习

法律实习是正式从事法律职业之前的准职业化学习。美国霍姆斯（Holmes）大法官曾说："当我们学习法律的时候，我们不是在学习玄学……而是在学习一种职业。"② 在法律实习过程中，通过真实案件的模拟、参与以及实地学习等形式了解法律职业的运作过程，与从事法律职业的专业人士进行交流，处理不同法律职业所面临的实务问题，以此为进入法律职业积累初步的经验。

---

① 本书对于法律实习采取广义上的界定，主要讨论有关模拟课程、法律诊所和毕业实习等方面的问题。

② Oliver W. Holmes, "The Path of the Law", Harvard Law Review 457, 1987.

（二）注重职业技能和职业伦理的养成

法律实习的目标主要在于提升法律职业技能和熟悉法律职业伦理。在职业技能上，结合法院、检察院和律师事务所的实务运作，初步掌握法律信息的收集、法律观点的形成以及法律意见的表达等专业技能。这些职业技能在实务部门亦称为业务能力，即处理职业岗位上所涉法律事务的能力。在职业伦理上，了解和把握不同法律职业的伦理规范，初步形成法律职业的伦理观念。

（三）采取实例、实务或者实地等形式

法律实习在形式上可以分为三类：（1）实例模拟。与案例教学不同，实例模拟并不侧重于问题的分析能力，而在于从事法律职业的模拟培训。例如，模拟刑事、民事、行政案件的审判。（2）实务参与。通过会见当事人、撰写法律文书、调查取证、参与调解、代理出庭等方式，实习学生获得了参与法律实务的亲身机会。例如，在各类法律诊所中的实务参与。（3）实地学习。赴实务部门进行真实的体验和学习，从而了解各种法律职业的场所和业务操作。

（四）实习模式的多元化

由于法律实习的要求和资源的不同，实习模式趋于多元化。目前，我国法学院普遍采用实习基地、法律诊所和模拟教学等模式，也存在带有传统特点的师徒模式。德国和日本等国家所采用的专门机构实训模式是将实地、实务和实例等形式予以综合，由统一的机构来组织法律实习，详见表1-1。

表1-1

实习模式	形式	内 容
模拟教学/模拟法庭	实例	通过角色扮演等方式对真实的案件进行模拟，并予以评估
法律诊所	实务	在法律诊所教师的指导下参与真实的法律事务
校外实习/实习基地	实地	到法院、检察院、律所和公司等单位进行实习
司法研修	综合	由专门机构负责对民事、刑事、检察和辩护等法律实务进行实训

二、英美法系国家的法律实习

(一) 英国的法律实习

在 13 世纪晚期，英国出现了学习律师技艺的法律学徒 (apprentice)，这些法律学徒的实习方式主要包括：(1) 出庭旁听和记录。他们经常出席法庭，聆听律师和法官的发言。同时，法庭内有专供法律学徒使用的场地 (学徒围台)，法官在案件结束后向学徒们解释案件有关的法律问题。这些法律学徒不仅出庭旁听，还将听闻的内容予以记录。(2) 参与辩论。首先简短陈述事实，然后对与事实有关的法律问题进行提问，并对此提出两种可供选择的相反的观点。这种诘问教学法对真实案件中的材料进行压缩，将争论点从材料中抽取出来，予以清晰地表达。同时，还存在陈述、答辩以及口头辩论上的专门练习。通过熟练掌握这些辩论技巧，从而具备代诉律师的条件。(3) 阅读相关著作。例如，《布利顿》、《诉答新编》、《法庭陈述精要》、《令状录》等。① 在 1422 年，产生了专业律师培训的律师公会 (Inns of Court)，例如，林肯公会、格雷公会、内殿公会和中殿公会等。这些公会或者学院在性质上属于律师协会，由资深律师组成的委员会对会员的准入与规制等进行管理。② 律师公会的教学方式包括聘请高级出庭律师或法官进行授课、出席法庭旁听律师辩论和法官审案、组织模拟法庭等。

目前，在英国要成为出庭律师 (barrister) 和事务律师 (solicitor) 需要经过一定时期的法律培训。③ 执业技能培训的内容包括：(1) 法律资源检索和事实分析。通过书面和电子的法律资源，获取相关法律信息；对个案的事实进行分析和论证。(2) 法律意见和文书的写作。起草各种法律文书，并针对个案出具书面法律意见。(3) 口头表达和人际交流。在庭审中运用质证和辩论

---

① [英] 布兰德著：《英格兰律师职业的起源》，李红梅译，北京大学出版社 2009 年版，第 196-205 页。

② https：//en. wikipedia. org/wiki/Inns_of_Court, and http：//www. lincolnsinn. org. uk. 这种律师培训系统在 1642 年被英国革命所中断，直到 19 世纪才有所发展。1852 年引入律师考试，到 1872 年变成强制性要求。

③ 出庭律师从业 15 年以上，经申请和大法官推荐，可由英国女王授予皇家大律师的称号。另见 [日] 中網栄美子著：《英国の法曹養成制度》，法曹養成対策室報，No. 5，2011。

的技巧；通过谈判代理客户与对方达成协议；与客户和其他人士的会谈等。此外，通过参与执业律师工作、出席庭审以及为公众提供免费的法律服务等进一步提高专业技能。出庭律师与事务律师的资格条件、入会、学习及见习期限详见表1-2。

表 1-2

	出庭律师	事务律师
资格条件	具有法学学士学位或者其他被认可的文凭	
申请入会	成为四大律师公会的会员	成为事务律师协会的会员
课程学习	BVC（Bar Vacational Course）课程资格考试	LPC（Legal Practice Course）课程资格考试
见习期限	律师事务所见习1年	律师事务所见习2年

（二）美国的法律实习

目前，在美国法学院参与法律实践的方式主要包括四种：（1）法律诊所（Legal Clinics）；（2）校外实习（Externships/Field Placements）；（3）实务技能课程（Practice Skills Courses）；（4）公益活动（Pro Bono Work）。全国法律实习协会（National Association for Law Placement）于1971年成立，其旨在提高法学院和法律职业的雇主之间的信息交流和合作。该协会在2011年的一项调查报告显示：在针对1200余名法律从业者的调查中，有55.5%参与法律诊所，有52.6%参加校外实习，有82.8%选修了实务技巧课程，有54%参与了各种公益活动。[①] 如图1-1所示。

在校外实习中，主要机构包括行政机关或者立法办公室、非盈利组织、法院、律师事务所、一般公司以及其他机构。除了法律诊所和校外实习，法学院还提供实务技能课程，这些课程以模拟的形式展示实务中所运用的各种技能，包括初审辩护、上诉辩护、谈判、专题特别技能、替代纠纷解决、审前诉讼、客户咨询和会见、文书写作、事务处理实务以及法律实务管理等。此外，参加

---

① National Association for Law Placement（NALP），2011 Survey of Law School Experiential Learning Opportunities and Benefits：Responses from Government and Nonprofit Lawyers，参与调查的法律从业者可作复选。

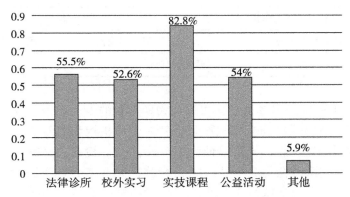

图 1-1　2011 年美国法律从业者参与法律实践的调查统计

公益活动也是提高实务能力的途径之一。大多数法学院并不要求学生参加公益活动，但是，也有一些法学院将提供公益服务作为课程的一部分。

近几年来，在传统诊所教育的基础上，美国法学院发展出基于跨学科交叉的法律实习模式——法律实验室。这些法律实验室不同于传统的刑事侦查实验室，其强调科技创新，将法律与其他学科予以融合，例如，利用计算机技术开发涉及法律内容的 APP，设计程序进行法律检索等。

三、大陆法系国家的法律实习

（一）德国的法律实习

在德国，需要经过大学教育、两次国考以及两年的实习才能获得从事法律职业资格，而后成为法官、检察官、执业律师或者行政机关法务人员。具体如表 1-3 所示：

表 1-3

	获得法律职业资格的要求	内容
1	法学院 4~5 年的专业学习	民法、刑法、宪法、行政法、诉讼法、法哲学、法律史等课程
2	第一次国家考试（大学+州）	笔试和口试

续表

	获得法律职业资格的要求	内容
3	为期 2 年的专业实习	分别在法院、检察院、律所、行政机关等处实习
4	第二次国家考试（州）	笔试和口试

在通过第一次国家考试后，将进入为期两年的专业实习，这一阶段被称为"国家文官候补期"或"职业预备期"。实习机构和期限如下：（1）民事法院（或者劳工法院），期限最低为 3 个月；（2）检察院（或者普通法院的刑事审判），期限最低为 3 个月；（3）行政机关（或者行政法院、财税法院和社会法院），期限最低为 3 个月；（4）律师事务所（或者公证事务所、企业法务），期限最低为 9 个月。德国各州对实习期限规定不一，实习生可选择一个或者多个实习机构进行实习，亦可赴国外进行实习。以黑森州为例，民事为 4 个月、刑事为 4 个月、行政为 4 个月、律师事务所为 9 个月以及自选实习 3 个月。

民事法院的实习受到法官的指导，其实习工作包括熟悉司法程序、撰写司法意见、听取证人证言、模拟庭审等。检察院的实习受到检察官的指导，其实习工作包括熟悉公诉程序、撰写起诉书、调查和旁听、单独出庭等。行政机关的实习是和法律专业人员一起工作，了解和掌握行政实务和相关程序。律师事务所的实习工作包括撰写法律意见、参与调查、旁听庭审、单独出庭等。实习费用由国家予以财政支持。①

（二）日本的法律实习

在日本，法官、检察官和辩护律师等法律专业人才被称为"法曹"。日本的法曹培养需要经过法学院学习、通过司法考试和司法研修所实习等三个阶段。法学院入学必须参加全国统一的适合性考试（LAST），然后参加各法学院实施的入学考试。法学院学习为期三年（修完法学课程可缩短到两年），完成法学院课程的，可获得法学博士学位（JD）。自 2003 年开始，日本大学的法学院开设了诊所教育课程，临床法学教育的形态大体可以分为三种类型：（1）在律师事务所等机构中，由律师指导监督，实际办理案件，提供法律服务的法律诊所教育（Legal Clinic）的形式，特别是一些有规模的法科大学

---

① ［日］藤田尚子著：《ドイツの法曹養成制度》，法曹養成対策室報，No. 5，2011。

院专门设置了从事法律诊所教育的律师事务所中，学生在专职和兼职律师的指导下，参与具体的案件办理业务，负责实际接待客户，并从事代理、调解、提出法律咨询意见等法律业务活动；（2）在法学院中，以现实的案件素材为基础，根据教学的目的进行加工，通过模拟案件的形式（Simulation）来开展技能教育；（3）向从事法律业务的法律事务所、企业法务部、行政机关、各种非政府组织等法律机构中派遣学生，由这些学生在这些机构中见习和实习（Externship），法科大学院委托派遣单位的法务人员对派遣的学生进行指导和训练，并使其接触真实的法律实务。①

　　参加司法考试原则上要求已完成法科大学院的课程，没有完成法科大学院课程的，只要是通过预备考试的合格者，也可以参加司法考试。司法考试（第一回考试）的合格者，必须在最高法院设立的司法研修所进行一年的实务实习，并通过毕业考试（第二回考试），最终合格者将被授予法曹资格。如图1-2 所示：

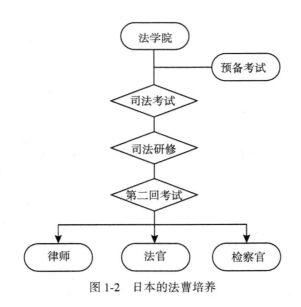

图 1-2　日本的法曹培养

　　在司法修习上，1890 年颁布的《裁判所构成法》（明治二十三年二月十日

①　丁相顺：《日本法科大学院制度与"临床法学教育"比较研究》，载《比较法研究》2013 年第 3 期。

法律第 6 号）第 57~61 条规定了 1 年以上的"实地修习"为司法官的任职条件之一。① 1933 年颁布的《辩护士法》（昭和八年四月二十八日法律第 53 号）第 2 条规定了 1 年 6 个月的"实务修习"为获得律师资格的条件之一。② 1945 年的《裁判所法》（昭和二十二年四月十六日法律第 59 号）将司法修习制度予以统一。③ 2006 年的司法修习改从每年 11 月开始，为期 1 年，包括民事裁判、刑事裁判、检察和辩护四个类别的实务修习，以及选择型实务修习和集合修习。修习生在各地的地方裁判所、检察厅和律师协会等实务部门进行实地修习，由经验丰富的实务专家进行个别的指导，以个别修习为中心通过实际案件的处理累积经验。根据 2015 年日本律师白皮书的统计，司法修习第 67 期（2014 年）总人数为 1973 人，其中女性为 443 人，具体分为法官为 101 人、检察官为 74 人、律师为 1248 人、其他为 550 人。④ 有关司法修习的费用，以往由国家承担食宿和交通费等，自 2010 年开始实行无息贷款制度，但受到多方的质疑和反对。司法修习的具体内容如表 1-4 所示⑤：

表 1-4

司法修习	修习内容	地点	期限
民事裁判	旁听庭审、观摩法官的诉讼指挥、对法庭记录作出检讨、对法官的判决进行意见交换、在文书报告中法官对案件事实和法律问题点的检讨结果、接受讲评、模拟裁判等	各地裁判所司法研修所	2 个月
刑事裁判	旁听庭审、观摩法官的诉讼指挥、对法官的判决进行意见交换、在文书报告中法官对案件事实和法律问题点的检讨结果、接受讲评、模拟裁判等	各地裁判所司法研修所	2 个月

---

① 《司法官試補修習考試規則》（昭和十四年八月十五日司法省人庶第 767 号司法大臣訓令）第 1~2 条。

② 《弁護士試補实务修習規則》第 7~9 条。

③ ［日］三澤英嗣著：《司法修習終了時点から見た司法修習生の实务修習について》，法曹養成対策室報，No. 6，2015。

④ http：//www. nichibenren. or. jp.

⑤ http：//www. courts. go. jp/saikosai/sihokensyujo/sihosyusyu/index. html.

续表

司法修习	修习内容	地点	期限
检察	在真实的刑事案件，由检察人员予以指导，进行证据收集、对犯罪嫌疑人的搜查取证、作出起诉或者不起诉决定的意见表述、旁听检察官公诉庭审等	各地检察厅司法研修所	2个月
辩护	在辩护律师的个别指导下，进行法律讨论、撰写法律文书和接受讲评、参与出庭以及律师协会的活动等	律师协会司法研修所	2个月
选择型实务修习	旨在促进和巩固上述修习的成果，并可进一步深入各法律领域进行修习。例如，行政法、劳动法、破产法、刑事政策、司法精神医学、外国人辩护、国际公法等	自选	2个月
集合修习	补充实务修习的体系和通用实务教育，分为民事裁判、刑事裁判、检察、民事辩护和刑事辩护五个科目，内容包括以实际案件为基础的法律文书起草、口头说明和讨论、模拟裁判和教官的修改和讲评等	司法研修所	2个月

第二节　法律实习与法律职业

一、法律职业的基础

物以类聚，人以群分，以社会分工为起点，人与人之间逐渐分化，由此形成以不同职业为标志的社会群体。法律职业主要包括法官、检察官、律师、政府部门法务、法律顾问、公司或者其他组织的法务、法学教师等。法律实习需要了解进入法律职业的基本条件和要求，为将来从事这些法律职业做好准备。

（一）法律职业的基本条件

1. 职业准入

法律职业的准入条件一般包括三个方面：（1）具备法律职业所需的各类证书。例如，法律专业文凭、法律职业资格证书以及其他执业证书等。（2）通过入职考试。例如，参加公务员考试或者其他公开招聘考试获得入职的资格。（3）具有一定的从业经验。例如，在公司法务的招聘中指明具有法律执业经验者优先。

2. 专业技能

通过法学院的专业学习，可以形成较为完整的法律知识结构，以及具有从事法律职业的初步技能。但是，入职后仍需进一步提升所在专业领域的业务能力。例如，法院的审判工作细分为民庭、刑庭和行政庭等专业领域；检察院的检察工作细分为侦查监督、检察公诉和反贪污贿赂等专业领域；律师和公司法务可以细分为证券、保险、金融、劳务、涉外等专业领域。

3. 职业资源

从事法律职业需要相应的职业资源，包括执业经验、职业信誉以及人际关系等。例如，在律师执业的过程中，稳定的案源有赖于行业信誉、社会关系网络的支持。职业资源与专业技能是相辅相成的，专业技能的提高推动职业资源的拓展，而职业资源的支持有助于专业技能的进一步提升。

（二） 比较优势或者核心竞争力

自社会分工以来，每个人都处于相互依赖的生产与交换之中，市场竞争要求参与竞争的人具有在产品和服务上的比较优势，即不被其他产品或者服务所替代的核心竞争力。在制造业中，人们正逐渐被更低成本的劳动力，甚至机器所替代；而在法律服务行业中，每一个法律人都面临被他人替代的潜在风险和可能性。与产品制造不同，法律职业的竞争并不是以低成本的价格竞争为主，而是强调法律服务的质量和社会效果。在法律实习中，需要思考自己在法律职业上的比较优势或者核心竞争力，一般从以下五个方面来予以拓展：

1. 专业精进

法律职业的比较优势或者核心竞争力主要源自专业上的精进，即了解专业领域的前沿发展，并能够提出专业上的法律意见等。

2. 复合型发展

将法律专业和其他专业予以结合，形成新的职业增长点。例如，法律和外语、会计等专业的复合；公司法务与公司管理、产品所涉及的理工科知识的复合等。

3. 新兴业务的拓展

例如，利用人工智能（AI）技术提供新型法律服务等。

4. 团队合作

通过团队合作构成系统上的比较优势，这种强强联合亦是核心竞争力的表现之一。例如，以前一个律师可能什么案件都接，俗称"万金油"律师，但是，法律市场竞争的日益激烈使得律师业趋向专业化和团队合作。

5. 优化职业资源

职业资源的优化也可以形成比较优势或者核心竞争力，例如，执业律师通过律所的品牌建设获得稳定的客户资源。

二、从想象到真实的法律职场

（一）法律场景

在法律实习的过程中，需要面对从法学院的教学场景到真实职业场景的转变。以司法诉讼为例，法律场景包括法院的建筑风格、法庭的布置装饰、相关人员（法官、陪审员、书记员、原被告及其律师）所处的位置和行为方式，以及法槌、法袍等。许多没有去过法院的学生往往会将出庭与律政影片或者电视连续剧中的情景联系起来。他们想象的场景是在宽敞肃穆的法庭中坐着旁听的人群，装束威仪的法官手握着法槌，书记员紧张地敲打着键盘，双方律师进行激烈的唇枪舌战。

这种激动人心的场景与现实中的法律场景形成了巨大的反差，让很多到法院旁听或者参与诉讼的学生觉得有点沮丧和失落。在法庭的设施条件上，可以通过影片中的香港法庭和内地乡村的法庭作比较。例如，香港的法庭有着透亮的顶灯、橙黄色的墙面，居中的法官席和原被告律师席，以及居于两侧的陪审席和旁听席。而在影片《马背上的法庭》中，乡村法庭却是临时组建的，在村落的某处平地上，挂上代表国家权力的国徽，摆上桌椅和诸如审判员、原告和被告的牌示，便可开庭审判了。①

（二）法律参与者

在法律实习的过程中，法律参与者从字面上的概念变成真实的人。从诊所学生参与诉讼的事后反馈来看，由真实的法律参与者所引起的反差大致包括如下三个方面：

1. 非对抗性参与的反差

非对抗性参与主要涉及会见当事人和调查取证。在会见当事人上，案例中抽象的原被告成为了活生生的当事人，以前的理性分析方法似乎不堪重负。例如，实习学生不知道如何与当事人打交道，不懂对方的方言，无法取得对方的信任等。在调查取证上，以前是各项证据已经列示在案例之中，而现在是需要亲身调查取证，并对其予以甄别。例如，实习学生不知道如何开展调查取证以及应对被调查者不合作等问题。

2. 对抗性参与的反差

对抗性参与主要涉及诉讼中的质证和庭审辩论。一方面，实习学生在参与诉讼中，缺乏质证和辩论的经验和临场应对。例如，在庭审中的紧张情绪会影响到质证和辩论，或者将学校辩论赛的做法照搬到诉讼上来等。另一方面，很多实习学生反映实际的庭审缺乏对抗性。在影视作品中，出于剧情发展的需要，焦点集中在诉讼的对抗性阶段，往往充满了戏剧性和意想不到的效果。然而，现实中的司法诉讼却是大相径庭。目前，我国法院的司法审判仍然是以法官为主导，并未采取对抗性的诉讼模式，由此使得对抗性被削弱。在这种情况下，许多法学院的学生在庭审之前做了大量的准备工作，甚至把自己设想为影片中口若悬河的律师，而现实的平淡无奇让他们似乎丧失了对法律的兴趣和憧憬。

3. 法律理想与社会现实的反差

除了上述与专业技能有关的反差，还存在理想与现实之间的反差情形，以下是一位法学院高年级学生第一次办案的心理感受：

> ××老师，你好，我是××，我想跟您讲讲最近一段时间办案的感受。坦率地说，这个案子我和××都做得很郁闷。不是因为办案的辛苦，

---

① 目前，我国城乡的法庭条件大有改善，以上出于实践教学效果的考虑，将香港法庭和"马背上的法庭"进行比较。

这个我们早就有心理准备了，而且当事人对我们很好，所以我们觉得辛苦也是值得的。

我们担心的是，如果案子办不好该怎么办？师兄告诉我们说没事，不管输赢，我们都得到了一份经历。可是，这对我们来说也许只是一次积累经验的机会，可对于当事人来说，他们给予我们的信任绝不亚于对一名职业律师的信任。我觉得我们有责任把案子做好。……我不是一个没有自信的人，但我对自己的实力也很清楚。我真的很担心辜负了当事人对我们的信任。

另外，在办案的过程中，我们分别接触了××中院和××基层法院的法官。几天下来，我们真的很难受，我不怕他们对我们不理不睬，但他们那似笑非笑的脸和颐指气使的语气真的让人感觉很不舒服，人和人之间有必要如此相待吗？这些我们都能忍，然而，最令人生气的是他们怎么就是看不到当事人实实在在的困难，一点怜悯之心都没有。我觉得跟他们接触的时候就像在玩一种智力游戏，你必须去分析他们说的话有几分是真的。这让人太压抑了。可是，不管怎样，我和××都会坚持下去的。①

---

① 如何来面对理想与现实之间的反差，第二章第一节（有关自我控制的部分）有所讨论。

第二章 法律实习的基础

第一节 知识、技能与态度

为了便于理解，以医生与律师做一个职业比较，并将五种职业要求归纳为三个核心要素：知识、技能和态度（详见表 2-1）。第一种职业要求主要由知识构成；第二种和第三种职业要求由知识和技能组成；第四种职业要求由技能和态度组成；第五种职业要求则由态度决定。换言之，一个称职的医生或者合格的律师是由其职业相关的知识、技能和态度的结合。其他法律职业尽管在具体的职业要求上有所不同，但都存在知识、技能和态度的核心要素。

表 2-1

称职的医生		合格的律师
1. 有广泛的医学知识，熟悉各种疾病与疗法	知识 — 技能 — 态度	1. 掌握基本的法学知识，熟悉相关案例和程序
2. 能够诊断病情		2. 发现和分析事实和法律问题
3. 掌握基本的检查与治疗的技能		3. 调查取证和（诉讼与非诉）法律救济
4. 倾听和回应病人的要求		4. 善于与当事人沟通
5. 关心病人的健康		5. 关心当事人的利益

一、知识

以法律职业为标准，知识可以分为法律知识和非法律知识。在法律知识上，经过法律学习后可以形成一个系统的法律知识架构，它由法学基础、国内法和国际法组成（如图2-1所示）。这样的知识架构通过两个重要的评估体系来加以检验，即法学课程的学分制和国家司法考试。前者可以获得某个法学院颁发的毕业证或者学位证，而后者则可以拿到司法部门颁发的法律职业资格证书。

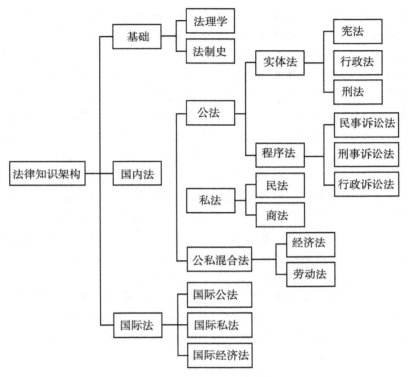

图 2-1　法律知识的架构

非法律知识包括经济、行政管理、会计、医学、理工科等方面的知识。作为多元化的知识来源，它有助于提升法律知识的有效性，为法律问题提供某种解释或者解决方法。同时，它是作为法律人与其他专业人士进行沟通的基础。例如，在高新技术公司从事法务工作需要了解公司产品的性能；又如，处理医疗法律纠纷需要具有一定的医学知识。对此，在法律实务中有时需要跳出法律知识的框架，从不同的角度来予以审视。金庸先生的《笑傲江湖》一书中有段令狐冲苦学独孤九剑的故事。在令狐冲被田伯光扼住了喉头时，忽听那老者道："蠢才！手指便是剑。那招'金玉满堂'，定要用剑才能使吗？"如果将剑术理解为法学，以指为剑那便是法学以外的知识。因此，面对复杂的法律问题，

15

法律知识和非法律知识都是不容忽视的智识资源，关键要看如何去运用它。

二、技能

法律技能是有效地完成一项法律实务工作所必需的能力。要想从事法律职业，就必须具有相应的法律技能。这些技能可分为两种类型，即基本工作技能和核心法律技能。基本工作技能包括听说读写、人际沟通、组织会议、协调处理相关事务以及规划管理等方面。除此之外还包括许多细节上的要求，例如，待人接物的基本礼仪，电脑软件（如 PPT 制作、Excel 统计分析等）、网络、传真机和复印机的使用，工作日程安排以及熟悉方言等。核心法律技能，即会见当事人、法律调查、文书写作、法律咨询、协商谈判和法律辩护。这六个方面的专业要求实际上反映了法律执业从非对抗性到对抗性的谱系。

舍尔（Avrom Sherr）教授在其《辩护：法律实务手册》一书中，主张从广义的角度来理解法律辩护的过程，即法律辩护不仅仅发生在仲裁和司法审查中，同时，也存在于社会交往之中。他系统地总结了律师执业的重要技能，主要包括如下：会见当事人；确认当事人的目的；确认和分析事实材料；确认事实问题产生的法律背景；将主要的法律和事实问题联系起来；从各方的角度出发总结案件的优势和弱点；提出案件处理的策略；以简单和叙述性的方式概述事实；用简单的形式准备案件的法律框架；以有组织的、简洁的和有说服力的方式，基于案件事实、基本原则和法律权威向法院提交明确和一致的意见或者论据；确认、分析和评估在辩护中所运用的方法和技能；熟悉辩护过程中的道德规范、礼节和传统。①

（一）会见当事人（Interviewing）

对于律师执业来说，会见当事人是一项重要的法律技能。会见当事人的要求包括：（1）通过会见当事人是否获得有效的法律信息。很多当事人都没有学过法律，他们有自己的要求和一些不完整的证据材料，作为执业律师必须通过倾听和有针对性的提问进行搜集和筛选，从中找到有价值的法律信息。（2）是否在最短的时间内获取了这些法律信息。如果没有良好的沟通技巧，就会耗费很多时间而不得要领。会见当事人的效率也是衡量律师执业水平的标准。（3）是否建立良好的互信关系。会见当事人不仅要在个案层面上以专业精神

---

① See Avrom Sherr, *Advocacy*: *Legal Practice Handbook*, Blackstone Press, 1993, p. 5.

来对待，同时还要有长期规划的观念，通过法律服务来获得当事人的认同。

（二）法律调查（Investigation）

法律调查是获取法律信息的法律技能，其包括两个方面：（1）调查取证。不同的个人和组织掌握着不同的法律信息，通过调查取证形成证据材料，由此法律调查涉及与掌握法律信息的人打交道的技能。对于个人所掌握的法律信息，往往需要考虑证人作证的成本和风险等相关问题。对于组织所掌握的法律信息，可能会遇到单位出证的官僚作风以及规避风险等问题。对此，利用组织对组织的力量以及人际影响是调查取证的关键。（2）法律研究。搜集和整理相关的法律规定（包括法律、行政法规、地方性法规、行政规章以及司法解释等）和相关案例（包括指导性案例、最高院公报案例等），并进行有针对性的研究，为法律纠纷的处理提供解决方案。

（三）文书写作（Drafting）

文书写作是形成法律意见的法律技能。一份思路清晰的诉状或者答辩状可以使得法官迅速地了解案情和你的观点，它将成为说服法官的第一步；一份切中双方利益要害的法律意见可以极大地推动协商谈判的进程。文书写作包括非法律文书写作和法律文书写作。非法律文书写作主要包括信件、会议记录、内部报告、备忘录以及电子邮件等非正式文件的撰写；而法律文书写作主要是具有某种法律效力的诉讼或者非诉文书的撰写。其中，涉及诉讼的法律文件包括各类诉状、答辩状、申请书、代理意见或者辩护词以及裁判文书等；而涉及非诉的法律文件则包括各类合同、遗嘱、调解协议、法律意见书、咨询报告等。

（四）法律咨询（Counseling）

法律咨询是为个人或者组织提供专业意见的法律技能。法律咨询在形式上包括：（1）口头咨询。例如，律师在会见当事人时，会回答所提出的很多问题，包括如何保护其合法利益，官司能否打赢，打官司要花多少钱，什么时候会有结果等。（2）书面咨询。书面咨询比口头咨询更加专业和正式，例如，某些公司委托律师事务所提供法律意见书或者咨询报告。

（五）协商谈判（Negotiation）

协商谈判是通过协调各方意见化解矛盾和争议的法律技能。法律纠纷的解决可以通过诉讼机制来完成，但是，考虑到诉讼成本和风险，协商谈判也是纠纷解决的重要方式。协商谈判的核心在于通过倾听和提问了解双方的利害冲突，在讨价还价的过程中找到双方共同接受的妥协方案，以解决矛盾。与会见当事人和提供法律咨询不同，协商谈判所面对的是双方当事人。在提供法律咨询过程中，律师和当事人之间是直接的法律服务关系，主要是提供意见或者建议，两者利益是一致的；而在协商谈判过程中，双方当事人的利益关系是对抗和冲突的，如果仅仅站在一方当事人的角度来考虑问题则有可能阻碍协商谈判的进程。因此，视角的转换在协商谈判中显得尤为重要，即由一个单方利益的代表者转变为双方利益的协调者。

（六）法律辩护（Advocacy）

法律辩护是在对抗性社会关系中，通过事实认定和法律适用来确定法律责任的法律技能。从广义的角度来看，法律辩护包括诉讼辩护和非诉辩护。诉讼辩护是指诉讼案件中的质证和庭审辩论，主要反映在刑事辩护方面。而非诉辩护范围更加宽泛，如仲裁、复议等。

首先，法律辩护与前期工作是分不开的，包括会见当事人、法律调查、文书写作、法律咨询和协商谈判等。法律辩护只不过在特定的时间和场合将庭审外的法律工作集中表现出来，如果没有前期工作作为基础，法律辩护就失去了其应有的力量。其次，法律辩护是一门说服的艺术。这种说服不能以数学公式来推导证明，它需要通过相关证据来认定事实，通过法律适用来说明理由，形成有说服力的一种理论或者故事，去打动和说服裁决者。同时，这种说服无时无刻都在进行着，发表法律意见过程中的言辞举止或者自信气质，都可能影响别人的态度和看法。最后，法律辩护是对抗性的攻防互动。一名成功的律师需要娴熟地运用证据和法律来阐述其观点，以特有的庭审技巧来控制或者影响对方律师的思路；面对对方律师的质证和辩论，还必须有快速应变的能力。

三、态度

除了知识和技能之外，做事的态度在某种程度上决定了法律案件的成败。加拿大的刑事辩护律师唐纳森（Donaldson）说过："无论你有多么丰富的经验，你都不能只看到一个法律问题或者一个解决方案。法律实务意味着努力工作与勤奋。你越是勤奋，你将越有可能在某一案件中更早地发现被忽略的错误。"① 这充分说明工作态度对法律职业的深远影响。在某种意义上，态度与一个人的性格、气质或者情绪等因素相关联，其内在受到职业理想和专业操守的影响。

（一）职业理想

曾经 1902 年至 1945 年担任哥伦比亚大学校长的尼古拉斯·巴特勒指出，其学生时代所获得的无价之宝是：始终不离理念与理想，推崇学术与科学方法。而中国现在的情况则正好与此相反，受到教育投资回报与就业市场压力的影响，许多法学院学生似乎缺乏法律理想与激情，其目标就是找到一个高薪稳定的工作。这当然无可厚非，但是，对于理想追求的淡化，转而求诸个体性的需要，这或多或少会影响到从事法律职业的态度。难道法律职业已经失去了神圣的光环，现实泯灭了我们仅存的一点理想和兴趣，剩下的只是求生的欲望？将法律职业仅仅作为一种赖以生存的工作和热爱法律职业是截然不同的。有部传记小说讲述了一个耐人寻味的故事：一位 34 岁的老拳击手在他的拳击生涯中几乎没有赢过一场，而且通常是被对方击倒，但是，他微笑地说："我知道我不是个差劲的拳击手，我为我所喜爱的事业所奋斗，我热爱拳击。我梦想成为一个拳击手，我相信我能赢得冠军，我不知道会是哪一个。我想象着自己得到了我想要的腰带，被众人抬起，绕场欢呼。有时候我想象这一切都是以慢动作进行的……"

（二）专业操守

专业操守要求以专业标准和程序来处理法律事务和人际关系。首先，专业操守体现了一种认真做事的匠人精神，即奉献出更多的时间和精力来做得最好。勤奋、专注、坚持不懈、富有热情和责任感，这些都是专业操守所必需的。正如美国律师艾伦·德肖维茨在其《最好的辩护》一书所说，只要我决定受理这个案子，摆在面前的就只有一个日程——打赢这场官司，我将全力以赴，用一切合理合法的手段把委托人解救出来，不管这样做会产生什么后果。其次，专业操守要求恪守职业道德规范，以此实现自我控制，其包括两个方面：（1）违法犯罪行为的控制。例如，恶意串通、伪造证据等。（2）不当行为的控制。例如，官僚作风、案件办理注重数量而非质量、增加不必要的法律

---

① See Stephen Nathanson, *What Lawyers Do : A Problem-solving Approach to Legal Practice*, London, Sweet & Maxwell, 1997, p. 19.

服务等。

（三）对他人行为的态度

上一章论述了理想与现实的反差情形，如何看待他人的行为呢？首先，需要确认问题的真实性，即客观地甄别信息的真伪。对于这些问题，有些是道听途说的，有些是亲身所见的；有时会出现信息传递的失真和变形，有时会受到负面成见的影响。其次，需要区分问题的性质，并通过法律职业道德规范来加以评判。究竟是个人修养（如吸烟、谈吐等），还是不当行为（如官僚主义作风等），或者是违法犯罪行为（如司法腐败等），问题性质的区分有助于更加理性地来看待这些问题，以避免走向两个极端——极端麻木和极端偏激。

最后，经过事实和规范的判断，会有五种面对现实的态度。如图 2-2 所示，究竟选择哪一种态度，没有所谓的标准答案，每个人在人生的不同时期或所处的不同位置，都会有自己的选择。有的人只看到现实所带来的迷惘和痛苦，失去对法律的信心；有的人热衷于做负面信息的"搬运工"（如微信朋友圈的信息传递），或者成为看热闹不怕事大的"吃瓜群众"；有的人坚持自己的态度，并以个人的力量来影响他人。如同多米诺骨牌中的一个，众人皆倒，而要站起来是需要勇气、恒心和一定的力量的。在此，法律职业究竟意味着只是一个养家糊口的饭碗，还是你终身热爱的事业，这本身就决定了你对现实的态度。

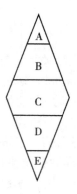

A：改变它 —— 不惜一切代价与之对抗

B：面对它 —— 并为改变它而积攒你的力量

C：回避它 —— 改变对社会的期望值而成为旁观者

D：接受它 —— 加入或者成为这种势力的候补

E：放弃它 —— 从宗教信仰中找到精神寄托

图 2-2　面对现实的五种态度

四、知识、技能与态度的融合

知识、技能和态度的融合在时间的累积下会逐渐形成一种带有个人特点的职业习惯。在日常生活中，一个好的习惯会让我们做事觉得很自然和轻松，而要改变一个坏习惯则会让我们觉得十分痛苦。例如，早睡早起的人从来不认为早起是一种负担，喜好睡懒觉的人则是件苦差事。因此，一旦形成了一种不良的习惯，要改变它就意味是一种自我革命的成本和代价。从这种意义上来看，尽管不能说习惯决定命运，但是，至少习惯可以极大地影响一个人的命运。对于一个法律人而言，养成良好的职业习惯尤为重要：（1）良好的职业习惯会让你工作起来有始有终，富有效率；（2）它会让做事显得有条不紊，心中有谱；（3）它会让你能够准确地评估工作负担，减轻工作压力；（4）良好的职业习惯会给当事人和同行一种职业感，由此产生信任和社会认同。

在法律实务培训中，很多学生学习了撰写文书、案情汇报等工作技巧和方法。但是，在他们自己亲身办理案件时，则没有适当运用所学的东西，而表现出一定的随意性，这就是没有形成一种职业习惯所导致的结果。良好的职业习惯的养成需要接受时间的考验，它其实是对自身惰性的一种反抗，更为重要的是，习惯是出自点点滴滴的行动，从做事中逐渐形成的。因此，知识、技能与态度一时的融合可以取得个案的成功，而三者的有机结合所形成的职业习惯会带来稳定的职业发展。

经典台词

林律师的结案陈词

林律师（袁咏仪饰演）：我们经常都可能迷失方向，我们会求神祈祷，求上天告诉我们什么是真，什么是假。这个世界好像是没有公平，有钱人有权力，穷人完全没有能力要求些什么，我们会厌倦，厌倦听别人说谎话，但是却发现到处都有人说谎话，再过一段时间，我们就会死心，我们会受到伤害，会变得软弱。我们会怀疑，怀疑自己，怀疑自己的信念，怀疑社会的制度，最终我们会怀疑保障我们的法律。

（走向陪审团）

　　但是，今天你们才是法律，并不是任何法律条文，并不是任何一个律师，并不是高高在上的法官，或者是不可逾越的法律程序，因为这些都是为了令我们得到公平的审讯而出现的，所以你们才是法律。今天的判决，不仅是对当事人的一个审判，更加是对香港司法制度的考验，香港司法制度的优点就是它所有的程序都受到大众的监察，不仅要公平、公正，还要公开。就好像这个案子，所有的过程，所有的人都明白了，那个人就会凭他的良心去做判决，究竟谁是对的，谁是不对的，是不是公平，我相信大家心里都有数，法律和公益都掌握在我们手上，只要我们坚持去争取公益，社会的法律就有公益，法庭是不可不依照公正和正义的声音来作出判决，这一点我是深信不疑的。

　　资料来源：《法内情》（2002）

第二节　思维方式的转变

　　亚里士多德曾经说过，人是社会性的动物，社会塑造着每一个人的品格和习惯，而思维方式作为一个人思考和做事的习惯性倾向，也同样受到来自社会的外部影响。从学校学习到参加高考，从法学院学习到参加司法考试和公务员考试，我们似乎沿着一个应试教育的路线在行走，不断地记忆和接受老师传授的知识，长达数十年的灌输式教学和记忆性的考试，使得我们的思维方式倾向于被动接受，而非主动地思考。因此，思维方式的转变是法律实习中需要认真对待的问题。

（一）以解决实务问题为中心

在法律实务中，不再是简单的案例分析，摆在面前的是一个个有待解决的实务问题。思维方式的转变需要从以规范分析为中心转向为以解决实务问题为中心。一般而言，解决问题的基本思路是发现问题、分析问题和解决问题，其包括如下六个步骤：（1）确定问题的存在；（2）获取法律信息；（3）界定核心问题；（4）提出可供选择的方案；（5）挑选最佳方案；（6）执行解决方案。这六个步骤在实际的运用过程中是没有明确的界限的，例如，确认问题和收集事实材料可以是同时进行的。问题的解决不仅仅停留在六个步骤之中，而应当形成了一个解决问题的循环链，如图 2-3 所示：

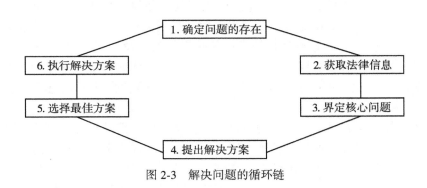

图 2-3 解决问题的循环链

在司法审判中，立案意味着确定问题的存在，法官通过原被告双方提交诉辩文书和证据材料、主动调查取证来获取法律信息，以此确定案件审理的焦点，而核心问题构成了质证和庭审辩论的主线，亦是裁判说理的重点所在。在合议庭评议或者审委会讨论中，提出纠纷解决的意见，并选择最佳方案予以裁判。以下以律师执业为例予以具体说明：

1. 确定问题的存在

一般而言，确定问题的存在可以从三个方面予以展开：（1）问题如何定性；（2）问题是否重要；（3）问题是否紧迫。例如，张某因交通事故其驾驶的机动车被某市公安局扣押。从问题的定性上来看，如果从交通事故的赔偿入手，则为民事纠纷，如果从行政机关的扣车行为入手，则为行政纠纷；从问题的重要性上来看，需要根据两种不同性质的法律纠纷对当事人的利益影响程度，来确定相应的处理方式；从问题的时间性上来看，需要确定是否存在诉讼时效的问题。总的来说，确定问题的性质、重要性或者时间性有助于安排后续的工作，为搜集证据材料和提出解决方案等确定方向和思路。

在问题的确定上，法律学习和律师执业有两个不同之处：其一，在法学院学习的过程中，所确定的问题有的带有理论性，而律师所确定的问题则是与当事人的利益相联系的案件争议点；其二，在法律学习中学生根据事先设计的问题进行分析和论证，而在法律实务中，所有的问题都需要自己亲身去发现和认识。

2. 获取法律信息

通过调查取证来收集各种证据材料以及相关信息，构成解决问题的信息基础。在收集证据材料的过程中，相应的法律技能决定了获取法律信息的质量和有效性，即需要运用法律技能去发现信息来源、控制信息获取的过程以及对信息予以法律评估。具体而言，从三个方面予以展开：（1）解决法律纠纷需要什么法律信息？（2）这些法律信息应从哪里找到以及如何获取？（3）怎样才能确信达到了最佳的预期效果？法律信息潜藏在不同的社会网络之中，其由不同的个人和组织所控制，必须运用各种合法力量对法律信息予以确认和获取。

3. 界定核心问题

界定核心问题是确定双方的争议焦点，将当事人需求和各方信息予以法律化的过程。在律师执业的过程中，通过调查取证获取当事人和对方两个方面的信息，即包括有利和不利的信息。在这一基础上，界定核心问题就是进一步确认处理法律纠纷的关键所在。对此，需要确定当事人的目标、了解案件中对方当事人的目标、整体把握案件的事实以及将各种法律信息转化到可予以论证的法律结构中。

在法学院学习，学生所面对的是从预设的事实到法律适用的知识探索过程，可以说它是一个相对静止的单向关系。笔者曾经在法律诊所课程中将真实的案卷材料发给学生，并要求学生找出问题来予以分析，很多学生都觉得无从下手，因为他们习惯于被给定的问题，而不是自己去发现问题。以起诉和答辩为例，律师所面对的是由双方当事人、法院以及其他个人和组织构成的信息系统，界定核心问题需要随着法律信息的变化而相应地调整，而构成一个确定和调整的互动过程。

4. 提出可供选择的方案

在事实认定和法律适用的基础上，充分把握各方的诉求及其利益关系，根据案件的特点和具体情况提出纠纷解决的备选方案。具体来说，可以从两个方面展开：（1）从不同的视角提出尽可能多的解决方案，即运用"大脑风暴"的思维方法去拓展解决方案的多样性；（2）对各种解决方案进行法律评估，并作出合理的预测。

5. 挑选最佳解决方案

在选择最佳解决方案时，需要充分考虑各方利益关系，权衡各种处理方案的利弊。在这一过程中，不确定因素可能会导致前期解决方案的改变。例如，当事人诉求的变化、不利证据的出现、对方当事人的反应等。在挑选最佳解决方案时，有两种不同的决策模式：（1）以当事人为中心的决策模式，即律师向当事人说明各种解决方案的基本情况，而由当事人自己作出决定；（2）由律师替代当事人作出决策。采取哪一种模式取决于当事人的偏好以及与律师之间的良好沟通，但是，律师必须了解这两种不同的决策模式直接关系到律师执业的风险，尤其是第二种模式，律师应当和当事人协商一致，取得当事人的认同，签署书面的授权文件。

6. 执行解决方案

在作出选择之后，可以先制订执行解决方案的计划，然后按照计划行事。当然，法律实务中有很多变化的情况，可能会使事先的计划受到影响，甚至产生新的问题。无论如何，有计划地执行解决方案会有助于工作效率的提高、发现执行问题和及时作出调整。在律师执业中，执行解决方案是一个全新的开始，是检验上述各个步骤是否真正产生实际效果的关键。

（二）系统性思维

系统性思维是一种整体性和全局性的思维方式，亦是一种整合能力的体现。在法学院的学习，往往囿于法条和案例的局部性思考，而缺乏整合的思路和能力。首先，是知识或者信息上的整合。对某一法律纠纷，需要从实体法（民法、刑法或者行政法）和程序法上予以综合分析。其次，将法律案件和背后的利益关系、人际关系进行全盘考虑。例如，在原告田某等四人诉被告湖北省国土资源厅、武汉市国土资源规划管理局、武汉市江夏区国土资源规划管理局履行法定职责案中①，某水泥公司和某村委会签订土地征用协议，并支付了

---

① 湖北省武汉市洪山区法院（2007）洪行初字第10号行政裁定书。

相关费用，原告田某等人认为某水泥公司未经审批在村集体土地上建设厂房，要求行政机关进行查处，而行政机关以已经给予行政处罚为由予以回复，原告不服诉至法院。在法院法官的调查笔录中，发现原告等四人提起行政诉讼的真正目的不在于要求行政机关查处水泥公司，而是认为以前土地征收的补偿费用过低，于是通过行政诉讼向该公司施加压力，以求增加补偿费用。最后，这个案件体现的是知识、技能和态度的融合。欲而不能是知识或者技能上的问题，能而不欲则是态度问题。系统性思维需要将自身作为一个系统来进行整体思考，去发现其中的问题，并予以解决。此外，系统性思维不是漫无目的的，而是有针对性的思考。

（三）创造性反思

在美国学者考夫曼所写的《卡多佐》一书中，记载了美国法学教育理念相冲突的一段插曲。当时，哥伦比亚大学法学院的德怀特教授主张讲述和记忆法律原则的教学模式，而基纳教授则主张将案例教学和苏格拉底式辩论结合起来：" ……案例教学法的引入，学生不再靠死记硬背课本里的一些草率、片面的普遍原理，将课本内容一股脑接受下来……案例摆在面前，他分析其事实，剖析其推理，评价其结论。"① 案例教学法以质疑为出发点，侧重于提高学生的分析能力，并促其法律思维的形成。在我国，案例教学大多只是对法学理论或者法律规定予以印证，其反思性的程度较弱。这样的法学教育所产生的思维方式带有形式主义的倾向，质疑和思辨消失了，替之以说教与记忆。进入法律执业阶段，情况发生了变化。以往课堂里所讲的理论似乎失去了绝对的证明力量，三段论式演绎推理和以规范分析为中心的知识架构无法应对现实的复杂情形。

对此，必须摆脱被动的思维方式，形成创造性反思的能力。创造性反思是主动和独立的反思，不再由教师来主导，而是由自己来作出决策。同时，创造性反思不仅对过去的经验教训予以总结，而且对未来发展作出前瞻性的预判。具体而言，其包括三个方面：（1）通过比较发现异同，洞悉原因和态势，进一步找到改进的方法。在不同的案件中去发现不同的处理方式，在相同的案件中去总结带有规律性的东西。通过个体和整体的比较，去认识相对的关系和权重，通过个体之间的细节比较，去发现常常被忽略的问题。（2）对人的反思。在法学院基本上是从书本上获取知识，而在法律实务上需要从别人身上学到更

① ［美］考夫曼著：《卡多佐》，张守东译，法律出版社 2001 年版，第 51 页。

多的东西。这两种知识来源有着三个方面的不同：其一，书本知识是已经总结好的，而从一个人身上学到东西是需要自我总结的；其二，书本知识是往往是一成不变的，而学人所长则是不断变化的；其三，书本知识一般是以文字的形式表现出来，而一个人的优点表现在言行举止各个方面。同样的案件给不同的人去处理，为什么会有不同的方法和结果？这就是值得反思的地方。（3）法律技能上的反思。以律师执业为例，需要不断反思在案源、取证和庭审上的实务能力，对各种社会关系和利益取舍作出经验判断，综合运用多元力量和资源来促成法律职业的发展。案件来源是律师职业存续的基础，需要琢磨影响案源的因素及其变化；调查取证往往是案件成败的关键，它反映了一个律师从社会不同群体那里获取信息的能力；庭审能力则是就案件事实和法律适用向法律群体（包括法官、陪审员、公诉人、律师等）予以证明和说服的能力。

第三章　法律实习的模式

第一节　模 拟 教 学

一、概述

模拟教学（Simulation）是一种实践性教学方式，亦是广义上的法律实习模式。这种模式让学生在设定的背景下模拟律师的角色，以完成律师执业过程中的特定任务。换言之，通过角色扮演和讨论等方式对真实的案件或者实例进行模拟，并予以评估，从而提高学生的实务技能。模拟教学的特征有：（1）借助于阅读材料、模拟和教室讨论来讲授律师执业过程。① （2）学生在模拟中要像真正的律师那样处理问题。具体来说，学生在模拟中所处的情景就是执业律师所面临的情景。在该情景中，学生扮演律师的角色，关注其当事人的利益和目的，追求最好的结果。（3）如果说理论课程中运用的假设案例和诊所课程分处法学院教学法体系的两端，那么模拟教学法则处于这个体系的中间位置。理论课程中运用的假设案例通常为学生设定一个问题，要求学生运用法学原理来解决，而不必考虑当事人的要求。相反地，在诊所课程中，理论问题可能是最无关紧要的，因为学生必须以真实当事人的诉求为本。而模拟教学法正处于这两极之间——远比理论课程中运用的假设案例复杂，但又不必涉及真实当事人所带来的现实因素。②

---

① Elliott S. Milstein, "Clinical Legal Education in the United States: In-House Clinics, Externships, and Simulations", 51 J. Legal Educ., 2001, pp. 375, 377.

② Jay M. Feinman, "Simulations: An Introduction", 45 J. Legal Educ., 1995, pp. 469, 470.

　　在美国法学院，模拟教学的课程包括会见当事人与法律咨询、证据开示实务、诉前辩护、上诉审辩护、替代性争议解决、仲裁、调解、磋商谈判等。[1]这些课程所涉及的实务技能包括客户会见、法律咨询、案件理论、策略计划、事实调查、谈判，以及直接或交叉盘问和总结陈词等庭审技巧。[2]模拟法庭也属于模拟教学的一部分，只不过其模拟的是庭审程序的运作，而且角色扮演的程度更高一些。模拟教学的潜在价值得以体现，必须符合如下条件：（1）模拟应当复制法律实务或者近似真实。模拟教学将学生置于与法律实务的情境之中，要求其作出适当的反应；（2）模拟应当让学生感觉切中要害、富有意义和生动有趣。（3）为学生所设置的模拟任务应当能够被实现，并让学生对获得成功有合理的期望。（4）学生应当被要求在不同背景和主题下担负实训任务。[3]

　　在教学目标的设定上，区分认知目标、行为目标和情感目标，分别关注学生的知识想法、行为能力和情感体验的方法。（1）认知目标包括简单的事实识记、温故知新能力，以及对于知识的内涵及运用的评价能力，其涉及对实体法、法律程序和其他相关因素（如职业责任）的理解能力。（2）行为目标除了法律分析和推理之外，包括法律研究、事实调查、咨询和法律工作管理等。（3）情感目标包含了个人和职业两方面，如学生如何看待自己的执业技能、如何与当事人建立联系、对涉及职业责任的问题如何反应，以及他们的价值观如何影响其职业角色等。

　　在教学方法的运用上，主要包括：（1）单次练习。在理论运用基础上加入了角色扮演。例如，撰写法律意见书、起草股东协议、准备答辩策略等。（2）扩展性练习。扩展性练习持续时间较长，包括不同类型的多次演练——会见当事人并搜集交易相关事实、与对方律师谈判、起草表述交易条件的合同等。（3）持续性练习。持续性练习是指使用同一组事实贯穿一门课，在课程进行的不同阶段使用该组事实进行多次模拟练习。比如在民事诉讼程序这门课中，开始阶段学生可以练习起草起诉状，课程进行到后面阶段时学生可以进行

---

① Catherine L. Carpenter, "A Survey of Law School Curricula: 2002-2010", The ABA Section of Legal Education and Admissions to the Bar Released, 2012.

② Gary Bellow & Bea Moulton, "The Lawyering Process: Materials for Clinical Instruction in Advocacy", Mineola, 1978.

③ Bobette Wolski, "Beyond Mooting: Designing an Advocacy, Ethics and Values Matrix for the Law School Curriculum", 19 Legal. Edu. Rev., 2009, pp. 41, 48.

证据开示的模拟练习和练习提出进行简易审判的动议。

在模拟教学的设计上，需要注意：（1）案情或者事实的不确定性。一个问题中的不确定性的程度通常是学生面临的最主要的挑战也是学生最感兴趣的地方。首先，事实本身要具有不确定性，尤其是学生要进行事实调查（比如通过会见当事人）的场景。其次，关于哪些理论适用于或应当适用于某一问题是不确定的。最后，即使确定使用一个原理之后，法律法规结合具体事实，往往也会给到底该如何应用该原理带来不确定性。在模拟中学生必须要对相关优势有所判断，并依据其判断采取行动。（2）学生扮演的角色由模拟的目标来决定。在合同课程中，如果希望学生理解通过计划来降低风险的重要性，可以设计咨询或起草合同的角色；如果希望把重点放在学生运用理论的能力，可以设计诉讼的角色。（3）学生的模拟练习是单独进行还是与其他学生合作，取决于模拟目标和现实的限制因素。如果模拟的目标将重点放在互动的技巧或语境上（谈判是最好的例子），就必须在模拟中植入合作的因素。通过与他人合作，学生可以了解到法律执业中人际沟通技巧的重要性。（4）模拟的成果是由分配给学生的角色决定的。教师通过观察学生的表现来确定模拟的成果。（5）模拟涉及的研究可能只限于对案例集或提供给学生的其他资料；教师也可以指定范围让学生进行研究，或者对模拟的核心部分做开放式研究。（6）为学生制造机会去反思他们体验中的认知、行为和情感因素。（7）评价可以直接针对学生的表现，也可以针对学生通过模拟学到的知识和技能，或者兼而有之。有些教师在评价学生的模拟表现时使用字母打等级或使用数字打分，而且将那些等级和分数作为学生期末总评成绩的重要组成部分。除此之外，还需要注意模拟教学的时间安排、学生助理等。①

二、模拟教学：以哥伦比亚大学法学院为例

哥伦比亚大学法学院开设了许多以模拟教学为主的课程，包括审判实务课程（Trial Practice）、审判实务精进、侵权实务精进、上诉辩护（Appellate Advocacy）、谈判研讨会、遗嘱和信托文件起草等。其中，审判实务课程由一名教师以研讨班的形式（Seminar）运用模拟教学进行讲授，每次课时为2小时。该课程事先向学生发送真实的案例材料，案例为 Spin Doctors Group，

① Jay M. Feinman, "Simulations: An Introduction", 45 J. Legal Educ., 1995, pp. 469, 470-478.

Inc. v. Tell It All, Inc. and Imelda Power（以下简称为 S 公司诉 T 公司和 P 个人），以下对该课程的模拟教学予以示例说明。①

（一）案例材料

1. 起诉书。S 公司以 T 公司违反合约和窃取商业秘密为由，向美国哥伦比亚地区法院提起诉讼，理由如下：（1）原告 S 公司的基本情况（依法成立、地址在华盛顿特区、时间、董事长和执行官 Randolph 等），该公司在保密的基础上为各种客户提供公共关系咨询，由此客户名单及其机密信息属于商业秘密和该公司最有价值的财产。（2）被告 T 公司的基本情况（依法成立、地址在加州、时间等），该公司也从事公共关系咨询，为 S 公司的直接竞争者，另一被告 Imelda Power 为 T 公司所管控。（3）被告 Imelda Power 是 T 公司的唯一股东、董事长和执行官，毕业于斯坦福大学商学院 MBA 专业，被 S 公司所雇佣为咨询师，以前亦为该公司的暑期实习生。（4）被告 P 在 S 公司获得升职，掌握重要的客户名单和机密信息。其中，他负责对 Influential Corp. 的业务，Fair 先生为 Influential Corp. 首席执行官。（5）被告 P 后来成为 S 公司副总裁，并签订了为期三年的雇佣合同。（6）雇佣合同第 7 条约定："在雇佣终结后，无论任何原因不得以任何方式与 S 公司竞争，不得成为与 S 公司有竞争关系的公司的所有者、股东、合作伙伴、雇员或者助理，不得将 S 公司的客户变成自己的客户或者寻求与之有商业往来。"（7）被告 P 后自愿离职，成立了自己的 T 公司。（8）被告 P 代表 T 公司从事公共关系咨询与 S 公司竞争，寻求 S 公司的客户成为 T 公司的客户，并向 S 公司的客户提供了公共关系咨询服务，直接违反了上述雇佣合同的第 7 条。被告 P 和 Fair 先生有密切的电话联系，以及让 Influential Corp. 与 T 公司有业务往来。（9）被告 P 主动使用了 S 公司的商业秘密，尤其是客户名单和相关客户资料。这些资料是 P 在 S 公司任职时被授予获得的。（10）S 公司已经受到预计超过 1000 万美元的商业损失，并将持续受到尚不确定的损失。

为此，原告 S 公司请求判决如下：A. 由于被告 P 违反雇佣合同第 7 条的约定，判决被告 P 赔偿不少于 1000 万美元的经济损失；B. 由于被告 T 公司和 P 窃取和盗用属于 S 公司的商业秘密，判决被告赔偿不少于 1000 万美元的经

① 笔者在 2012 年参加了哥伦比亚大学法学院肖特金（Shatzkin）教授讲授的审判实务课程，以上资料来源于其课堂发放的案例材料和 2017 年 4 月其通过邮件发来的教学材料。

济损失；C. 对两被告发布禁止令（injunction），禁止在 1 年内与 S 公司竞争；禁止在 3 年内与 S 公司的客户有商业往来；禁止在任何时候进一步使用 S 公司的商业秘密，包括客户名单和客户机密资料；D. 判决被告承担诉讼费用和律师费。

2. 答辩状。被告 T 公司和 P 联合提出答辩，被告 P 提出反诉（counterclaim）。

针对起诉书的答辩：（1）被告认可起诉书第 1 段有关 S 公司基本情况的陈述，否认该段其他部分的陈述。（2）被告认可起诉书第 2、3 段的陈述。（3）被告认可起诉书第 4 段的陈述，但是，被告否认曾经存在属于原告所有的商业秘密，或者原告的客户名单或客户信息属于保密的。（4）被告认可起诉书第 5、6、7 段的陈述，但是，他们提及能够全面和准确印证内容的信件。（5）被告否认起诉书第 8 段的陈述，除了承认其从事公共关系咨询服务，以及 P 和 Fair 先生有电话交流，而 Influential Corp. 目前为被告 T 公司的客户。（6）被告否认起诉书第 9、10 段的陈述。

针对违反合同的指控予以积极辩护：（7）原告 S 公司通过其董事长和执行官完全解除了被告 P 的职务，以及免除其所有的雇佣合同的义务，包括第 7 条的约定。

针对窃取商业秘密的指控予以积极辩护：（8）原告 S 公司在被告 T 在其公司任职期间没有采取任何措施保护客户名单的秘密或者客户信息资料。（9）原告对客户名称及其事实存在没有受保护的商业秘密或者其他财产权利。

反诉：被告 P 针对 S 公司提出雇佣歧视（性骚扰）和违反合同的反诉。（内容略）

3. 展示证据 A：被告 P 向 S 公司董事长 Randolph 提交的辞职信。

4. 展示证据 B：S 公司董事长 Randolph 接受被告 P 辞职的信函。

5. 被告 P 宣誓证词的摘要：内容大致为被告 P 的出生和学业情况、在 S 公司的任职情况、董事长 Randolph 对其开性玩笑和示意与夫人的关系冷淡等。在其成为副总裁后对其动手动脚，并有性暗示，后来，两人发生了性关系。在公司员工对此有议论时，董事长 Randolph 建议 P 离开公司，并支持其另外成立 T 公司，同时，愿意提供客户和注入资金，许诺让 Fair 先生和 T 公司有业务往来。当 P 向董事长 Randolph 提及雇佣合同中的非竞争条款时，Randolph 让其不用担心。后来，在加州 T 公司开始从事公共关系咨询服务，Fair 先生所在 Influential Corp. 将所有业务关系全部转到 T 公司，S 公司董事长 Randolph 对非常恼怒，就对 T 公司和 P 提起诉讼。此外，被告 P 认为 S 公司并没有保密的客户名单和相关资料，其借助于以前的电话地址进行业务联系。

6. 雇佣合同。S 公司与 P 之间的雇佣合同，内容包括雇佣期间、职位和责任等。

7. 董事长 Randolph 宣誓证词的摘要。其对 P 的证词予以反驳。

8. S 公司电脑中各种往来 Email。

9. Melanie Williams 宣誓证词的摘要。与被告 P 为朋友关系。

10. 展示证据 WS-1：电话录音文本。P 在电话里向 Melanie Williams 承认了与董事长 Randolph 之间的性关系。

11. Norman Steele 宣誓证词的摘要。内容为给予 T 公司银行贷款。

12. 展示证据 S-1：承诺记录。内容为被告 P 向银行作出的利息和还款承诺。

13. Fair 先生宣誓证词的摘要。

14. 有关是否构成性骚扰的专家证言。其结论为尽管 P 与董事长 Randolph 发生过性关系，但其在 S 公司任职期间，董事长 Randolph 的行为构成了性骚扰。

15. 初步的陪审团指示。

16. 法院出具的正式陪审团指示。

17. 陪审团的裁决。

（二） 模拟教学

模拟教学课程分为 14 个课时，每周 1 次，每次 2 小时。由于该课程为小班（约为 10 人），每个学生都有机会对每一个教学环节进行模拟。首先，分组由学生针对某个主题发表意见，然后，由教师进行点评和总结。相关课程安排如下：

课时	主题	任务安排
1	课程介绍	阅读案件材料，准备案件和庭审的说理
2	开场陈述（Opening statements）	准备十分钟的开场陈述
1	异议（Objections）	审查各证人的证词，并对直接盘问提出异议
1	证据开示（Exhibits）	根据所要接受和反对的目的，预先准备证据开示
2	第三方证人的交叉盘问	对第三方证人准备直接或者交叉盘问
2	有利证人的交叉盘问	对有利证人准备直接或者交叉盘问
1	专家证人的交叉盘问	对专家证人准备直接或者交叉盘问

续表

课时	主题	任务安排
2	总结陈词	分组进行总结陈词
2	观摩庭审或者模拟法庭	组织学生到法院观摩庭审或者组织模拟法庭

此外，模拟教学的方法多种多样，例如，有的法学院借助于录像来辅助模拟教学。①

第二节 法 律 诊 所

一、概述

在传统上，学徒制一直是美国培养律师的主要方式，后来出现法学院教育作为可供选择的方式，直到近几十年来法学院教育成为进入法律职业的必要条件。在 1870 年，哈佛大学法学院院长兰德尔（Langdell）改变了以往法学院偏重实体规范的系统教学，引入了案例式教学，即通过区分和综合的分析来学习精选的上诉判决，以此把握法律原则的发展；在课堂上，学生和教师之间展开对话，运用苏格拉底式（Socratic）的方法探讨判决中的理由。这种教学方法强调说理技能，而不是实体法，并以动态而非静态的法律观点为基础。与此同时，由于不对等关系或者存在剥削等因素，学徒制饱受诟病，以致式微。②

尽管案例教学方法风行一时，但仍然有一定的缺陷。除了案例分析之外，案例教学方法缺少对法学院学生其他方面技能的培养：（1）不同于案例分析的其他法律技能，例如，事实调查、案件规划、文书写作、法律研究、审判策略和法律辩护等；（2）人际关系上的技能，例如，会见、咨询、谈判、一般

---

① David B. Oppenheimer, "Using a Simulated Case File to Teach Civil Procedure: The Ninety-Percent Solution", 65 J. Legal Educ. , 2015, pp. 817, 818.

② George S. Grossman, "Clinical Legal Education: History and Diagnosis", 26 J. Legal Educ. , 1974, pp. 162, 163-164; 另见［美］埃贝尔著：《美国律师》，张元元等译，中国政法大学出版社 2009 年版，第 291 页。

人际交流和情感理解等；（3）职业伦理和社会责任；（4）目前实体法的知识。在 20 世纪早期，针对苏格拉底式案例教学的弊病，少数法学院（如丹佛大学、乔治华盛顿大学、田纳西大学以及南加州大学）将法律援助性的诊所工作整合到课程教学中来。①

到了 20 世纪 20 年代，受到法律现实主义（Legal Realism）的影响，社会科学被带入法学院的课程之中。以哥伦比亚大学法学院为代表，学生逐渐了解法律机构、社会和心理学的力量，以及法律职业在社会中的实际功能。法律学人开始运用社会科学的调查方法对法律问题展开实证研究。"二战"以后，由耶鲁大学拉斯韦尔（Lasswell）和麦克杜格尔（McDougal）教授领导的"新现实主义"组织，呼吁以培养作为"政策制定者"的律师为目标，对法学院课程进行重建。如今，在美国的法律教育中，仍然存在兰德尔和现实主义的影响和争论。

作为现实主义运动的代表人物，学者弗兰克（Jerome Frank）指责无事实基础的规则的空洞，并推动法学院将学习法律知识本身转向行动中的法律。他指出："律师和客户的关系、很多涉及说服法官的非理性因素、与陪审团面对面的情感，以及作为案件'现象'的构成要素等，所有这些都没有在司法判决中体现出来，亦不为兰德尔所实际了解。"② 为了应对这种情况，弗兰克建议在法学院设立"法律诊所"，处理来自法律援助机构、政府机关或者准公共组织的案件。他认为法律诊所应当教学生对律师在社会过程中的位置，以及陪审团、证人和法官的行为保持敏感，理解诉讼中事实的不确定性，并发展谈判、起草文书和案件规划等技能。同时，法律诊所有机会对职业伦理作出反应，亦可参与法律改革之中。布拉德韦（John Bradway）教授亦支持诊所式法律教育，将法律援助诊所的观念融入法学院的课程教学，并担任杜克大学法学院法律援助诊所的主任。他认为法学院的诊所教育有五个目标：（1）理论和实践之间的桥梁；（2）将实体法和程序法予以综合；（3）将客户和其他人引入和整合于法律的学习与实践之中；（4）让学生直面法律辩护；（5）教学生

---

① Carey, Suzanne Valdez, "An Essay on the Evolution of Clinical Legal Education and Its Impact on Student Trial Practice", 51 U. Kan. L. Rev., 2003, pp. 509, 512.

② Frank, "Why Not a Clinical Law School?", 81 U. Pa. L. Rev., 1933, pp. 907, 908. 在 20 世纪 90 年代，斯坦福大学弗里德曼（Lawrence Friedman）教授有过类似的批评，其认为法学教育是"没有石头的地理学"，See Lawrence Friedman, quoted in Paul Wice, *Judges and Lawyers: The Human Side of Justice*, New York: Harper Collins, 1991。

从源头开始分析问题，而不是像苏格拉底式案例教学法，在结束阶段通过上诉判决来分析问题。①

由于获得了大量的资助，法律诊所在 20 世纪 60 年代有了长足的发展。据统计，1971 年全美 100 所法学院共计有 204 个法律诊所，其中包括 4000 名学生和 300 名教师。② 到 20 世纪 70 年代末，有 30 个州制定了学生实践规则。法律诊所的模式分为服务、法律改革、参与和观察者以及教学四个模式，前两个模式涉及真实的当事人，后两个模式不以真实当事人为基础。

1. 服务模式（service model）

20 世纪 60 年代的社会变化对诊所式法律教育的发展有着重要影响。在"反对贫困"的政府措施中，规定对那些无力承担律师费用的人提供法律服务，而法学院的学生成为了应对这一变化的人力资源。基于资源的法律援助计划在很多法学院得以发展，法学院亦鼓励在教师的监管下由学生提供法律服务。不过，法学教育与社区服务存在目标上的冲突，以服务为导向的诊所计划也有诸多缺陷，如重复、低水平工作、沉重的案件负担、对学生时间的挤占，对作为案件基础的法律观念不予关注以及监管不力等。

2. 法律改革模式（law reform model）

针对服务模式的缺陷，很多法学院放弃了以法律援助案件作为诊所教育的工具，而转向选择测试性的案件，以推动法律的改革。这些计划也包括立法起草、社区组织或者社区教育等。

3. 参与和观察者模式（participant-observer model）

这种模式目标不是使学生获得司法经验或者给予法律援助，而是将学生作为参与和观察者，学习和熟悉各种公私机构的工作和社会效果。

4. 教学模式（teaching model）

教学模式是将法律诊所作为一种教育工具，其不关注法律服务、法律改革以及研究结果，而是关注于教育本身。这种模式强调法学院加强对法律诊所的监管，谨慎挑选诊所教师和合作律师，以及较低的教师和学生比例；同时，严格限制学生的案件负担，认真挑选富有教育意义的案件。诊所教育不仅提供如何做的实务信息，而且以学生为中心，促使学生了解法律过程中个人、职业和

---

① Carey, Suzanne Valdez, "An Essay on the Evolution of Clinical Legal Education and Its Impact on Student Trial Practice", 51 U. Kan. L. Rev. , 2003, pp. 509, 514.

② Paul E. Wilson, "Clinical Legal Education at K. U. ", an introduction, The KU Laws, Fall 1973, at 3, 4.

机构的角色和功能。①

二、法律诊所：以哥伦比亚大学法学院为例

哥伦比亚大学法学院的诊所教育已有 45 年的发展历史，10 个法律诊所涵盖不同的主题，包括人权、监禁、青少年监护等；也涉及不同的法律领域，包括环境法、性与性别法和调解等。学生通过诊所的经历形成对各种问题的认识，这些问题关系到其所代理的当事人。同时，学生在研讨会、课程作业和模拟练习中拓展应对真实案件的技能。哥伦比亚大学法学院与各个组织和政府机构的合作关系让学生可以代理重要的案件，已有学生向联邦最高法院撰写案件摘要，到发展中国家进行调查，以帮助移民获得庇护。

通过诊所的实务工作，学生认识到如何以最高的职业道德标准提供法律辩护，并在获得亲身经验的同时拓展其技能。（1）掌握法律技能。包括起草诉状和答辩状、提出证据开示动议、会见当事人和提供法律咨询、对复杂问题进行调解、学习说服法官或者对方的基本技能等。诊所教师对学生的书面和口头表现予以评估。（2）理解组织运作。为了有效地为当事人提供辩护，律师必须知道在复杂的行政和规制系统中如何开展工作，诊所教育为学生提供认识组织系统的基础。（3）服务社会。诊所学生代表当事人面对侵犯人权、环境破坏、歧视以及其他产生于财产和不平等的法律问题，同时，认识到这些严重的社会问题需要通过立法、教育、纠纷解决和社区组织等予以系统性的解决。（4）反思性训练。诊所教师鼓励学生对实务工作进行反思和总结，以明确自身的职业弱点和拓展特有的长处。

（一）青少年代理诊所（Adolescent Representation Clinic）

青少年代理诊所前身为儿童辩护诊所，在 2006 年启动代表 16~23 岁失去监护的青少年的项目，这些青少年所涉及的问题包括住宿和无家可归者保护、父母抚养、继承、健康和健康利益、收入和获得资助的利益、教育、学费、财政援助利益、资金计划、公民权利、工作培训、职业规划以及家庭暴力等。诊所学生以团队合作代表当事人与法律辩护办公室、监护机构和社区组织打交道，并影响相关政策的发展。该诊所课程分为若干部分：

---

① George S. Grossman，"Clinical Legal Education：History and Diagnosis"，26 J. Legal Educ.，1974，pp. 162，165-187.

1. 研讨会（seminar）①

学生参与数周研讨会，其重点在于通过不同的学科视角（如社会学、法学医学和心理学等）来认识当事人所处的背景，研讨会的主讲者包括家庭法院的法官、精神健康的职业人员以及被监护的青少年等。

2. 模拟训练

学生通过模拟课程的强化训练来学习基本技能，包括会见当事人、法律咨询、案件管理和策略、复杂问题的解决、参与谈判或者诉讼等。同时，学生运用多学科的路径和知识对当事人予以有效代理。在此，另外设有"新手训练营"（boot camp）课程，以提升学生代理当事人的能力。

3. 当事人代理

学生以团队的形式代表当事人处理实务案件，每一个团队每周与负责监督的诊所教师见面。一旦案件代理开始，进行案件准备的诊所课程通过案件讨论让学生了解其他团队所处理的案件。而案件的实务工作启动后，学生大约有20个小时开展诊所相关的活动，包括作为代理人进行调查和辩护。

4. 法律改革、教育和政策工作

在第二个学期，诊所学生将参与法律改革、教育和政策工作。以前的项目包括了解青少年代理的权利、对青少年代理进行多学科调查和政策调查、对该领域内政策制定者提供建议。在 2009 年至 2010 年，发展出新的模式，如与多个领域的儿童辩护人和不同背景的青少年进行访谈，以确定目前的政策和实务运作，并提供改善建议。在 2016 年，青少年代理诊所发布了《成年之弃：对纽约青少年成年后住宿不定的解决方案》的报告，该报告指出了失去监护后的青少年在确保和维持住宿上面临诸多障碍。其建议包括告知监护机构青少年住宿地点的不确定、提供更好的住宿建议，以及给予那些失去监护的青少年以优先权等。

---

① 在研讨会上，教师与学生从施教者和受教者的模式中脱离出来，进而演变为合作者的关系。它强调学生在主导基础上主动性的最大发挥，每一个学生在课前预习（通篇阅读教师预留的参考文章以及选定案例）的基础上，在课堂上畅所欲言，发表个人见解。教师往往扮演一个引导者、提问者以及关键环节的思路转换者的角色。更多时候，教师的身份被完全淡化而彻底融入到课堂讨论之中了。这种教学方式中教师的主导性实际上增强了，因为他需要在课前针对本门课程，安排最能说明问题的案例和参考文章供大家阅读，并预先就每次研讨会将要讨论哪些题目、从哪几个角度进行深入分析等问题通过电子邮件发给大家早做准备。转引自秦军启：《一流法学院的教学与课程设置》，载新浪博客，http://blog. sina. com. cn/s/blog_625e88df0100fqhc. html。

（二）社区事业诊所（Community Enterprise Clinic）

诊所学生在社区事业诊所为非营利组织和小企业提供法律服务，其通过参与非营利组织的工作和代理当事人的相关事务，促进社区的发展。例如，诊所学生向当事人提供获得非营利组织资格的法律咨询，起草社区组织的规章制度，申请税务减免，以及帮助较大组织处理有关商标和版权上的法律问题。感兴趣的学生还可以参加特定的项目，如由法律诊所发起的有关微小企业问题的会议。诊所学生通过如下方式来准备实务工作：（1）集中的研讨会；（2）每周与负责监督的诊所教师举行例会；（3）受到师生评议的模拟训练（有些通过录像的形式）。

学生可以学习有关组建和运营非营利组织和小企业的实体法；在代理组织而非个人的过程中，对特别的访谈、咨询和伦理问题进行思考；同时，学习如何会见组织类当事人和给予法律咨询，以及起草法律文件等。在课程和监督例会上，学生从实务案件的角度探讨许多重要的律师执业问题，包括在不确定条件下的决策、律师和当事人之间权利配置，以及组织代理中成员有异议时的挑战。对于某些新成立的非营利组织，诊所学生帮助其选择适当的组织形式、发展管理架构、确保税务减免以及符合规制要求。而对于成熟的组织，诊所学生帮助其处理有关组织扩张、创制全国计划等方面的法律问题。

近期，诊所涉及的非营利组织包括解决住宿、帮助女性减刑、低收入群体购房等，还有个人开办的小企业，如家庭日护理、餐饮公司和打印社等。这些组织寻求诊所的帮助，包括建立适当的商业架构、签订合约以及符合规制要求等。诊所学生还为这些企业主举行有关公司和税收问题的研讨会和专题报告（Workshop）。

（三）环境法诊所（Environmental Law Clinic）

诊所学生在环境法诊所代表地方、地区和全国环境和社区组织，致力于解决大多市所面临的环境问题，包括洁净水、湿地保护、濒临灭绝的物种、环境司法、清洁空气等。在为期数周的研讨会中，学生对案件中需要解决的问题进行策略讨论，并学习广泛适用的诉讼技能，如起草诉状和答辩状、提出动议和协商解决等。诊所学生参与相关组织的工作，如关注污染和公共健康的社区组织，以及处理土地保护和交通运输的组织等。其表现如下：（1）在"9·11"世贸大厦被袭后，学生为消防员和其他受石棉等毒素侵害的人提供法律咨询；（2）对核电站的运作、维护和关停，向市民和环境组织提供辩护；（3）强化与当事人之间的互动，为社区组织提供个案上的法律咨询；（4）诊所在各方面发挥其相互作用，包括经济发展、环境保护、污染影响、对有色人种和弱势群体所在社区的规制等。

以污染控制为例，环境法诊所代表社区组织寻求最小化发电厂对健康的负面影响。学生向发电用地和环境委员会申请复审，该委员会以前一直拒绝考虑PM2.5 的小颗粒的影响。然而，复审得到准予。为了准备复审，学生和医疗、工程方面的专家一起工作，对污染物的影响作出直接和抗辩证词。同时，还准备了对另一方专家证人的交叉盘问。经过 4 天的协商解决，公用事业组织决定投资 400 万美元减少空气污染物排放。在 2015 年，两名诊所学生加入了律师团队，在波士顿法院要求马萨诸塞州环保部执行限制排放的规定，该法旨在化解全球暖化，于 2008 年成为该州法律。他们帮助起草诉状和案件摘要，参与为出庭做准备的模拟法庭。

此外，诊所教师和学生还发布了有关环境保护方面的备忘录和研究报告。

（四）人权诊所（Human Rights Clinic）

诊所学生通过参与教育创新、社会正义、批判性反馈和学术研究将人权法的学习融入人权诊所的实务中，同时，促进人权发展和重新调整全球力量的不平衡，这种不平衡导致经济和政治上的不平等、剥削以及对人身安全、贫穷和环境构成威胁。通过事实认定、诉讼辩护、研究报告、媒体参与、培训和创新方法等，人权诊所寻求防止侵犯人权、增加对人权的尊重，以及提升侵犯人权的责任承担。

通过研讨会和项目运作以及诊所教师的监督，学生运用各种技能进行策略性和创造性的人权辩护，对人权进行批判分析，并促进人权领域的方法论发展。诊所的研讨会提供国际人权辩护的全景，包括主要的行为形式、策略、方法和评论，从而让学生掌握该领域的知识和工具。在此基础上，诊所学生学习评估人权项目的定位、采取行动的适当工具或者路线、采取行动的道德责任等。在具体运作上，他们学习项目的选择、设计和策略，确定辩护策略的次序、事实认定的方法和证据评估、多学科的研究方法，对证人、专家和加害人进行访谈，作出报告和撰写摘要，运用司法和准司法的程序在各个层面上的辩护选择，参与出版和使用社交媒体，处理伦理问题等。

人权诊所让学生以团队合作的方式参与人权项目，这些项目每年都有所不同，其涵盖不同地域中处于社会边缘、紧急和复杂的人权问题，如侵犯人权和破坏环境的公司责任、在反恐和武装冲突中的人权侵犯、健康权、联合国维和部队的权力滥用以及性暴力等。通过学生参与的项目运作，人权诊所在功能上类似于非政府组织。同时，人权诊所也是测试和型构新的人权工作模式的实验室，其通过跨学科的合作、对人权实践的批判性反思以及可持续的法律辩护来提升改善人权的方法。

目前的项目包括：（1）目标杀戮和无人机袭击的责任。人权诊所在 2014 年 9 月启动该项目，诊所和美国以及国际公民社会组织一起，向联合国和美国政府递交非政府组织信函，以促使在无人机袭击使用上负有更大的透明度、责任和遵守国际法。同时，诊所对辩护工作和策略进行研究，与相关组织举行策略应对会议，并与各方参与者进行协商。（2）中非共和国的武装冲突。在 2014—2015 年，人权诊所与中非共和国的非政府组织合作，开展有关战争犯罪调查、追究责任和促进国家和平和融合等方面的工作。（3）经济全球化下的商业与人权。人权诊所在 2014 年发起该项目，以支持社区和社会组织反对秘鲁和新几内亚等地破坏环境和影响健康的金矿开发。

（五）移民权利诊所（Immigrants' Rights Clinic）

通过集中学习和实务工作，诊所学生直接代理当事人和参与移民改革项目，从而提升律师执业和辩护的技能。（1）在个案处理上，每一位学生都负责处理相关移民案件，定期到访移民拘留所，并出席移民法院的审理。诊所学生以当事人为中心，对移民的驱逐出境进行法律辩护，包括庇护、停止或者暂缓递解出境以及反对刑讯逼供等。同时，诊所学生负责各方面的案件准备，包括会见当事人和证人、调查取证、撰写起诉状、提起动议、作出案件摘要、研究案件策略、进行口头辩论、主导谈判、完成法律调研等。（2）在组织参与上，诊所学生还与国家和地方组织一起工作，共同处理移民权利问题。（3）在项目运作上，移民权利诊所以合作的方式发起各种项目，包括规制和立法改革、影响制度的诉讼、公众教育、草根维权、媒体工作、策略计划等。

（六）数字时代律师执业诊所（Lawyering in the Digital Age Clinic）

该诊所的设立旨在对数字技术如何影响法律实务进行探索，在诊所课堂上，学生运用数字技术来学习基本技能，如会见当事人、法律咨询、起草诉状、案件策略、各种背景下的辩护等。这种数字技术和传统技能的结合，使得学生在知识管理、电子事实认定以及报告展示等方面有了新的拓展。

诊所学生以亲身和在线的形式进行项目运作，这些项目包括：（1）处理强制驱离案件。（2）基于政府利益与行政机关一起进行辩护。（3）代理家暴受害者处理法律事务。（4）在"9·11"后组织私人提供志愿者服务。（5）在可负担住房上与草根社团一起工作。（6）参与纽约FAIR项目，该项目由律师、律师助理、公益专家、法律支持者和法学院学生一起工作，确保寻求公共援助、食物券和医保的人能够有效行使其正当程序的权利，而在公平听证和信息上提供服务。诊所学生创设了该项目的知识数据库，并在线维护相关记录和信息。① （7）诊所学生与行政法法官和法律援助组织一起，创建了一个网站以帮助那些车辆被没收的人获得车辆返还。这些人在被捕时因为各种原因车辆被扣押，如醉酒、持有毒品或者武器等。②

最近，诊所学生与纽约民事法庭合作，开展在线自动化处理租户对驱离程序的反馈。此项目可以让上千名租户无须聘请律师来应对驱离行为。在网页工具的利用上，诊所学生开发了计算相关后果的软件，并应用于移民和纽约公共住房的租赁等方面。

除了上述法律诊所以外，哥伦比亚大学法学院还有调解诊所、监狱监管诊所、监禁和家庭诊所以及性与性别法诊所等。③

第三节　校外实习

一、概述

校外实习主要是指法学院高年级学生到法院、检察院、律所、政府等机构亲身参与法律实践的实习模式。在我国法学院，校外实习大多由实习教师组织学生到实习基地参加法律实践，也有学生自行联系实习单位。而在美国法学院，校外实习（externship）或者实习书记员（clerkship）大多由教师提供实习信息，而由学生自己申请、面试和获得实习机会。

以法律书记员（law clerks）为例，学生协助法官或者在职书记员完成司

---

① 参见网址：http://stlr.org/2012/04/13/spotlight-on-technology-and-public-interest-law/。

② 参见网址：http://stlr.org/2012/01/22/how-digital-resources-are-helping-ny-communities-one-car-at-a-time/。

③ 参见网址：http://www.law.columbia.edu/clinics。

法工作,包括案件文档评估、法律研究和写作、准备备忘录等。美国联邦法院和州法院接受假期实习生担任书记员,实习岗位一般不带薪,属于志愿性质。学生需要向法官撰写求职信(cover letters)和简历,然后,到实习法院去面试,获得通过后签订实习协议(intern/extern agreement),并由法官对其进行督导。同时,监督法官还定期对实习生的表现作出书面报告(progress report)。示例如下①:

    学生姓名:Lily Sawyer
    时间:9月18日—9月25日
    地点:美国加州中部地区法院
    督导法官:David Kenyon

日期	时间	小时	工作表现
9/18	8:15—12:30 1:15—5:00	8	与书记员会见、布置法庭;在涉及错误指控和种族歧视的案件中,对提出简易判决的动议进行分析;通读卷宗,对被告动议所引证的案件进行法律研究。
9/19	8:00—12:00 12:45—5:00	8	继续研究简易判决的动议,研究援引案例和进一步收集判例,开始思考和勾画简易判决动议的说理,最终的人身保护令。
9/20	8:00—12:00 12:45—5:00	8	继续研究简易判决的动议,开始为书记员撰写有关简易判决的备忘录。针对简易判决动议的复杂问题进行在线研究。
9/21	8:00—12:00 12:45—5:00	8	撰写和完成有关简易判决的备忘录。
9/24	8:00—12:00 12:45—5:00	8	新的简易判决动议,案件涉及种族、国家出生地和性歧视的诉求;阅读原被告提交的文件,调查被援引案例,开始探索案件说理。
9/25	8:00—12:00 12:45—5:00	8	持续研究并开始撰写新简易判决动议的命令;与书记员会见,讨论简易判决的动议;开始撰写备忘录,以及将其转变为命令形式。

    共计时间:48小时。

                                                    督导法官:(签名)

————————————

① Judicial Externship Handbook, University of South California Law School, 2005-2006.

二、校外实习：以哥伦比亚大学法学院为例

哥伦比亚大学法学院将校外实习作为到校外有关法律机构进行实践的实习课程，① 其所涉实务工作包括上诉实务、法院书记员工作、检察工作、执行实务、艺术法、联合国工作、城市和州政策辩护、社区抗辩、版权争议解决、家暴检控、联邦政府、移民法、低收入工人权利等。具体如下：

1. 联邦上诉法院实习课程（Externship：Federal Appellate Court）

在该实习课程中，美国第二巡回上诉法院罗伯特·塞克（Robert Sack）对校外实习予以合作督导。此实习课程在联邦法院法官所在的法庭进行集中的实务工作，大致分为8个课程时段。实习学生和法官一起进行法律研究、分析和写作。若干课时由受邀主讲者讲述有关上诉审查和联邦管辖权等主题；其他部分则讨论上诉实务的各个方面。最后，用1个课时进行上诉审判的模拟法庭。实习课程根据学生的课堂表现和法官对其实务工作的评估作出实习评定。

2. 联邦法院书记员实习课程（Externship：Federal Court Clerk）

在该实习课程中，学生担任纽约南区联邦法官的书记员，有机会起草法律意见、观摩庭审和口头辩论等。实习课程由两个部分组成：（1）每周研讨会。学生在一个学期内将参加7次研讨会，讨论主题包括在和解、动议或者判决情况下的司法裁判、司法意见的撰写、司法伦理、实习经验、人身保护令、在民事和刑事诉讼中的律师执业等。其中，两次课堂讨论与刑法和民法方面富有经验的诉讼人或者法官一起，进行合议庭评议。（2）实地工作。学生有15个小时的实地工作，他们将花费至少一个整天或者两个半天参加法庭工作，包括进行调查研究、准备备忘录、起草法律意见、观摩各种司法程序（如庭审、听证和会议）以及和解会议等。

3. 刑事上诉实习课程（Externship：Criminal Appeals）

在该实习课程中，学生通过在纽约州上诉法院的亲身经历，来学习刑法和上诉辩护，并为诉讼中的低收入被告撰写案件摘要。实习课程由两个部分组成：（1）研讨会。每周两小时的研讨会集中讨论纽约刑法和上诉实务的关键点，早期的研讨会内容涉及上诉过程、保留原则、审查范围、法律不足、超越

---

①　参见网址：http：//www. law. columbia. edu/courses/search-results？ curriculumType＝All&courseName＝&courseNumber＝&instructorId＝&schoolYear＝101&term＝Fall&term＝Spring&startTime＝&endTime＝&courseType＝1&points＝&evalMethods＝&submit-query＝Search。

合理怀疑的证明以及证据的权重等；后期的研讨会内容涉及更多的实务技能，如上诉记录的摘要、认定问题及其重要性、撰写事实陈述以及展开有效的法律辩论。研讨会还探讨上诉辩护的伦理规范、口头辩论技巧以及有效的客户交流等。这一阶段的课程主要由讲授、讨论和某些练习组成。（2）实地工作。地点在纽约的上诉律师中心，作为公共辩护组织，此中心为低收入被告所涉及的重罪提供上诉服务。每一位学生将由督导者进行监督，针对真实的案件为客户起草上诉摘要。学生需要阅读、摘要和注释案件的上诉记录（包括有关动议的文件、听证、审判记录等）、研究和选择问题、撰写上诉摘要的初步和最终文本，以及对客户要求作出回应。每周将有 10 小时从事上诉实务工作。

4. **纽约检察总长办公室社会与环境司法实习课程**（Externship：Advancing Social and Environmental Justice in the New York Attorney General's Office）

该实习课程限制为大约 10 名高年级学生参与，学分为 5 分，由两个部分组成：（1）每周有 2 小时的研讨会，内容涉及纽约检察总长办公室在社会与环境司法上的权力和角色，如环境保护、民权、劳工以及健康和福利保护等；研讨会部分的成绩判定依据包括每周的课堂参与、表现和模拟、定期对阅读和实地工作作出的反馈报告以及期末论文；（2）每周有 15 个小时的实地工作（placement/fieldwork），地点为纽约检察总长的社会司法处。该处执行有关社会司法和环境保护方面的法律，其工作内容为包括对未予执法的地域和管辖权认定进行法律分析、对非法行为进行调查、与州规制机构一起提起诉讼或者对规制机构提起诉讼。通过研讨会和实地工作，学生将会熟悉纽约检察总长的角色和职责，以及社会司法处实现公共利益的方法。

5. **南纽约地区法院检察官办公室实习课程**（Externship：Attorney's Office for the Southern District Court of N. Y. ）

该实习课程让学生有机会学习纽约地区法院联邦刑事案件的调查和检控，其由两个部分组成：（1）研讨会。每周在检察官办公室举行研讨会，由资深检察官进行讲授。学生讨论实务和案例法，同时通过模拟和实务训练进行学习。（2）实地工作。学生将到南纽约地区法院检察官办公室进行实地工作，与助理律师一起工作，代表美国政府处理刑事检控案件，包括枪支、毒品、欺诈、移民、儿童剥削、公职腐败、恐怖主义和暴力犯罪等。

6. **纽约执法部门代理实习课程**（Externship：Representing N. Y. C. - N. Y. C. Law Department）

该实习课程让学生亲身体验代理纽约市政府的律师所面临的各种法律问题，这些律师的角色是政府及其雇员的法律顾问、诉讼代理人以及协调人，其实务工作涉及地方政府法、政策以及行政管理等。实习课程由两个部分组成：（1）研讨会。研讨会集中讨论纽约市政府实务的案例研究，特别的主题涉及劳工和雇佣问题、经济发展和矫正政策等。研讨会还探讨纽约市政府的政府架构、立法职责和过程、政府律师可利用的工具、政府内外部不同党派对政策和实务的影响、代表政府利益的律师角色等。这一阶段的课程由客座主讲者进行讲授、课堂讨论和课堂内训练组成。（2）实地工作。学生将派到市政府各部门参加实务工作，包括行政法、平权诉讼、经济发展、环境法、家庭法院、劳工和雇佣以及法律顾问等，每周至少 10 小时，相关实务工作包括市政府所涉及的诉讼事务、政策事务以及业务处理等，例如，起草立法文本、参与发展项目、起草法律备忘录和诉讼文书（包括起诉状和答辩状）、参加政府律师和政府官员的会议，以及在立法听证、宣示作证或者审判中提供协助等。

7. 艺术法实习课程（Externship：Arts Law）

该实习课程提供知识产权、演艺和非营利法的实务训练。学生在艺业志愿律师协会协助代理艺术家和非营利艺术组织的专职律师，并通过课堂讨论和学术期刊，了解该领域内各种各样的当事人和问题，对法律和律师所扮演的角色进行批判性思考。艺术法实习由三个部分组成：（1）每周研讨会。学生每周参加 2 小时的研讨会，讨论内容涉及个案、合同、学生期刊的反馈以及对阅读材料中的概念作出分析等。在研讨会上，教师指导的主题包括版权、商标、非营利法、音乐权利、知识财产权的许可，以及有关会见当事人、法律咨询和合同谈判等实务技能。其中，部分研讨会邀请客座主讲人讨论其工作经验和相关案件。每周都安排有阅读材料，并撰写短篇论文或者编辑周刊等。（2）艺业志愿律师协会的实地工作。学生每周花费 10 小时在艺业志愿律师协会从事实务工作，其中 5 小时在各办公室轮班，处理相关咨询电话，另外 5 小时参与由专职律师主导的实质性调查。艺业志愿律师协会为低收入艺术家和非营利艺术组织提供法律服务，其实务工作主要涉及版权、非营利组织合并和税务减免、商标以及与娱乐业有关的领域。这些客户寻求法律服务主要包括对合同进行审查、谈判或者起草合同、争议解决、保护版权或者商标、成为免税的非营利艺术组织等。（3）针对客户咨询和合同谈判进行两组课堂外的模拟训练。在模拟训练中，学生对咨询和谈判进行角色扮演。

8. 联合国实习课程（Externship：United Nations）

该实习课程为学生提供了学习联合国法律实务的机会，大约有 15 名学生被选拔出来到联合国各办公室进行实习。其由两个部分组成：（1）每周研讨会。在法学院的研讨会为期 2 小时，对联合国的法律和实务进行讨论。同时，还有《联合国法律实务》的课本和补充资料。（2）实地工作。根据联合国各办公室的要求安排实地工作，包括对过去实务进行调研、分析文件、准备报告或者法律问题讨论的摘要等。在学期的 14 周中，学生每周花费 10 小时进行实地工作。

第四节　法律实验室

一、概述

法律实验室（Law Lab）是在传统诊所教育的基础上，基于跨学科交叉的法律实习模式。这种法律实习模式侧重于从法律适用转向法律应用，将物理科学上的实验室方法论运用到法学教育上来。尽管美国法学院有一些法律诊所在实务训练、反馈督导方面运用了实验室的方法论，但是，常见的科学实验室要素，如试验、构造原型、测试和发明等，这些很少被整合到法律诊所教育之中。在传统法律诊所中，教学重点在于案例分析，而法律实验室是对这种案例方法的局限性作出反应，同时，从培养技术型律师转向促其成为社会问题的解决者。尤其是在 21 世纪，企业家精神和创新驱动让法律实验室的发展方兴未艾。[1]

有关何谓法律实验室，布朗德卫（John Bradway）最早在 1934 年将"实验室"的概念引入实践性教育之中。传统实验室是指通过实践、观察或者测试进行科学试验或者研究的房间或者建筑。随着科技的发展和日益增长的革新，实验室被赋予新的意义和重要性。同时，实验室已经从封闭性的专业科学范畴转向为基于创造性生产和问题解决的开放性方法论上。例如，贝尔实验室从纯粹的科学研究延伸到与 AT&T 通信业有关的科技创新和实务应用。爱德华兹（David Edwards）教授在哈佛大学建立艺术科学实验室，其指出创新实验室的共同点在于多学科的联合、快速建模、展示说明以及将构想转化为产品。目前，这些法律创新实验室（Legal Innovation Labs）主要有波士顿学院法律服务实验室（Legal Services Lab），波士顿大学律师执业实验室（Lawyering

---

[1]　Martha F. Davis, "Institutionalizing Legal Innovation: The (Re) Emergence of the Law Lab", 65 Journal of Legal Education, 2015, pp. 190, 191-195.

Lab），纽约大学法学院实践学习实验室（Experiential Learning Lab），哈佛大学食品法实验室（Food Law Lab），霍夫斯特拉大学法律、逻辑和技术实验室（Law，Logic，and Technology Lab），丹佛大学法学院移民权利实验室（Immigrants' Rights Lab），东北大学法学院新法律实验室（NuLaw Lab），密歇根州大学法学院再造法律实验室（Reinvent Law Lab），斯坦福大学法律和政策实验室（Law and Policy Lab），密歇根大学交易实验室（Transactional Lab），芝加哥大学宪法实验室（Constitution Lab），芝加哥大学 Kirkland & Ellis 公司实验室，范德堡大学国际法律实务实验室（International Law Practice Lab）和专利诉讼实验室（Patent Prosecution Lab）等。①

二、法律实验室：以美国法学院为例

（一）霍夫斯特拉大学法律、逻辑和技术实验室

该实验室由沃克尔（Vern R. Walker）教授在 2010 年成立，属于最早的法学院法律创新实验室，其任务是运用以逻辑为基础的分析框架和先进科技对实体法的法律说理进行经验研究，从而创造提高法律实务和法学教育的知识、技能和工具。基于增强法律过程的透明度、公正性、准确与效率，该实验室所开展的项目有如下要求，即具有实质性的社会重要性、有利于提高准确率和效率、研究成果可以转化到其他法律领域。其中，若干项目为：（1）在医疗事故案件中运用逻辑树（logic trees）去理解、合成、评论和预测其结果。（2）利用软件对法律文件进行自动化分析等。（3）规则树（rule trees）项目，即构建主导判决的法律规则的逻辑，让法学院学生和从业人员对特定领域的判决寻求更加深入和有条理的理解。

法律、逻辑和技术实验室自身是一个科学实验室，其运用科学方法来得出结论，通过多学科的人员参与来完成工作，而这被视为法律实务的新技术领域，即将新的法律分析形式和严密的数据分析予以结合。

（二）密歇根州大学法学院再造法律实验室

该实验室由卡茨（Daniel Martin Katz）和科奈克（Renee Knake）教授所

---

① Martha F. Davis，"Institutionalizing Legal Innovation：The（Re）Emergence of the Law Lab"，65 Journal of Legal Education，2015，pp. 190，200.

建立，并将法律和技术予以整合，从而使得法律服务变得可负担、可接近和广泛适用。该实验室其强调技术与设计，促使学生掌握与法律有关的数量分析，探索诸如电子搜证等技术以及进行法律实务管理的新路径。同时，发起创业律师竞赛来推动学生参与发明创造。

卡茨教授和其合作者发表了一系列影响广泛的论文，其内容涉及运用计算机模型预测最高法院的投票模式、将联邦司法和学术网络运作予以可视化、将复杂的法律（如税法）予以图示化等。科奈克教授发表的论文涉及律师伦理，其对法律伦理规则的实务运作予以限制。该实验室从迪拜、伦敦到硅谷开展了一系列将法律和技术相结合的活动，以促进商法的发展。

（三） 东北大学法学院新法律实验室

该实验室在 2011 年由法学院教师和员工共同创建，与其他以法学院为基础的创新实验室一样，其关注于法律的可接近性，力求建立一个法为人用的世界。同时，运用复杂的技术来促使艺术、人文和法律的融合。该实验室将设计思维进路整合到大学的教育和学习之中，探索设计思维在法律和政策变化上的功效，并运用设计进路和新技术手段来提升社区的法律合作关系。

该实验室的工作强调社区合作、多学科进路和法学教育转型。在社区合作上，实验室采用合作设计的形式，让律师和社区进行深层次合作，以回应各种法律挑战。在多学科进路上，实验室以律师事务所的成功范例，借助多学科的交叉来解决设计问题。在教育转型上，实验室促使学生参与各种项目，从而将其法律和非法律技能整合于问题的解决之中。

相关项目包括：（1）通过设计新的进路促使学生到外地完成合作性的法律实习；（2）为法学院重新设计模拟法庭的运作；（3）法学、计算机、工程等专业的学生一起在麻省理工学院的媒体实验室研发了一种便携式的工具，让国内工人可以知晓其受雇的权利；（4）与康涅狄格州法律援助学生组织一起，研发了一种策略应对的 APP 以帮助在法院自行辩护的诉讼当事人；（5）与社会学教授合作，研发印度贫民窟拆迁和律师参与的可视地图；（6）与退伍军人组织合作，研发服务于女性退伍军人权益的电子拓展接口。[1]

①　Martha F. Davis, "Institutionalizing Legal Innovation: The (Re) Emergence of the Law Lab", 65 Journal of Legal Education, 2015, pp. 190, 206.

第四章　法律实习技能：会见当事人与法律调查

第一节　会见当事人

一、会见当事人的目的与过程控制

在国内法律实务中，一般将委托律师提供法律服务的个人和组织统称为当事人，而在西方法律实务中，则称为客户（Client）。不管是亲朋好友通过电话或者电子邮件咨询某一法律问题，还是在律师事务所面对面地会见当事人，都需要了解基本情况，并在有限的时间内为当事人提供有效的法律意见。在大多数的法律事务中，会见当事人的主要目的包括：（1）帮助当事人确定其法律诉求。（2）获取相关法律信息，试图找到实现当事人诉求的方法或者途径。（3）提供不同的解决方案，并帮助当事人作出最恰当的选择。（4）使当事人看到问题解决的希望，并形成与当事人之间的职业信赖关系。会见当事人或者客户的流程如图 4-1 所示。

（一）外部环境

会见当事人的外部环境虽然不会直接影响到法律服务的质量，但是它可能会间接地影响获取法律信息的有效性以及当事人的信任。一个良好的会见当事人的外部环境需要：（1）保持会见当事人的私密性。在大多数情况下，法律纠纷都不涉及国家秘密、商业秘密或者个人隐私。但是，从当事人的心理来看，他们都不希望事情还没有得到解决就已经满城风雨了。因此，必须考虑保持会谈的私密性，例如选择能够单独会见的房间、尽可能减少在场的人员、防止会谈被其他人听到等。在这种环境中，当事人才有可能将案情或者相关法律

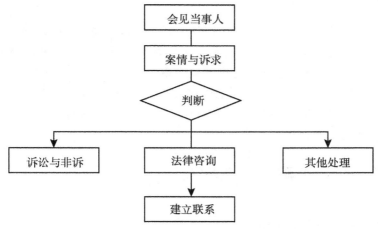

图 4-1 会见当事人/客户的流程

信息充分地展现出来。（2）确保有足够的时间。会见当事人需要多长的时间，受到案件的复杂性、当事人的表达能力以及律师的沟通能力等因素的影响。（3）避免物的因素的干扰。包括会见当事人房间采光是否充分、空间是否太过狭小、房间是否干净整洁、当事人的座椅是否舒适、空调温度是否过低等。（4）避免人的因素的干扰。包括中途接听手机或者电话，有其他人敲门或者进入房间等。

（二）专业知识的准备

一般而言，会见当事人与法律咨询往往是联系在一起的。在很多情况下，需要在较短的时间内给当事人提供法律意见。在第一次和当事人打交道的时候，很多法学院的诊所学生或者年轻的律师助理，总是发现自己的知识不够用，不能及时反馈或者事后发觉有遗漏的地方。在法律实习的过程中，对于一些常见的法律纠纷（例如合同纠纷、交通事故、离婚、劳工以及人身伤害等），需要事先了解相关的法律法规和司法解释，以及所在地法院的案例；在会见当事人之前，尽可能通过电话、电子邮件或者其他方式简单了解一下案情，以便及时进行知识准备。①

---

① 有关事前的知识准备，参见第五章第一节法律咨询的要点归纳说明。

（三）非智力因素

非智力因素是在法律专业知识以外的影响因素，与个人的性格、情商或者习惯等息息相关，其包括：（1）是否态度诚恳，具有亲和力和同情心；（2）是否善于倾听，在获取法律信息时顾及当事人的情绪；（3）着装是否整洁和职业化；（4）言谈举止是否合适；（5）语气、语速是否合适以及说话是否清晰；（6）与来自不同教育背景或者阶层的人士之间是否存在"跨文化沟通"问题（如方言）等。

二、会见提纲、提问方式与信息区分

（一）会见提纲的运用

会见提纲的运用常见于律师会见当事人和证人，或者检察官会见犯罪嫌疑人，其核心作用在于确保清晰的框架结构。但是，值得注意的是过于详细的会见提纲可能会影响到与当事人之间的沟通。一方面，有可能使得整个会谈变成了一问一答的"讯问式"会谈，而影响到当事人表达的空间和意愿；另一方面，有可能变得过于依赖会见提纲，不能根据实际情况予以变通。会谈的过程主要是聆听，而不是提问。提问越多，则有碍当事人完整和真实地说出所有的情况。案情可能会变成由提问者主导而成的故事，而非当事人所说的故事。

以会见刑事案件中的当事人为例，受委托律师在会见当事人之前，通过与当事人的近亲属交谈，查阅所提交的有关材料等方式对案性进行初步了解；并在此基础上结合案件性质以及以往处理这类案件的工作经验拟写会见当事人提纲。在会见当事人时应注意如下问题：

（1）确认所会见的当事人的身份，以免因对象错误耽搁工作时间。

（2）表明律师身份，并告知其受委托情况、律师提供法律帮助的职责等。

（3）问清当事人的基本情况，如姓名（有无化名）、年龄（是否涉及刑事责任年龄）、文化程度、工作单位以及住址等，还要注意当事人以前是否受过刑事处罚的情况。

（4）询问其被公安机关所采取过的刑事强制措施的时间、地点和实施机关，尤其是对羁押期限（是否超期羁押）要详细记录，同时，询问是否存在刑讯逼供、诱供或骗供的情况。

（5）告知当事人所涉嫌的罪名，初步了解其看法和理由。

（6）尽可能让当事人将案件情况的来龙去脉全面地陈述一遍（因为过多的打断可能造成当事人的记忆混乱），并注意将案发时间、地点、涉案人员、具体行为过程和主要物证、书证等证据材料的去向以及抓获经过等情况如实予以记录。在必要时，可以询问当事人在公安机关或检察机关（自侦案件）的供述情况、供述有无反复及其原因。

（7）结合案件性质和特点，对涉及罪与非罪、罪责大小等关键情节予以详细询问并作记录。

（8）询问当事人有无需要补充的情况，如检举揭发或其他合理要求。

（9）将会见笔录交与当事人查阅有无错漏，并由其签字确认。

（二）提问的方式

提问的方式一般可分为四种，详见表4-1：

表 4-1

提问的方式	内容	示例
封闭性问题	封闭性问题往往只给予当事人肯定或者否定的空间，其要求答案指向封闭性的结果，例如"是"或者"不是"、"有"或者"没有"、"知道"或者"不知道"等。常见的封闭性问题是由提问者在问题中确认某种事态，然后让当事人作出选择。	例如，"你在5月20日被工商部门处以5000元罚款，是吗？"，"这是不是你和李某签订的合同？""你有没有到民政部门进行婚姻登记？"
选择性问题	选择性问题是提问者将问题的答案限定在一个特定范围内，当事人只能从设定的结果中作出选择。	例如，"你想通过诉讼方式解决还是双方和解？""亲眼看到整个事情经过的究竟是店主还是服务员？"

续表

提问的方式	内容	示例
引导性问题	引导性问题是提问者通过某种暗示对当事人施加影响，从而使提问者获得自己想要的答案。	例如，"我想你不会要求精神损害赔偿，是不是？"
开放性问题	开放性问题往往不是判断性问题，而是带有描述性的问题，包括什么人、什么时候、做了什么、为什么这样、如何进行、结果怎么样等问题。面对这些问题，当事人不能简单地回答"是"或者"不是"，他们必须组织语言来予以描述。问题的答案是不特定的，而具有开放性。	例如，"请把事情的经过说一下"。

总的来说，封闭性、选择性和引导性提问都在某种程度上限制了当事人回答问题的空间，而开放性提问则相反，当事人可以根据自己的理解和记忆来阐述事实和观点。不过，在进行阶段性确认时，封闭性提问又有其特定的功能。对此，朱利安·韦伯（Julian Webb）在其《律师执业技能》一书中，提出了一种漏斗式提问的流程：（1）以开放性提问开始，提出与事实有关的问题（发生了什么？）；（2）接着问事件的内容（谁、什么时候、哪里、其他？）；（3）问事件的起因（如何、为什么？）；（4）最后，通过封闭性提问来核对你的理解是否正确。

（三）各类信息的区分

与当事人会谈可以获取许多信息，包括各类法律证据、描述性的事实经过、对动机或者原因的解释等。这些信息可能是法律信息，也有可能完全与法律无关；有的法律信息对当事人有利，也有不利的法律信息。因此，必须在会谈的过程中对它们进行分类和记录，从而及时发现争议的焦点，并为后续的法律咨询或者诉讼代理奠定基础。

1. 法律信息与非法律信息

法律信息是与所要处理的法律纠纷或者案件相关的信息。法律信息与非法律信息的区分意义在于简化事实和发现问题。在法律实务中，当事人所讲述的事实经过，往往是零碎的和不完整的，其中包含了大量的非法律信息，即与法律纠纷或者案件无关的信息。这主要是因为和当事人的知识结构不同所导致的，有的当事人不知道何谓具有法律意义的信息，他们会把所有的信息都讲出来；有的当事人会有自己的"主见"，只讲他认为需要讲的信息。由此，如何区分法律信息与非法律信息成为分析法律事实和作出法律判断的基础。在会见当事人时，需要筛选法律信息，将当事人所讲述的零散信息归纳成一个具有法律意义的事实。

2. 重要的法律信息与次要的法律信息

在所有的法律信息里，哪些是重要的，哪些是次要的，主要是根据各类法律信息与当事人诉求和案件争议焦点的关系来确定。其目的在于整体上把握案件的关键，并为后续的调查取证确立了方向和目标。例如，在涉及工伤赔偿的案件中，是否存在劳动关系和工伤事实以及工伤认定等法律信息就属于重要的法律信息，而有关身份信息等则属于次要的法律信息。而在未成年人犯罪的刑事案件中，有关犯罪嫌疑人年龄的身份信息又成为了重要的法律信息。

3. 确证的法律信息与待确证的法律信息

在会见当事人的过程中，有的当事人可能会提供一些相关的证据资料，例如合同文本、鉴定书、行政处罚决定书或者一审判决等；有的当事人可能会描述相关事实，而没有证据来证明。这样就有了确证的法律信息与待确证的法律信息的区分，这一区分的意义在于迅速地判断法律信息的有效性，并为下一步的调查取证做好准备。

4. 有利的法律信息与不利的法律信息

以律师执业为例，这一区分有两个方面的作用：其一，尽可能地收集对当事人有利和不利的证据材料，包括当事人自己没有意识到的和需要进一步发掘的法律信息；对于不利的证据材料可以在调解、谈判或者诉讼的过程中运用一些法律技巧去推翻其有效性或者予以回避。其二，注重对不利法律信息的分析，因为不利的法律信息往往是对方律师关注的重点，由此，可以从不利的法律信息中去预测和推断对方律师的观点，以便找到其弱点和应对的方法与策略。当然，公安机关的案件侦查、检察院的检察起诉以及法院的司法审判，都会遇到有利的法律信息与不利的法律信息的区分，只不过他们对不利法律信息的态度和处理方式与律师执业有所不同。例如，公安部发布《公安机关办理刑事案件程序规定》第57条规定，公安机关必须依照法定程序，收集能够证实犯罪嫌疑人有罪或者无罪、犯罪情节轻重的各种证据。

5. 完全的法律信息与不完全的法律信息

任何一名律师都不可能绝对地掌握涉及案件所有的法律信息，其需要运用与当事人的沟通技巧尽可能地获取更多的法律信息。这一区分的目的在于充分注意到那些被忽略的法律信息。例如，当事人由于记忆不清或者情绪不稳定，可能会遗漏一些关键的法律信息；当事人不了解法律或者自认为知道法律，而没有讲出关键的法律信息；对于不利的法律信息，当事人可能会有意回避，而导致信息的不完全等。

三、会见当事人的实例分析

（一）会见当事人实录

法律诊所学生 A 和 B 为法学院高年级学生，具有一定的法律知识基础，是第一次会见当事人。当事人系某县某镇村民 H。会见时间为 36 分钟。会见地点为法律援助中心。基本案情：村民 H 的二叔是某镇派出所所长，其二叔怀疑她偷了自己的 9000 块钱，该镇派出所对村民 H 进行传唤，后来一直没有结果。村民 H 认为自己是冤枉的，到中心来进行法律咨询。以下是根据录像资料整理的会见过程：

A：派出所的人叫你去问了一下情况，后来怎么样了？

H：他们不管不问了，打电话也不接，……我想我二叔是长辈，我先打过去，他都是挂断了。

B：你二叔是你们那里派出所的所长？

H：是的。他是某市某乡某镇派出所。我心里确实很不舒服，我好冤枉……外面很多人说我偷了自己亲戚家的钱。我农历 10 月份到他家去，他直到 12 月才说我偷了他的钱。而且，一口咬定是我偷的，好像他有十足的证据一样。他说我在他家住了两天，有这个机会。……（4 分钟左右）

A：这件事是什么时候的事？

H：2003 年底的事。2004 年 3 月派出所发了传票。

A：（面对 B，小声地说）：派出所没有权力发传票吧？

B：（未回应）。

B：那传票是哪个派出所发出的？

H：某乡某镇派出所。

B：有没有盖章子？

H：盖了。（A 和 B 都在做记录，停顿约 1 分钟没有对话）

H：我后来把传票给他们了，到派出所被询问，我一点儿都不知道，以为是随便问一下……（2分钟左右）

B：派出所问了你以后，结果怎么样？

H：我爸爸去问过，没结果。

A：这样说，和派出所的联系都是您父亲来……（被H打断）

H：我给派出所写了封信，因为我在外面打工，然后，他就和我爸吵架……（2分钟左右）

A：反正他就说你偷了他的钱，是吧？

H：他一会儿说丢了九千块，一会儿说是一万三。不管丢了多少钱，反正我又没有偷，我只想搞清楚。

A：3月份派出所找你的时候，说被盗金额是多少？

H：他们也没有说，反正发了传票，要我到刑警队去。以前问我的刑警现在调到县里去工作了。

（B当着H的面，翻看桌上的法律法规汇编）

B：你们现在想怎么样？

H：我就想把这件事查清楚，还我清白。

A：你二叔在外面散布了一些对你不利的话，你想恢复你的名誉，是吧？

H：对，是的。

A：你想过通过什么方式来解决？

H：我也不懂，我就来这里咨询一下，看有什么法子解决？

（A和B小声商量，停顿约1分钟没有对话）

H：我和我爸找他，他也不理我们。以前我三叔和二婶之间也因为丢钱的事吵过，那是几年前的事了……（3分钟左右）

B：到现在还没有结案是吧？

H：没有，我跟他打电话，他根本不接。我在外面打工，平时不能回去，过年回去跟他解释，他又不见我。……（3分钟左右）

B：那你叫你爸去和他谈谈。

H：没用的。我爸去找他，他还狠狠地说了我爸一顿……（3分钟左右）

H：事情过去这么久了，我还可不可以告他？

A：派出所也没有结果，你看你可不可以找你二叔问一下。

H：我听我亲戚说，我二叔也不肯定是谁偷的，就是怀疑我。……

（2 分钟左右）

　　A：以前你们两家是否有什么矛盾？

　　H：没有。……（1 分钟左右）

　　H：我现在在武汉打工，可不可以在这里告他？

　　B：要回你们本地去告他。

　　H：他是派出所的所长，那怎么告？我们那里的法院没有武汉的法院公正。

　　A：我看这件事不一定要闹到法院去。你先让你二叔把这件事说清楚，该立案调查就立案，总得有个结果，要不然你就说要到法院去告他？

　　H：我现在去告，晚不晚？

　　B：按照法律规定，是晚了。法律规定是 2 年内。

　　A：（小声对 B 说）侵犯名誉权好像是 1 年。

　　B：反正法律规定了一定的期限，在这个期限之内你才可以去起诉他……

　　A：你最好是私下解决，迫不得已才用诉讼的方法……（2 分钟左右）

　　H：你可以把你们的姓名和联系方式告诉我吗？有什么事，我还要打电话找你们。

　　A 和 B：可以。

　　B：那你把你的姓名告诉我。

　　H：我叫黄某。

　　A：你的心情我们都理解……

　　B：你二叔叫什么名字？

　　H：……

　　A 和 B：（重复上述建议，并安慰 H）。

（二）问题分析

　　上述实例中所存在的问题，大致包括三个方面：（1）信息的获取与判断，如提问的方式、法律分析以及后续工作等；（2）法律服务的工作要求，如记录和与他人的合作等；（3）与当事人的关系，如自我介绍、当事人资料以及当事人的信任等。具体分析如下：

　　问题 1：是否需要先做自我介绍和了解当事人的基本情况？

在上述实例中，法律诊所的学生 A 和 B 直到整个会见当事人的过程快要结束的时候，才告诉对方自己的姓名，以及知道当事人 H 的姓名和基本情况。一般而言，是先进行相互介绍，然后才进入正式的会谈过程。律师的介绍方式有很多，例如直接自我介绍、递送名片或者由律师助理代为介绍。当事人的介绍方式可以由律师询问引入，也可以通过事前的电话预约或者接待登记来了解。总的来说，先进行相互介绍的优点在于：（1）当事人知道律师的姓名和情况，为后续的会谈建立良好的信任基础；（2）了解当事人的基本情况，便于会见过程中的提问和记录；（3）会见当事人是一个信息交流的过程，除了处理法律纠纷以外，还可以建立法律服务的职业联系。因为每一个当事人都可能是未来潜在的当事人对象，或者给你带来新的当事人来源。

问题 2：如果你有助手或者你是其他律师的助手，如何分工？

学生 A 和 B 在与当事人 H 会谈的时候，存在一个明显的问题就是相互之间没有分工，A 和 B 都发问、做记录和提供咨询意见。其弊端包括：（1）有可能重复提问，从而导致会见当事人缺乏效率。例如，A 和 B 都问过同样的问题："派出所问了你以后，结果怎么样？"（2）两人都提问可能让当事人产生误解。例如，A 和 B 都问过该法律纠纷的时间，当事人 H 回答的是农历时间，A、B 和 H 都没有统一时间标准，即以公历时间为准。（3）没有主辅角色的分工，容易使当事人无所适从。例如，A 和 B 同时发问，当事人 H 不知道先回答谁的问题。（4）缺乏信任和权威的中心。例如，A 和 B 都向当事人 H 作出法律咨询意见，这使得当事人 H 不知道以哪一种解决方案为准。（5）可能导致交流过程的中断。例如，A 和 B 都在做记录，停顿约 1 分钟没有对话。

因此，在有两人参与会见当事人的情况下，必须要有主辅的角色分工。一方负责提问和进行法律咨询，另一方则负责接待、记录和排除影响会谈的干扰要素。在接待当事人方面，律师助理可以指引当事人入座、递送茶水等；在记录信息时，可以填写纸质文书。条件允许的话，可以通过计算机输入到电子文档中，以便事后的检索和归档。如果是比较简单的案子，可以在会见当事人完毕后，即时提供法律咨询意见的打印稿。在排除干扰方面，有人敲门或者打入电话，要及时处理。总之，律师助理要让主办律师专心提问和进行法律咨询，并保持会见过程的完整性。

问题 3：法律知识准备不足，怎么办？

在上述实例中，有两个地方表明学生 A 和 B 在法律知识上的准备不足。一个是学生 B 当着当事人 H 的面，翻看桌上的法律法规汇编。另一个则是 A 和 B 就侵犯名誉权案件的诉讼时效产生分歧，并在当事人面前小声讨论。不难看出，法律知识准备不足，不仅会打击我们会见当事人的自信，而且会让当事人失去对我们的信任。针对这样的情况，应当注意以下几个方面：（1）避免在当事人面前表现出知识或者技能上的弱点；（2）避免在当事人面前发生争议；（3）应当事前进行知识准备，针对常见的法律纠纷，事先熟悉相关的法律法规及其司法解释；（4）对于预约的会见，应当进行有针对性地知识准备；（5）合理运用一些会见技巧来回避知识准备的不足。例如，以需要做进一步的调查取证为由，将问题转移到第二次会见予以解答。①

问题 4：如何把握会见当事人的过程？

上述实例中，学生 A 和 B 所存在的问题是：在会见当事人时，缺乏整体性和层次感，前后次序混乱。针对这样的情况，需要注意以下几个方面：（1）明确会见当事人的目的性；（2）把握由案情到分析判断的逻辑思维过程，切忌没有全面了解案情的情况下就可以进行法律咨询；（3）了解案情和法律咨询要有清晰的界限，不能混合在一起，否则，当事人不知道获得法律咨询的最终结果；（4）偏离了一般的会见程序步骤，就要引导当事人回到原来的结构中去。

问题 5：如何引导当事人回答提问？会谈时间如何安排？

在上述实例中，整个会见当事人的过程为时 36 分钟。根据录像资料的统计来看，学生 A 和 B 提问的时间为大约 10 分钟；当事人 H 回答问题时间大约为 22 分钟；学生 A 和 B 进行法律咨询的时间大约为 4 分钟。问题主要表现在两个方面：（1）没有有效地引导当事人 H 回答问题，当事人 H 的讲述中包括许多与该法律纠纷无关的法律信息，而且，还有一些重复的内容。（2）会谈时间的安排不合理，当事人 H 回答问题的占用了 22 分钟，而关键部分——法律咨询却只有 4 分钟。

针对这样的情况，应当注意以下几个方面：（1）学会迅速地判断和处理各种法律信息。对于当事人讲述非法律信息，及时予以引导；对于当事人讲述待确证的法律信息，要进行核实和追问。对于不利的法律信息，要让当事人解除戒备心理。（2）引导当事人的方式可以是多种多样的，要结合当事人的性格、情绪和会谈的气氛等因素来综合考虑。对于情绪化的当事人，可以通过表示同情来予以安慰；对于不善于总结案情的当事人，可以分阶段地帮助其确认事实；对于重复其陈述内容的当事人，可以表示已经知道并记录，让其放心；对于讲话滔滔不绝的当事人，可以礼貌和适时地打断当事人的谈话，并以提问

---

① 有关事前的知识准备，参见第五章第一节法律咨询的要点归纳说明。

的方式来转移话题，以避免尴尬或者交流中断。（3）在时间安排上，注意当事人所关注的法律咨询阶段，时间不要太短。因为作为非法律专业的当事人往往容易从时间或者态度等外在的评估标准来衡量律师执业的水平。当然，也并不是时间越长越好，而是要将所提出的法律咨询意见系统化，有条理地告诉当事人或者以书面的形式呈交给当事人。

问题6：会谈结束后，如何安排下一步的工作？

在上述实例中，学生A和B在会谈结束后，就让当事人H匆匆离开了，给人以有始无终的感觉。因此，如何安排下一步工作同样值得注意。在初步的法律实务中，当事人可能只是要求法律文书的撰写；有的当事人只是来咨询有关法律问题；有的当事人是试探性地与律师会谈，在获得信任后有可能进入到诉讼代理的环节。对此，安排下一步工作的意义在于让当事人知道在会谈结束后，应该如何行动以及如何与律师保持进一步的联系。

问题7：如何获得当事人的信任？

如何获得当事人的信任？很多初次接触法律实务的学生或者年轻律师都面临一个令人困扰的问题。获得当事人的信任是各种因素的综合作用，需要以一种换位思考的方式来面对，即你是如何信任别人的。（1）要有良好的知识与技能来回应当事人的需要，这是获得当事人信任的关键所在。也就是说，当事人的信任来源于能够为其提供有效的法律服务，帮助其解决法律纠纷。（2）要有诚恳和负责的态度。曾经有位律师本来只负责诉讼代理，但在事后还打电话给当事人，询问法院判决的执行情况，并为其解答一些问题。（3）其他方面。例如，获奖情况、他人推荐，以及年龄和性别的优势等。

第二节　法　律　调　查

杰罗姆·弗兰克在其《初审法院——美国司法中的神话与现实》一书曾经根据传统理论，将司法审查的过程予以公式化："用字母R代表法律规则（Rule），用字母F代表案件事实（Facts），用字母D代表法院关于某个案件的判决（Decision），这样，就能将有关法院如何运作的传统理论大致用下列公式来表示：$R \times F = D$。换句话说，根据传统理论，一项判决是规则和事实的产物。"作为解决法律纠纷的关键所在，R和F是两个影响判决的变量，其涉及法律实务中的调查取证与法律研究。

一、调查取证

在法学院的教学过程中，学生往往面对的是已经过筛选和总结的案例材料，而这些案例中证据材料的获取则被忽略了。但是，在法律实务中，每个案件中的法律事实都是由一个个证据连接起来的，而且这些证据都需要和人打交道来获取的。法学院学生在向法律职业转型的过程中，最为困难的是从和法律条款打交道转变为和真实的人打交道。法律不再是僵化和静止的法律条款，而是被不同的人控制的法律信息和需要被不同的人所认同的社会关系。在美国电视连续剧《律政狂鲨》中，检察官史塞巴一针见血地指出了美国法学院毕业生的诸多毛病，例如情绪化、纸上谈兵以及不够主动等。这些不足之处在国内法学院学生中也是普遍存在的。

> 　经典台词
>
> ### 史塞巴面对新人的点评
>
> 史塞巴是一名资深辩护律师，后受罗省市长办公室的邀请，领导地方检察署刑事专案组，面对没有实战经验的新人，他开始传授其辩护技巧，以将罪犯绳之以法。以下是他对四位新人的评价：
>
> A 父亲是州参议员，对于陪审团来说是一个具有亲和力的俊俏小生，不擅长事实分析，智商不高。
>
> B 聪明伶俐，热情洋溢，但常让情绪影响她的判断。
>
> C 纸上谈兵，不擅长实践，即使最简单的事情都不会。
>
> D 能吃苦，有才气，藐视权威，藐视援引，一味等待。
>
> 史塞巴：高身价的辩护律师可以击败控方，是因为合理的疑点比起真实的罪行更加容易被证实。但是，至于我为什么总能赢，你们却总是输，很简单，我作为一名律师，具备出众的能力，控方必须让他的案子迎合法律，而一名辩护律师，会让法律迎合他的案子。我靠三条简单的准则生存——我的残酷宣言，这些准则指导着我对每一个案子作出的每一个决定。准则一：法庭如战场，第二意味着死亡；准则

二：真理是相对的，随机应变的；准则三：在陪审团审讯时，只有一两个意见是关键的。

　　史塞巴：打赢官司是唯一重要的事。

　　新人 D：正义呢？

　　史塞巴：你的工作就是赢。伸张正义是上帝的事。

资料来源：美国电视连续剧《律政狂鲨》第 1 季

　　如何提高调查取证的能力，有的时候需要改变对人的看法和态度。首先，需要从经济学的视角将人看作是理性的人，人在作出每一个行为的时候大多会考虑其所获得的收益和可能遭受的损失或者风险，经过了效益成本的评估后会选择合理的行动方案。例如，有的证人不愿意出庭作证，大多是怕得罪人，而这就是考虑了行为成本所作出的选择。从某种意义上来说，有效的调查取证取决于如何提高作证者的效益和减少其成本或者风险，以促使作证者有更高的作证意愿。其次，人也有情感层面的需要，有的时候也许作证者不是考虑纯粹经济层面的因素，或者没有进行的效益成本的内心评估。社会的正义和责任感驱使他们愿意提供所掌握的证据。对此，律师要想获得证据，则需要先获得作证者的理解和同情。

　　总的来说，无论是理性因素，还是情感因素，都在影响着每一个可能提供证据的人的内心状态。作为一名律师，就需要针对不同人的所处的不同情况来作出不同的反应。从这一点来看，法学院的学生之所以缺乏调查取证的能力，并不是智商的问题，而是在较为封闭的校园生活中没有太多的机会接触到各种各样的人，了解他们的内心想法，以及他们所处的复杂的社会关系。在电影《永不妥协》中有个调查取证的情节可以从一个侧面反映出人际沟通能力的重要性。面对受铬污染的民事赔偿案件，某法学院毕业生身穿笔挺的服装到农场去调查取证，却被农场的噪音和灰尘所阻挡；而罗伯兹饰演的艾琳律师，没有读过法律专业，但是，凭借其亲和力和坚持不懈的努力，最终获得了受害人的证据以及他们的理解和支持。因此，在律师和证人之间建立起某种信任关系是调查取证顺利进行的基础，而这种信任受到理性和情感因素的复合影响，这些都必须在不断的法律实践中来摸索和总结。

　　正如学者哈特和麦克诺顿所指出："在很大程度上，法律必须依赖不可替代的'印记'——在人们大脑中和纸张上留下的印记并且以物理对象的独特排列方式留下的印记——的模糊含义来解决事实的争端问题。"而这些印记都是通过人的行为存储在各种物证、书证和证人证言等证据材料之中。因此，调查取证的困难实际上不在于证据本身，而是和证据相联系的人际合作。也就是说，这些证据都由不同的人所掌握和控制，有的是存放在书面材料中，有的是被人的大脑所记忆。那么，在律师和持有证据的人之间的信息沟通过程中，作证者对调查取证的态度和意愿就直接影响到证据获取的有效程度。一般来说，需要考虑如下问题：（1）这些证据在哪里？这些证据可以从当事人、鉴定机构、行政机关和证人等组织和个人那里获取，在调查取证之前，必须事先了解掌握证据信息的这些人的联系方式、地点，是否可以获取原件或者复印件，是否需要盖章以及何种签章是有效的，是否需要支付费用等等；（2）如何和他们联系和沟通？如何和掌握证据信息的人沟通，是因人而异的。但是，一个基本的问题需要弄清他们与案件之间的社会关系结构。打个比方说，为什么找某个证人要求出庭作证很难，而向某鉴定机构申请鉴定则相对容易。这说明不同的人对于提供证据的态度和意愿是不同的，而其中除了人与人之间的情感因素之外，还包括提供证据背后的合理的利益关系。（3）他们是否愿意提供这些证据？一般而言，被代理的当事人在提供证据方面具有较强的意愿，这是因为证据的提供与其自身的利益是直接相关的，鉴定机构提供鉴定材料的意愿位居其次，其意愿大多建立在鉴定机构本身的职能要求和鉴定费用的支付上。对于行政机关而言，配合律师取证是一项程序性的要求，但是，由于官僚主义的作风，某些行政人员可能故意拖延或者消极应付，这就增加了调查取证的难度。在证人证言方面，证人是否愿意提供证言或者出庭作证，有可能会考虑到对方当事人和自己的利害关系以及作证的成本费用问题等。

（一）当事人

从当事人那里获取证据的影响因素分析，详见表4-2：

表4-2

评估内容	影响因素
效益	案件处理与当事人的自身利益
成本	调查取证的费用以及负面证据构成的败诉风险
意愿评估	当事人与律师是合作的共同利益关系，其作证意愿较强

注意事项包括：（1）提供虚假证据的可能性；（2）掩盖负面证据的可能性；（3）提供的证据不完整或者不符合规范要求；（4）能否提供证据线索；（5）有无协助获取证据的可能等。

（二）证人

从证人那里获取证据的影响因素分析，详见表4-3：

表4-3

评估内容	影响因素
效益	实现社会正义和承担责任、作证的合理费用等
成本	时间成本、间接的利益损失和遭受打击报复的风险等
意愿	证人与律师是配合调查的关系，其作证意愿较弱

注意事项包括：（1）考虑到证人不愿意出庭作证，可以证人证言来替代；（2）补偿证人作证的合理费用等；（3）多名证人的，根据证人作证的从众心理，先从作证意愿较高的证人展开工作。

（三）鉴定机构

从鉴定机构那里获取证据的影响因素分析，详见表4-4：

表4-4

评估内容	影响因素
效益	鉴定收费和工作业绩
成本	投入人力和物力的费用
意愿评估	鉴定机构与律师是受委托鉴定的工作关系，其作证意愿较强

注意事项包括：（1）事前了解不同鉴定机构的资质以及在类似鉴定事项上的基本情况。（2）在没有指定或者协商鉴定机构之前，可以先予以鉴定；在国内许多地方，由于鉴定机构并非完全具有独立性，或者说还受到某些人际关系因素的影响。如果先获得了有利的鉴定，较难被另外一家鉴定机构所推翻，因为推翻一项鉴定意味着对原鉴定人的专业水平的负面评价。（3）鉴定

书是否符合法定的要求，如内容是否一致、签章以及程序等方面。（4）注意作出鉴定的时间。例如，在一起传播性病罪的刑事案件中，代理律师通过调查对整个案件进行事实认定时，意外地发现当事人被公安机关抓获后并没有立即进行身体检查，公安机关在其当事人关押了一段时间后，才对其进行体检并作出患有性病的鉴定结论。根据刑法的规定，传播性病罪的客观要件即明知患有性病而实施传播性病的行为。代理律师在庭审过程中紧扣上述事实，即鉴定结论并非抓获时所作，那么当事人有可能在当时并未患性病，而在羁押期间因卫生条件所限才患上性病。代理律师进一步指出本案存在证据链上的漏洞，而检察机关无法举证，其当事人应当无罪释放。

（四）行政机关

从行政机关那里获取证据的影响因素分析，详见表 4-5：

表 4-5

评估内容	影响因素
效益	工作表现
成本	作证的责任承担和投入人力和物力的费用
意愿评估	行政机关与律师是配合调查的工作关系，其作证意愿一般

注意事项包括：（1）克服官僚主义的最佳办法是向其上级施加压力。行政机关和事业单位、社会团体等组织都有行政化的特点，它们内部的工作模式和决策体系大致相同。因此，对于行政机关或者事业单位等机构的调查取证，需要事先了解其职权范围，组织内部的权力结构以及提供证据的部门或者个人可能存在的关系压力等。（2）在符合取证程序的情况下，可以合理利用社会关系加速证据的获取。（3）有时候组织对组织比个人对组织的方式要有效。在必要时，可以申请法院介入调查取证；根据《最高人民法院关于民事诉讼证据的若干规定》第 18 条的规定，当事人及其诉讼代理人申请人民法院调查收集证据，应当提交书面申请。申请书应当载明被调查人的姓名或者单位名称、住所地等基本情况、所要调查收集的证据的内容、需要由人民法院调查收集证据的原因及其要证明的事实。（4）如果行政机关拒绝受理公开某些涉案信息的申请，可以通过行政复议或者行政诉讼来获取证据。例如，依据《政府信息公开条例》起诉其不履行法定职责或者不作为。（5）施加媒体压力是

可以考虑的策略，但也有可能适得其反。

🎤 经典台词

皮斯律师的调查取证与庭审

案情简介：在 1974 年，爱尔兰共和军在英国伦敦祈得福街道上制造了一起爆炸案，引起英国公众的强烈不满，警方在公众压力下将谢利康伦及其父亲等多人收押，并予以刑讯逼供，谢利康伦在警方威胁要杀害其父的情况下签下了认罪证供，后来他们都被判罪入狱。在 15 年后，经过皮斯律师的艰难取证和法院的重审，他们终于得以昭雪，然而，谢利康伦的父亲在此之前就已经含冤死去，而此案重审后，刑讯逼供的警察迪臣及其同事都未得到应有的惩罚。

迪臣先生：我发誓，我将提供的证供确实无讹。

皮斯律师：迪臣先生，你是否认识这些年轻人？

迪臣先生：我认识。

皮斯律师：你知道他们被囚禁了多少年？

迪臣先生：相信有 15 年。

皮斯律师：你是否知道安妮麦奎坐了 14 年牢，并且没有减刑。你是否知道她儿子云逊坐了 5 年，另一个儿子坐了 4 年，她的丈夫柏特麦奎坐了 12 年。嘉露李察逊入狱时 17 岁，现在 32 岁了。你认识嘉露吗？

检察官：你想问什么？

法官：直接提问。

皮斯律师：你知道这是什么？迪臣先生！（律师举起冤死狱中治西康伦（谢利康伦的父亲）的照片）

迪臣先生：不知道。

皮斯律师：那这样，请你读出，你于 1974 年 11 月 3 日后由谢利康伦录得的口供。这口供洗脱全部这些人的罪名。

检察官：我需要看看这份口供。

皮斯律师：但这人或其上司，或者上司的上司，命令把这些人作为代罪羔羊，当时全国高呼以血洗血，那是溅于祈得福街道上的血。

检察官：这是政治演说！

皮斯律师：你已经索得了治西康伦的血！嘉露李察逊的生命之血！我当事人15年的血与痛苦！唯一的罪是身为爱尔兰人，在不恰当的时间，出现在不恰当的地方。

法官：我会将你赶出法庭。

皮斯律师：法官，你有位同事，曾经坐在你现在坐的地方说，可惜，你没被控叛国罪，一项会被判绞刑的罪，如果真是这样，我会毫不犹豫，将你处死。

法官：我正在阅读此文件。最后警告你，保持静默，否则将你赶出法庭。

皮斯律师：法官大人，这份文件令英国的法制蒙污。

检察官：法官大人，这是新证据。

法官：令人震惊的新证据。

检察官：法官大人，本案初审时，这证据并无提交法庭。

法官：这正是皮斯想要指出的一点。继续。

检察官：我要求退庭休息。

法官：本庭不容许任何要求。

皮斯律师：法官大人，谢利康伦这份不在场的证供是在他被捕一个月后，由迪臣先生录取的。附有这字条，我在档案中找到，上面写着：毋向辩方出示。迪臣先生，我有一个问题，谢利康伦被控谋杀五人，为何他的不在场证供，不向辩方披露？

旁听观众：回答给我们听。

法官：肃静，保持法庭秩序。

……

法官：肃静。女皇陛下，对谢利康伦一案，本席宣布当庭无罪释放。

谢利康伦：我从正门出去，外面再见。（谢利康伦对皮斯律师说）

司法警察：请这边走。

谢利康伦：我要从正门出去。

皮斯律师：治西康伦呢？他是无辜的。（对法官大声说）

（谢利康伦在人群欢呼声中向正门走去）

司法警察：先生，这并不适当，你必须从后门走。

谢利康伦：我是自由人，有权从正门出去。

……

谢利康伦：我是清白的，我被冤枉坐了 15 年牢，亲眼看见家父枉死于英国监狱，而这个政府仍然称他有罪。我要告他们，直至家父含冤得雪！直至本案所有人都含冤得雪！直至真凶正法！我会抗争下去，为了我的父亲，为了真相！

资料来源：《因父之名》（*In the Name of the Father*）

二、法律研究

法律研究是通过检索案件所涉及的法律条文和案例，并加以分析来预测案件审理的结果。以行政诉讼为例，法律条文的适用：（1）法院审理行政案件的法律依据包括法律、行政法规、地方性法规、自治条例和单行条例、全国人民代表大会常务委员会的法律解释、国务院或者国务院授权的部门公布的行政法规解释。（2）参照适用规章及其解释。在参照规章时，应当对规章的规定是否合法有效进行判断，对于合法有效的规章应当适用。（3）有关部门为指导法律执行或者实施行政措施而作出的具体应用解释和制定的其他规范性文件，不是正式的法律渊源，对法院不具有法律规范意义上的约束力，但法院可以承认其效力或者加以评述。① 如图4-2所示：

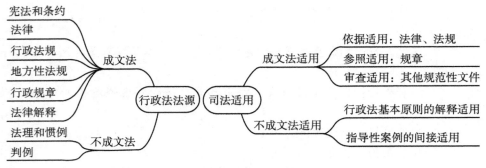

图4-2 行政法的法源与司法适用

（一）法条的检索与分析

法条的检索包括法律、行政法规、地方性法规、行政规章、法律解释以及规范性文件等。相对来说，行政案件所涉及的法律法规比较繁杂，各行政部门都一个从中央到地方的法律法规体系，并且变动性较大。由于目前我国各级国家机关（主要是中央和省市级地方）都设有网站，法律、法规和规章的检索调查比较方便（详见表4-6）。但是，对于规章以下的规范性文件，有些地方政府并未完全予以公开，甚至拒绝公开。因而，需要进一步进行实地调查。一般应当注意如下几个方面：（1）向政府法制部门申请公开；（2）以间接的方式获得，例如通过其他人或者案件来获取；（3）根据《政府信息公开条例》的规定，申请行政复议和提起行政诉讼。

---

① 2004年5月18日，最高人民法院发布《关于审理行政案件适用法律规范问题的座谈会纪要》，对行政案件的审判依据作出了具体规定，即为行政法法源的权威和形式的统一。

表 4-6

法律文本		制定主体	检索途径
法律		全国人大及其常委会	法律法规数据库、法律法规汇编、《最高人民法院公报》和《国务院公报》、国家机关网站以及其他法律服务网站等
行政法规		国务院	
地方性法规		特定的地方人大及其常委会	
行政规章	部门规章	国务院各部委	
	地方政府规章	特定的地方政府	
立法性解释和执行性解释		制定主体对其制定文本的解释	
司法解释		最高人民法院和最高人民检察院	
规范性文件		各级行政机关等	

以武汉市工商行政处罚案件为例，需要检索的法律文本包括：

- 全国人大的法律（如《行政处罚法》）
- 国务院的行政法规（如《无证无照经营查处办法》）
- 国家工商总局的行政规章（如《工商行政管理机关行政处罚程序规定》、《工商行政管理机关行政处罚案件听证规则》）、国家工商总局的规范性文件（如《国家工商总局〈关于工商行政管理机关正确行使行政处罚自由裁量权的指导意见〉》）
- 湖北省人大的地方性法规（如《湖北省集贸市场管理条例》）
- 湖北省政府的行政规章（如《湖北省工商行政管理机关从轻减轻或不予行政处罚试行办法》）、湖北省政府规范性文件（如《湖北省工商行政管理行政处罚裁量指导标准》、《湖北省个体工商户营业执照和税务登记证"两证整合"实施方案》）
- 武汉市人大的地方性法规（如《武汉市商品交易市场管理条例》）
- 武汉市政府的行政规章（如《武汉市行政处罚委托办法》）和规范性文件
- 相关司法解释（如《最高人民法院关于审理行政案件适用法律规范问题的座谈会纪要》）

（二）案例分析

案例分析主要是通过案例数据库收集和研究指导性案例、最高人民法院公报案例、最高人民法院裁判文书、其他地方法院的典型案例等。

1. 案例分析示例：上位法优于下位法在裁判文书中的适用

在司法实务中，如果发现存在下位法违反上位法的情况，在裁判文书中如何进行理由说明呢？一般而言，可以进行法律规范的选择适用，而不对其法律规范本身的合法与否进行评判。然而，下位法违反上位法的理由说明很容易被看做是对规范本身的评判，需要注意其中的语言表述方法。以下通过三个案例来加以说明：

案例1：惠宝公司诉酒泉地区技术监督局行政处罚案

1998年3月15日，酒泉地区技术监督局以惠宝公司违反《甘肃省产品质量监督管理条例》为由，作出行政处罚决定，要求惠宝公司立即免费维修冰柜并赔偿马某的经济损失。惠宝公司对此提起行政诉讼，酒泉市法院（一审）认为，行政处罚所认定的事实证据不足，惠宝公司承修冰柜的收条无该公司工作人员的签名，也没有相应的调查和证据。同时，技术监督局对冰柜维修的质量问题没有进行检验。在未查明违法事实的情况下，对原告实施处罚是不妥当的；行政处罚决定书的送达没有合法手续，作出处罚前未告知行政管理相对人处罚所依据的事实、理由和依据，违反法定程序。据此，判决撤销了该行政处罚决定。

技术监督局不服提起上诉，酒泉地区中院作出终审判决认为，马某于1996年9月送修冰柜，与惠宝公司形成承揽合同关系，双方发生纠纷，可通过向法院提起民事诉讼来解决。《产品质量法》并未赋予产品质量监督管理部门对维修者的行政处罚权；技术监督局实施处罚所依据的《甘肃省产品质量监督管理条例》第13条、第30条有关产品质量监督管理部门对维修者实施行政处罚的规定，有悖于《行政处罚法》第11条第2款"法律、行政法规对违法行为已经作出行政处罚规定，地方性法规需要作出具体规定的，必须在法律、行政法规规定的给予行政处罚的行为、种类和幅度的范围内规定"的规定，不能作为实施处罚的依据。技术监督局的行政处罚超越职权，一审判决适用法律错误，故判决撤销一审行政判决，撤销技术监督局的行政处罚决定。

对此，甘肃省人大认为，酒泉中院严重侵犯了宪法中地方组织法赋予人大及其常委会的立法权，无权认定省人大法规无效，并称这是一起"全国罕见的超越审判职权的严重违法事件"。随后，甘肃省高院在省人大常委会的要求下对该案进行提审。2000年9月1日，甘肃省高院作出再审判决，认为酒泉地区中院在判决理由部分以《甘肃省产品质量监督管理条例》违反法律为由，直接对地方性法规的效力加以评判是错误的，并依《行政处罚法》第 61 条之规定，撤销了中院的判决。①

案例 2：河南汝阳公司诉伊川公司的种子合同履行纠纷案

2001 年 5 月 22 日，河南汝阳县种子公司与伊川县种子公司签订合同，后汝阳公司以伊川公司没有履约为由，请求法院判令其违约并赔偿经济损失。伊川公司虽然愿意赔偿，但在赔偿损失的计算方法上双方产生纠纷。汝阳公司认为，依据《中华人民共和国种子法》计算（应按市场价格定）。而伊川公司认为，赔偿应当依据《河南省农作物种子管理条例》及《河南省主要农作物种子价格管理办法的通知》（即政府指导价）。两者差价有近 60 万元。河南洛阳市中院在民事判决中指出，"《种子法》实施后，玉米种子的价格已由市场调节，《河南省农作物种子管理条例》作为法律位阶较低的地方性法规，其与《种子法》相抵触的条（款）自然无效"。

为此，河南省人大认为，上述判决"实质是对省人大常委会通过的地方性法规的违法审查，违背了我国人民代表大会制度……是严重违法行为"。同年 10 月 18 日，河南省人大常委会办公厅下发文件，要求河南省高院对洛阳市中院的"严重违法行为作出认真、严肃的处理，对直接责任人和主管领导依法作出处理"。在该案上诉至河南省高院后，该院遂向最高人民法院请示。最高院经研究对洛阳市中院的作法表示认可，河南省高院作出民事终审判决，维持洛阳市中院的原判。②

案例 3：鲁潍公司诉苏州盐务局盐业行政处罚案
（指导案例 5 号：最高人民法院审判委员会 2012 年 4 月 14 日讨论通过）

2007 年 11 月 12 日，鲁潍公司未办理工业盐准运证即从省外购进工业盐涉嫌违法。2009 年 2 月 26 日，苏州盐务局根据《江苏省〈盐业管理条例〉实施办法》（简称《实施办法》）的规定，对其作出行政处

---

① 参见甘肃省高级人民法院（1999）甘行监字第 29 号行政判决书。
② 参见河南省洛阳市中级人民法院（2003）洛民初字第 26 号判决书。

罚。鲁潍公司不服该决定申请行政复议，苏州市政府于 4 月 24 日作出了维持处罚决定的复议决定。后该公司向苏州市金阊区法院提起行政诉讼。

原告认为原国家计委和经贸委《关于改进工业盐供销和价格管理办法的通知》的规定取消了工业盐准运证和准运章制度，工业盐不属于国家限制买卖的物品。苏州盐务局无权管理工业盐，也无相应执法权。同时，《实施办法》的相关规定违反了国务院《关于禁止在市场经济活动中实行地区封锁的规定》、《行政许可法》和《行政处罚法》的规定，故请求法院判决撤销该处罚决定。被告认为根据国务院《盐业管理条例》第 4 条和《实施办法》第 4 条的规定，苏州盐务局有作出行政处罚的职权。《实施办法》是根据《盐业管理条例》的授权制定的，整体合法有效，被告据其设立准运证制度的规定作出行政处罚并无不当。《行政许可法》、《行政处罚法》均在《实施办法》之后实施，根据《立法法》法不溯及既往的规定，《实施办法》仍然应当适用，故请求法院驳回鲁潍公司的诉讼请求。法院认为，苏州盐务局在依职权对鲁潍公司作出行政处罚时，虽然适用了《江苏盐业实施办法》，但是未遵循《立法法》第 79 条关于法律效力等级的规定，未依照《行政许可法》和《行政处罚法》的相关规定，属于适用法律错误，故判决撤销该处罚决定。

在案例 1 和案例 2 中，地方人大对法院判决的强烈反应，主要原因在于判决对相关法律规范直接进行了评判，其表现为：（1）直接表述某法律规范违反上位法。例如，案例 1 中的判决表述为："《甘肃省产品质量监督管理条例》第 13 条、第 30 条有关产品质量监督管理部门对维修者实施行政处罚的规定，有悖于《行政处罚法》第 11 条第 2 款'法律、行政法规对违法行为已经作出行政处罚规定，地方性法规需要作出具体规定的，必须在法律、行政法规规定的给予行政处罚的行为、种类和幅度的范围内规定'的规定"。案例 2 中的判决表述为："《河南省农作物种子管理条例》作为法律位阶较低的地方性法规，其与《种子法》相抵触。"（2）直接否定该法律规范的法律效力。例如，案例 1 中的判决表述为："《甘肃省产品质量监督管理条例》第 13 条、第 30 条有关产品质量监督管理部门对维修者实施行政处罚的规定，……不能作为实施处罚的依据。"案例 2 中的判决表述为："《河南省农作物种子管理条例》作为法律位阶较低的地方性法规，其与《种子法》相抵触的条（款）自然无效。"

相比较案例 1 和案例 2 而言，案例 3 则运用了恰当的语言表述，对下位法违反上位法的情况进行了理由说明。其合理性表现为：（1）没有直接肯定该法律规范违反上位法，亦没有直接否定该法律规范的法律效力。（2）判决说理以行政行为在法律适用上的合法性为中心，而非该法律规范本身的合法性。例如，其判决表述为："苏州盐务局在依职权对鲁滩公司作出行政处罚时，虽然适用了《江苏盐业实施办法》，但是未遵循《立法法》第 79 条关于法律效力等级的规定，未依照《行政许可法》和《行政处罚法》的相关规定，属于适用法律错误，故判决撤销该处罚决定。"（3）以间接的方式阐明了下位法违反上位法的情况，其具有个案上的适法效力，而非否定该法律规范本身，由此不会招致该法律规范制定机关的非议。

2. 案例的大数据分析

通过案例数据库检索案例，并通过统计软件进行定性或者定量分析。目前，国内的案例数据库主要包括最高人民法院的裁判文书网、Open Law、北大法宝、万律、威科先行、Alpha 案例库、律商等。统计软件主要包括 Excel、Spss 等。以 Open Law 案例数据库为例，其可以按分类检索、按当事人检索和按法院检索。在分类检索中，可以进行行政、民事、刑事三大类案件的细分案由检索，同时，检索出来的结果右侧是过滤栏：可以根据不同的过滤条件进行二次过滤。例如：选择"刑事—罪名（虚开增值税发票罪）"，在检索结果右侧出现的是文书类型、法院、判决年限等的过滤条件。再点击审判时间条件下的"2016"，那么可以检索出：2016 年度案由为虚开增值税发票罪的裁判文书；如果再选择法院过滤条件的"武汉市中级人民法院"，那么检索出：2016 年度案由为虚开增值税发票罪，由武汉市中院审理的所有裁判文书。

表 4-7

步骤	大数据分析的内容	说明
1	背景分析	分析法律问题的理论和实务背景
2	确定大数据分析的目标	通过数据的统计分析发现趋势和倾向
3	确定大数据分析的类型	以法律问题、法院、公司、行业等进行类型化分析
4	确定检索方式和筛选案例	排除无关案例
5	确定统计选项，将相关信息输入统计软件	根据分析目标来确定统计选项

续表

步骤	大数据分析的内容	说明
6	定量分析以及统计数据的表格化、图形化展示	制作柱状图、饼状图以及动画等
7	判决要旨的归纳和定性分析	定量分析无法解决所有问题
8	制成案例大数据分析报告	作为法律意见的附件

第五章 法律实习技能：法律咨询与文书写作

第一节 法律咨询

法律咨询是对争议的法律问题向当事人作出解释，并提出法律建议的过程。以咨询形式为标准，其可分为口头和书面的法律咨询，在线和非在线法律咨询；以咨询的内容为标准，其可分为权利形成型和纠纷解决型法律咨询；以专业领域为标准，其可分为刑事、民事（合同、婚姻、金融、证券、不动产等）、行政方面的法律咨询；以是否涉诉为标准，其可分为诉讼和非诉法律咨询；以咨询对象为标准，其可分为特定对象和非特定对象的法律咨询，前者如公司的法律顾问所进行的法律咨询；后者如律师在律师事务所进行法律咨询。此外，在实际生活中，有很多学过法律的人会对来自亲朋好友的法律纠纷给予一定的建议，可以视为是一种非正式的法律咨询。

一、法律咨询的基础

（一）信任关系

在初次进行法律咨询时，很多法学院的学生很注重对法律问题的分析和作出结论，而往往忽视了一个非常重要的问题，即律师和当事人之间的信任问题。信任问题分为两个层面：其一是相信别人会去做某件事，即对意愿的信任。例如，在增强团队合作精神的拓展游戏中，一人直立倒地，而其伙伴们将其用手接住。这种信任是相信别人会不会接住你，而不是能不能接住的问题；其二是相信别人能做某件事，即对能力的信任。例如，到医院去看病，如果条件允许的话，大多数人都希望挂个专家门诊。即使开出的处方是一样的，会倾向于相信年长的医生，而非年轻的医生。俗话说隔行如隔山，平常人对医生如何治病救人或者开列处方往往是一窍不通的，而只能通过年龄或者职称等其他因素来判断医生的能力和水平。在法律咨询的过程中，律师和当事人之间的信任关系主要在于对能力的信任。作为法律咨询的基础，其直接影响法律咨询的质量和有效性，乃至后续的谈判、诉讼代理以及职业声誉的拓展等。与当事人建立良好的信任关系需要注意如下几个方面：

（1）始终如一的专业态度，态度是当事人对律师意愿信任的基础。如果能力有限，还存在态度问题，就不可能和当事人建立信任关系。在法律实务中，影响专业态度的因素主要包括案件标的、时间压力和个人偏好等。不要因为案件标的的大小、事务繁忙或者对当事人的印象不好等个人因素而改变自己的态度。

（2）相信自己的专业判断，并予以自信地表达。自信是与当事人建立信任关系的重要条件之一，很多当事人对于法律事务是不大了解的，他们往往通过一些非智力因素来判断一名律师的执业能力，除了专业态度以外，律师是否自信是很重要的。如果律师自己都缺乏自信，就难以取信于当事人了。

（3）在法律咨询的过程中，尽可能地和以往办理的类似案件做比较，向当事人解释相关法律问题。这相当于间接暗示办理这类案件的执业经验，而不用"王婆卖瓜，自卖自夸"。

（4）通过着装和言谈举止给人以稳重的印象，以此建立信任关系。

（5）通过学历、职称、荣誉称号、工作履历以及律所的品牌效应等其他方面来增加信任感。

从某种意义上来说，律师与当事人之间的信任关系属于心理层面的问题，很多不同的因素都直接或者间接地影响双方的信任关系，例如态度、年龄、个人形象、执业经验、社会关系以及言谈举止等。作为一名律师需要知道自己在这些方面的优势和劣势，同时，也需要了解当事人的心理活动。信任关系的建立始终都是一个双向互动的过程。

（二）法律咨询的工作流程

1. 法律咨询准备

（1）问清案情（通过会见当事人、电话、邮件等）；

（2）阅读证据材料或者调查取证；

（3）确定案由和问题的关键点（确定法律纠纷的性质——刑事、民事或者行政）；

（4）确定当事人的要求（诉讼或者非诉）。

2. 法律咨询风险告知

（1）说明所作法律咨询系建立在现有的证据材料上（可能不完整或者未经核实等）；

（2）法律咨询一般向当事人提供法律上可行的方案，而不替当事人作出选择（确定委托代理关系除外）和保证；

（3）以口头或者书面形式告知当事人法律咨询的相关法律风险。

3. 提出咨询意见

通过口头或者书面形式给予实体法和程序法上的咨询意见。

二、法律咨询的类型

（一）权利形成型法律咨询

权利形成型法律咨询是对各方的未来利益关系在法律权利和义务上予以事先设计和安排。在市场经济的社会中，人际交往大多涉及利益关系的处理，一个人的利益获得往往是另一个人的利益让渡。在没有发生利益冲突之前，如何对当事人的权利和利益作出合理的预设和安排是权利形成型法律咨询的主要目的。最为常见的是对一项交易或者合同予以法律咨询。例如，当事人想购买一处房产，担心出现法律纠纷损害到自己的权利，而要求法律咨询。律师就必须根据房产买卖的法律和市场情况等，对房地产公司的资质、房产建筑的许可和权属登记、房产的交易金额、面积、质量以及支付时间和方式、银行贷款或者公积金贷款、物业管理、法律救济和法律责任等相关法律问题，向当事人予以解释和说明。

在权利形成型法律咨询上，最大的障碍往往不是法律问题的解释，而是对所咨询的行业不够熟悉，缺乏背景知识和经验。例如，同样是买卖合同，购买一处房产和一辆机动车涉及的法律问题及其可能的情形就会不同。如果律师对某一行业不大了解，仅仅凭借法律知识是无法圆满完成法律咨询的。任何一个行业都有其既存的规则、术语、惯例以及特殊情况，没有足够的亲身参与经验，就难以和当事人沟通，并获得其信任，也很难作出情形预估和进行法律上的对策分析。同时，有些权利形成型法律咨询是综合性的。例如，对生产、销售、运输、保险以及银行贷款等进行整体和综合的评估和咨询。这就给法律咨询带来更大的困难或者挑战，而有必要引入团队合作。此外，有的法律咨询涉及的领域比较特殊。例如，上市公司的并购、涉外婚姻等。

示例：关于 A 银行向 B 银行出具反担保函的法律意见书

法律声明：

1. 本法律意见书以当事人所提供的书面材料和口头陈述为基础，根据中国现行法律、律师行业通行的专业标准和职业道德，对有关事项作出评判和建议；

2. 除依据律师行业标准和专业知识能够作出正确的判断外，对于因当事人所提供情况的错漏或者不实以及情况发生变化而导致法律意见书出现的偏差，律师概不负责；

3. 本法律意见书不具有任何强制性，由当事人自行决定是否采纳；

4. 本法律意见书著作权属本所专有，仅适用于 A 银行的咨询事务，未经许可不得予以公示或传播。

一、法律服务的目的和内容

所提供的法律服务旨在避免和减少缔约风险、促进 A 银行业务的规范运作以及维护 A 银行的合法权益。同时，恪守律师执业纪律和职业道德，保守商业秘密，提供及时、全面、有效的法律服务。

根据 A 银行提供的相关合同文本、缔约情况介绍和咨询请求，对该行出具对外反担保函的担保行为，从法律角度进行论证，提供专业的法律意见。

二、基本情况

本律师事务所在某年某月某日收到 A 银行提交的相关文件，其包括：（1）《反担保函》；（2）《履约保函》；（3）《A 行开立对外保函/备用信用证申请书》；（4）《开立对外保函/备用信用证协议》。本所对此未作专门的调查，在假设上述文件为真实和有效的基础上出具法律意见书。

（一）有关反担保的情况

反担保函（Counter-Guarantee）一般由反担保银行向出具保函的银行（保证行）出具，表示因保证行出具了符合要求的保函，作为对价其愿意对保证行在保函项下可能承担的所有义务提供反担保，即当保证行因保函被要求承担保证义务，反担保银行应该根据反担保函的规定，对保证行承担保证责任。

A 行提供的《反担保函》的主要条款概括如下：（1）保证行全称及地址，反担保行全称及地址，反担保函出具时间、函号，反担保函的性质为不可撤销。（2）反担保行委托保证行出具的《履约保函》的具体内容和形式。（3）如果保证行按照要求出具了该履约保函，反担保行愿意对保证行因此可能产生的一切债务提供保证。（4）保证行要求反担保行承担保证责任的方式为：向反担保行发出付款的书面要求，并附其必须按照履约保函向受益人承担支付义务的证据；书面付款要求及相关资料必须被送达到反担保函上载明的地址。（5）保证行要求反担保行履行保证义务的有效期间。如果反担保函终止日不是反担保银行的工作日，反担保函效力也于该日自动完全终止，不延长至下一个工作日。（6）反担保函受某国法律的管辖并依照其解释，因反担保函引起的争议或与其相关的争议由某国法院享有排他诉讼管辖权。

（二）有关履约保函的情况

履约保函（Performance Guarantee）一般由银行向负有先行履约义务的合同一方当事人（受益人）出具，表示受合同另一方（委托人）的委托，其愿意对委托人在合同项下应该履行的义务提供保证，即在委托人未能履行被保证的合同义务时，受益人可以按照保函载明的方式向出具保函的银行要求支付保函范围内的金额，银行无权拒绝。

A 行提供的《履约保函》的主要条款概括如下：（1）保函的受益人、委托人及保证人的详细名称、地址、联系人式；（2）保函的出具时间、生效时间及终止时间；（3）保函所担保的主合同的当事人、名称、性质、生效时间、标的等；（4）银行出具该保函的依据：接受受托人的委托，针对委托人在主合同项下应该履行的义务向受益人提供保证；（5）保函性质为不可撤销保函，保函的担保范围以及实现此保证金额所产生的任何税费、债务等；（6）受益人要求承担保证责任的方式：向保函出具行发出书面的付款申明，申明中应该载明要求支付的金额及原因（委托人未能履行合同义务）；受益人的付款申明必须被送达到保函上载明的保证行地址；（7）保函的有效期间的规定，如果保函终止日不是保证行的工作日，保函效力于该日自动完全失效，不延长至下一个工作日；（8）保函项下银行保证责任可以减轻或免除的情况；（9）保函遵守和适应的法律为某国法律，因保函而产生或与其有联系的争议只能选择某国法院作为受诉法院。

三、法律意见

1.《开立对外保函/信用证协议》系 A 行与委托人间根据中国法律签订的委托合同，委托事项为对 B 行出具反担保函。鉴于反担保函使用的语言为英语，A 行应在委托协议中约定：本行开立的反担保函使用语言为英语，适用法律为某国法律。如果双方就该反担保函的相关内容发生争议的，应该以英文版为准，并按照某国法律和相关国际惯例对其进行解释。

2. 在《开立对外保函/信用证协议》中约定：本行在履行保证义务时，对据以付款的依据仅审查：（1）依据的来源是否符合反担保函的规定；（2）依据的形式、内容是否符合反担保函的规定；（3）依据送达地址、时间、方式是否符合反担保函的规定。

根据反担保函的规定，B 行在下列条件都被满足时，必须履行保证义务：（1）被保证人的书面付款申明，申明中包含了要求支付的金额及要求支付的理由；（2）上述书面付款申明于保证期限内被送到 B 行在保函中指定的地址；（3）上述书面申明由被保证人自行送达或由被保证人的传真机传真送达。A 行在下列条件都被满足时，必须承担反担保责任：（1）B 行向 A 行发出书面付款要求，并按照保函的规定申明其必须承担保证责任；（2）上述书面付款要求在反担保期限内送达 A 行在反担保函中指定的地址。

A 行没有权利和义务对上述被保证人书面付款申明中所陈述的事实是否真实、准确、充分或根据该事实提出的付款要求是否合法进行审查和提出疑问。

3. 要求委托人在 A 行存入高于反担保函中最高保证金额的款项，作为 A 行出具该反担保函的风险保证金。

4. 在《开立对外保函/备用信用证协议》中约定：如果本行因为出具反担保函而遭受任何损失，只要委托人无证据证明本行存在与此损失相关的过错，委托人应该赔偿本行的所有损失，包括但不限于下列事项：向保证行支付的赔偿金及相关利息、税费等所有支出；参加因反担保函引起或与此有关的争议的诉讼活动而支出的诉讼费、律师费、差旅费、住宿费、翻译费等一切合理费用。

（二）纠纷解决型法律咨询

纠纷解决型法律咨询是针对已经存在的法律纠纷，围绕当事人的法律诉求，根据事实和法律进行解释和说明，并提供解决方案供当事人作出选择。不同于权利形成型法律咨询，纠纷解决型法律咨询旨在通过法律机制化解既存的法律纠纷，以确保当事人利益的最大化。例如，当事人购买的产品出现质量问题，或者造成损害，律师需要对这一法律纠纷的解决，从实体和程序两个方面来予以解释和说明。在实体层面上，律师需要回应证据的获得、合同条款分析、法律规定的解释、法律责任的区分等一系列法律问题；在程序层面上，可以通过与生产商或销售商谈判、第三方调解、行政机关的干预以及民事诉讼等途径来解决利益冲突。同时，还要综合分析不同解决方案的优劣以及对方可能采取的策略。

对于纠纷解决型法律咨询，需要考虑以下五个方面：（1）确定法律咨询的侧重点。首先，需要确定当事人的诉求，有针对性地作出法律咨询。例如，在离婚纠纷中，当事人的诉求主要包括能否离婚、后续的财产分割和子女抚养等方面。确定诉求的目的在于为后续的法律咨询指明方向，并通过相应的法律机制来予以解决。其次，需要把握法律纠纷的核心和焦点，找准纠纷解决的突破口或者对方的要害。（2）证据的获取和分析。与权利形成型法律咨询不同的是，纠纷解决型法律咨询需要面对可能的原被告一方，其利益关系是冲突性。如果没有进行必要的调查取证，法律咨询的信息基础往往建立在一方证据之上，这样就容易忽视和遗漏另一方的证据，从而导致法律咨询的误判。例如，在离婚纠纷中，需要事先了解双方婚姻状况、职业以及离婚请求的原因等情况；在财产分割上，需要了解其财产的多少、类型、控制关系以及第三方情况；在子女抚养上，需要了解子女的年龄、受教育状况、个人倾向等情况。（3）纠纷解决的成本考虑。法律纠纷的解决方式包括和解、调解、仲裁、行政复议、诉讼等。不同的法律救济方式会产生不同的法律成本，这些成本往往包括聘请律师费用、诉讼费用、鉴定费用、时间成本和耗费的精力等。例如，在离婚纠纷中，通过双方和解达成协议来解决有关离婚、财产分割和子女抚养等问题。与诉讼相比较，这种解决方案的法律成本较低。除了法律成本之外，还有一些其他方面的成本，亦构成解决纠纷的策略考量。例如，离婚纠纷中一方存在过错的情形，其基于工作和声誉的考虑不愿意公开，则可间接促成协议的达成。又如，在群体性纠纷上，能否形成媒体压力对纠纷的非诉解决有一定的促进作用。（4）书面的法律咨询意见需要注意篇幅长短，可以采取精简版和完整版的形式提供给不同的阅读对象。对于法律意见可能呈交给法院、检察院或者行政机关的，可以提交简明扼要的精简版（因为阅读者熟知法律和相关情况，而且没有太多时间去阅读长篇大论的法律意见）；对于法律意见是提交给委托咨询公司的，则可提交完整版（多以附件的形式）。（5）根据诉讼和非诉的处理方式，提出法律意见的措辞和表达方式亦有所不同。在诉讼过程中，所提出的法律意见更具对抗性，而在非诉处理的过程中，法律咨询须在有理有据的基础上适当地作换位思考。例如，在以下 A 公司补办规划审批手续的实例中，A 公司希望以非诉的方式来处理行政纠纷，由此提出的法律咨询意见就不要强调行政行为的违法性，而是更多地去展现当事人的合法诉求以及解决行政纠纷的社会效果等。

示例：关于 A 公司补办规划审批手续的法律意见书

一、基本情况

A 公司系 B 集团有限公司按其与某开发区所签订的合作协议接收的下属企业。2011 年 3 月 1 日，某开发区管委会召开专题会议并形成《专题会议纪要 7》，确定 C 项目为 2011 年某开发区重点配套项目。2011 年 6 月，某开发区规划局组织专家评审会审查后，批准了 C 项目总平面方案。2011 年 7 月项目开工。在项目建设过程中，市政府于 2012 年颁布了《某市基本生态控制线管理规定》。某开发区委托某市规划院对项目用地进行了论证，2013 年 2 月市政府批准同意了《C 项目用地规划调整方案》，对原方案进行优化并按新方案完成了供地工作。

2013 年 12 月，经查明 A 公司违反《中华人民共和国城乡规划法》、《某市城市综合管理条例》以及《某市控制和查处违法建设办法》等相关规定，存在未批先建和超标建设的违法行为。对此，某开发区就相关问题召开专题会议并形成《专题会议纪要 93》，依法对其中 9 栋房屋（10904m²）按处罚后予以保留原则，合计罚款 1459 余万元，责令补办规划审批手续；对余下 4 栋房屋（3228㎡）予以没收处罚。在收到某开发区作出的行政处罚决定书后，A 公司按期全额缴纳了罚款，并及时申请补办相关手续。

二、补办规划审批手续中存在的法律问题

某市政府颁布了《某市基本生态控制线管理规定》（2012 年），并划定"基本生态控制线"。C 项目（2011 年启动）部分房屋位于某市"基本生态控制线"范围内，该部分房屋是否应当给予补办规划审批手续，这一法律问题对政府有关部门及企业造成了困扰。

三、法律咨询意见

（一）《某市基本生态控制线管理规定》的法律适用

第一，C 项目的开发和审批在《某市基本生态控制线管理规定》之前，作为地方政府规章不得溯及既往，以新规定要求过去既定的行为。

C项目启动后于2011年6月取得了《规划（建筑）方案批准意见书》，该项目所建设的房屋均在经批准的总平面方案范围内。上述批复意见由开发区规划部门依法作出，具备法律效力，已充分说明了该项目规划方案符合当时的某市相关规划。而《某市基本生态控制线管理规定》生效时间为2012年5月1日，某市基本生态控制线范围系依该规定划定。《中华人民共和国立法法》第84条规定："法律、行政法规、地方性法规、自治条例和单行条例、规章不溯及既往，但为了更好地保护公民、法人和其他组织的权利和利益而作的特别规定除外。"① 《某市基本生态控制线管理规定》系某市政府制定的地方性政府规章，依法不具备溯及力，不能对其生效前的行为产生约束力。从法理上来说，不溯及既往的规定旨在保护公民、法人和其他组织的信赖利益，即公民、法人和其他组织遵守旧法，作出相应的利益安排，而无法预测新法的规定，就不能以新法来调整信守旧法的既得利益。新出台的规定仅适用于新法之后的行为，而不能追溯到新法之前的行为。因此，2012年某市"基本生态控制线"只对2012年之后的项目有法律效力，不能溯及2011年启动的C项目。

第二，该管理规定第15条规定，"基本生态控制线范围内的现有违法建设项目，相关部门不得补办有关手续，并按照有关法律、法规和本市查处违法建设的有关规定予以处理"。对此，C项目并不属于第15条规定的"违法建设项目"。

某区管委会对A公司作出的三项行政处罚决定，并非违反了《某市基本生态控制线管理规定》，而是因未批先建和超标建设被处罚；同时，开发区城市综合管理部门作出的行政处罚决定书适用的是《中华人民共和国城乡规划法》、《某市城市综合管理条例》、《某市城市管理相对集中处罚权办法》、《某市控制和查处违法建设办法》等法律、法规及规章，而并未适用《某市基本生态控制线管理规定》。对此，理解建设项目是否"违法"，应以建设项目是否违反基本生态控制线管理规定本身为判断依据，而不宜做出扩大解释，将有其他性质违建行为的项目均认定为"违法建设项目"。同时，A公司已经履行了该行政处罚义务，某区管委会亦作出责令A公司补办手续的行政命令。因此，C项目不属于《某市基本生态控制线管理规定》第15条规定的情形。

第三，法律适用应当处理好法律效果与社会效果的关系。一方面，生

---

① 2015年《立法法》修改为第93条，本法律意见书为2014年作出。

态控制线管理旨在加强环境保护；另一方面，C 项目的顺利进行，既是 A 公司的合法权益，亦对地方经济发展有着促进作用。这两方面的利益和价值的平衡是正确适用《某市基本生态控制线管理规定》的关键所在。

古人云"徒法不足以自行"，即人要对法律有正确的适用并予以执行，否则，机械地适用法律，就会导致法律效果和社会效果的失衡。同时，根据最高人民法院 2004 年发布的《关于审理行政案件适用法律规范问题的座谈会纪要》的原则和精神，在解释和适用法律时，既要严格适用法律规定和维护法律规定的严肃性，确保法律适用的确定性、统一性和连续性，又要注意与时俱进，注意法律适用的社会效果，避免刻板僵化地理解和适用法律条文。换言之，政府出台新的生态控制线规定以加强环境保护，本无可厚非，但不能溯及之前的建设项目，侵犯到 A 公司的合法权益，也间接影响到地方经济的发展。

（二）补办相关手续的合法性

C 项目本身是合法的，在项目实施过程中，新颁布的《某市基本生态控制线管理规定》不应当对过去合法存在的项目产生溯及既往的效力，其他性质的违建行为亦被行政机关予以行政处罚，因此，某开发区国土资源和规划局应当依法履行补办手续的行政职责。具体说明如下：

1. C 项目是合法有效的，为 2011 年某开发区管委会发布的两个《专题会议纪要》所认可。（见附件一：专题会议纪要）

2. 如上所述，C 项目没有违反《某市基本生态控制线管理规定》，亦不属于第 15 条所规定的"违法建设项目"。

3. 对于其他性质的违建行为，某开发区管委会按处罚后予以保留原则作出了相应的处罚，而 A 公司已经履行了相关部门给予行政处罚的义务；同时，被责令补办规划审批手续。（见附件二：行政处罚决定书）

4. A 公司依据《中华人民共和国城乡规划法》、《湖北省城乡规划条例》、《某市城市规划条例》等相关规定提交了补办手续的各项材料，并 2013 年 10 月底，C 项目预审方案审批通过。（见附件三：补办手续清单）

（三）政府诚信与地方经济发展的关系

某开发区管委会于 2011 年在《专题会议纪要 7》和《专题会议纪要 34》中将 C 项目列入重点配套项目，并明确要求规划局和建设局等单位配合和支持该项目的报批审批工作。由此政府公文的作出即意味着政府对企业项目建设的行政承诺，其间不得因为立法和人事的变动而受到影响。但是，在生态控制线划定之前已经合法存在的 C 项目，却因对该管理规定的机械理解而无法得以顺利进行，开发区管委会所作的行政承诺亦无从兑现。常言道"民无信不立"，C项目的停摆表面上对一家公司的利益造成损害，但让其他企业在项目投资上看到了行政承诺落空的风险。更为重要的是，政府公信力的丧失将对地方经济发展产生深远的负面影响。

政府为了推动地方经济的良性发展，通过土地、贷款、税收以及相关审批等方面的政策优惠和支持，来吸引各方投资项目建设或者开办企业，由此实现企业和政府的"双赢"。在这一过程中，政府对于所作出的行政承诺以诚信而为，由此形成示范效应，其对地方经济的良性发展是至关重要的。

附件一

1. 《专题会议纪要7》（关于C项目的会议纪要）

时间：某开发区管委会于2011年3月1日作出。内容：（1）要求A公司确保该项目4月份开工建设；（2）要求规划局、建设局等相关单位在用地许可、交通环境等方面支持该项目的建设。

2. 《专题会议纪要34》（关于C项目的会议纪要）

时间：某开发区管委会于2011年5月19日作出。内容：要求规划局、管委会等就申报540亩转为国有、四方协议、土地置换等事宜支持该项目的建设。

附件二

1. 《专题会议纪要93》（关于C项目违建问题的会议纪要）

时间：某开发区管委会于2013年12月10日作出。内容：（1）确认了A公司在该项目C、D地块上存在5处违建问题；（2）对C地块19-22号楼予以没收处罚；对C地块用地红线外的10-18号楼及23号设备用房，处以建设成本20%的罚款；对C、D地块用地红线内的未批先建行为，处以建设成本20%的罚款；以及其他整改处理；（3）按照上述处理后保留的原则，予以补办相关审批手续；（4）城管局、规划局、建设局按照上述意见执行。

2. 行政处罚决定书（某开）罚决字（2013）第041号

时间：某开发区管委会于2013年12月17日作出。内容：（1）责令补办C项目用地红线外的其余9栋住宅建筑、1栋设备用房以及C、D地块用地红线内的未批先建的违法建筑的规划验收手续；（2）处以建设工程造价20%罚款（1278万余元）。

3. 行政处罚决定书（某开）罚决字（2013）第 050 号

时间：某开发区管委会于 2013 年 12 月 18 日作出。内容：对 C 项目 C 地块 19-22 号楼予以没收处罚。

4. 行政处罚决定书（某开）罚决字（2013）第 052 号

时间：某开发区管委会于 2013 年 12 月 26 日作出。内容：（1）责令补办 C 项目 C 地块用地红线外建设的 10-18 号楼和 23 号设备用房的规划审批手续；（2）处以建设工程造价 20% 罚款（181 万余元）。

（专题会议纪要和行政处罚决定书复印件附后）

附件三

A 公司提交补办手续申请材料的清单：

1. 申请表；

2. 建筑设计方案总平面及单体方案蓝图 4 套及电子版；

3. 土地权属证明文件；

4. 建设用地规划许可证复印件（附项目用地红线、规划设计条件）；

5. 企业法人营业执照或组织机构代码证，法人代表身份证明，外地设计单位提供设计资质；

6. 面积指标校对报告及 A3 图纸；

7. 预审意见及图纸（复印件）；

8. 效果图（含电子版）；

9. 相关部门协审意见（物业及社区用房意见、住宅项目配电房电力审批意见）。

（相关资料复印件附后）

三、法律咨询的要点归纳

在法律实务中，常常会遇到当事人要求及时作出反馈的情况，即说明案情后提供口头咨询。为了及时有效地提出专业意见，需要对刑事、民事和行政案件中常见的问题和法条进行归纳总结，熟记于心以资备用。以下以刑事案件的法律咨询要点为例予以说明。

在刑事案件的法律咨询中，常见的问题包括：

（1）公安机关侦查阶段：能否代为会见犯罪嫌疑人、能否办理取保候审手续、公安机关能否撤案处理（当事人是否构成犯罪）等；

（2）检察院审查起诉阶段：能否不起诉（当事人是否构成犯罪）、建议较低的量刑等；

（3）法院的刑事审判阶段：能否作无罪辩护（当事人是否构成犯罪）、能否作罪轻或者减轻、免除其刑事责任的辩护、能否判处缓刑或者罚金等非监禁刑等。

这些问题的回答需要从《刑法》、《刑事诉讼法》、刑法修正案、司法解释、指导性案例等找到实体法或者程序法的法律依据。

（一）实体法咨询要点

1. 犯罪构成要件（详见表5-1）

表5-1

犯罪构成要件	认定标准和方法
主体要件	刑事责任年龄：已满十六周岁的人犯罪，应当负刑事责任。已满十四周岁不满十六周岁的人，犯故意杀人、故意伤害致人重伤或者死亡、强奸、抢劫、贩卖毒品、放火、爆炸、投毒罪的，应当负刑事责任。 主体要件的认定方法：（1）身份证；（2）户口本；（3）出生证明；（4）其他机关或者组织的证明等。排除身份或者户籍登记错误、虚报年龄等情况。
主观要件	（1）故意犯罪：明知自己的行为会发生危害社会的结果，并且希望或者放任这种结果发生的犯罪。 （2）过失犯罪：应当预见自己的行为可能发生危害社会的结果，因为疏忽大意而没有预见，或者已经预见而轻信能够避免，以致发生这种结果的犯罪。 （3）不可抗力和意外事件：行为在客观上虽然造成了损害结果，但是不是出于故意或者过失，而是由于不能抗拒或者不能预见的原因所引起的，不是犯罪。 主观要件的认定方法：（1）对危害结果的认知程度（明知/预见）；（2）对结果发生的主观态度（希望或放任/疏忽或轻信）；（3）通过客观行为以及相关证据来判断。
客观要件	（1）实施犯罪行为；（2）发生损害结果；（3）行为和损害结果的因果关系。

正当防卫的认定（《刑法》第20条）：

（1）目的：为了使国家、公共利益、本人或者他人的人身、财产和其他权利免受正在进行的不法侵害；对正在进行行凶、杀人、抢劫、强奸、绑架以及其他严重危及人身安全的暴力犯罪，采取防卫行为，造成不法侵害人伤亡的，不属于防卫过当，不负刑事责任。

（2）损害：对不法侵害人造成损害。

（3）限度：采取的制止不法侵害的行为没有超过必要的限度。正当防卫明显超过必要限度造成重大损害的，应当负刑事责任。

2. 常见罪名和刑期的精简归纳①（详见表 5-2）

表 5-2

条目和罪名	罪状和量刑	说明
第 133 条　交通肇事罪、危险驾驶罪	违反交通运输法规发生重大事故： ＊致人重伤、死亡或财产重大损失——3 年以下 ＊肇事后逃逸——3~7 年 ＊逃逸致人死亡——7 年以上	3/7 式三档刑期
第 140 条　生产、销售伪劣产品罪	生产者、销售者在产品中掺杂、掺假，以假充真，以次充好或者以不合格产品冒充合格产品： ＊销售金额 5 万~20 万元——2 年以下 ＊销售金额 20 万~50 万元——2~7 年 ＊销售金额 50 万~200 万元——7 年以上 ＊销售金额 200 万元以上——15 年或无期徒刑	2/7+15 式四档刑期相应处以罚金
第 141 条　生产、销售假药罪	＊生产、销售假药——3 年以下 ＊对人体健康造成严重危害——3~10 年 ＊致人死亡——10 年以上、无期或死刑	3/10 式三档刑期相应处以罚金
第 143 条　生产、销售不符合安全标准的食品罪	生产、销售不符合食品安全标准的食品： ＊足以造成严重食物中毒事故或疾病——3 年以下 ＊对人体健康造成严重危害——3~7 年 ＊后果特别严重——7 年以上或无期	3/7 式三档刑期相应处以罚金

---

① 常见罪名根据在案例数据库（Open Law）中检索案件数量来确定，一般以一万件左右及以上为常见。有的罪名检索的案件数量没有达到一万件左右，但作为典型的犯罪类型亦予以列示，例如，走私普通货物、物品罪。

条目和罪名	罪状和量刑	说明
第 144 条 生产、销售有毒、有害食品罪	＊在食品中掺入有毒有害非食品原料的，或销售明知掺有有毒有害非食品原料的食品——5 年以下 ＊对人体健康造成严重危害——5~10 年 ＊致人死亡——10 年以上、无期或死刑	5/10 式三档刑期相应处以罚金
第 153 条 走私普通货物、物品罪	走私武器弹药、核材料、假币、文物、贵重金属、珍贵动物、淫秽物品、废物、毒品以外的货物、物品： ＊偷逃应缴税额较大或者一年内因走私被二次行政处罚后又走私——3 年以下 ＊偷逃应缴税额巨大——3~10 年 ＊偷逃应缴税额特别巨大——10 年以上或无期	3/10 式三档刑期相应处以罚金 ＊典型犯罪类型，多以海关行政处理为主，追究刑责的相对较少
第 163 条 非国家工作人员受贿罪	公司、企业或其他单位的工作人员利用职务上的便利，索取他人财物或非法收受他人财物，为他人谋取利益： ＊数额较大——5 年以下 ＊数额巨大——5 年以上（可并处没收）	5 式两档刑期 ＊第 184 条公司、企业人员受贿罪（银行或者其他金融机构的工作人员）
第 176 条 非法吸收公众存款罪	＊非法吸收公众存款或变相吸收公众存款，扰乱金融秩序——3 年以下 ＊数额巨大——3~10 年	3 式两档刑期相应处以罚金
第 180 条 内幕交易、泄露内幕信息罪；利用未公开信息交易罪	证券、期货交易内幕信息的知情人员或非法获取内幕信息的人员，在对证券、期货交易价格有重大影响的信息尚未公开前，买入或者卖出该证券，或者从事与该内幕信息有关的期货交易，或者泄露该信息，或者明示、暗示他人从事上述交易活动： ＊情节严重——5 年以下 ＊情节特别严重——5~10 年	5 式两档刑期相应处以罚金 ＊典型犯罪类型，但难以取证

条目和罪名	罪状和量刑	说明
第191条 洗钱罪	*明知是毒品、黑社会、恐怖活动、走私、贪污贿赂、破坏金融管理秩序、金融诈骗等犯罪的所得及其产生的收益，为掩饰、隐瞒其来源和性质，有提供资金账户、协助将财产转换为现金、金融票据、有价证券、通过转账或者其他结算方式协助资金转移、协助将资金汇往境外等行为——5年以下 *情节严重——5~10年	5式两档刑期相应处以罚没 *典型犯罪类型
第192条 集资诈骗罪	以非法占有为目的，使用诈骗方法非法集资： *数额较大——5年以下 *数额巨大——5~10年 *数额特别巨大——10年以上或无期	5/10式三档刑期相应处以罚没 *贷款、票据、金融凭证、信用证、信用卡、有价证券、保险诈骗罪刑期档位与此相同
第201条 逃税罪	纳税人采取欺骗、隐瞒手段进行虚假纳税申报或者不申报，逃避缴纳税款： *数额较大且占应纳税额10%以上——3年以下 *数额巨大且占应纳税额30%以上——3~7年	3/7式两档刑期相应并处罚金 *抗税罪、逃避追缴欠税罪刑期档位与此相同
第204条 骗取出口退税罪、偷税罪	以假报出口或者其他欺骗手段，骗取国家出口退税款： *数额较大——5年以下 *数额巨大——5~10年 *数额特别巨大——10年以上或无期	5/10式三档刑期相应处以罚没
第205条 虚开增值税专用发票、用于骗取出口退税、抵扣税款发票罪	*虚开增值税专用发票或者虚开用于骗取出口退税、抵扣税款的其他发票——3年以下 *虚开的税款数额较大——3~10年 *虚开的税款数额巨大——10年以上或无期	3/10式三档刑期相应处以罚没 *虚开发票罪为2/7式两档刑期

续表

条目和罪名	罪状和量刑	说明
第213条 假冒注册商标罪	未经注册商标所有人许可，在同一种商品上使用与其注册商标相同的商标： ＊情节严重——3年以下 ＊情节特别严重——3~7年	3/7式两档刑期相应并处罚金
第214条 销售假冒注册商标的商品罪	销售明知是假冒注册商标的商品： ＊销售金额数额较大——3年以下 ＊销售金额数额巨大——3~7年	3/7式两档刑期相应并处罚金
第224条 合同诈骗罪	有（以虚构单位或冒用他人名义签约；以伪造、变造、作废票据或其他虚假产权证明作担保；没有实际履行能力，以先履行小额合同或者部分履行合同的方法，诱骗对方当事人继续签订和履行合同；收受对方当事人给付的货物、货款、预付款或者担保财产后逃匿）情形之一的，以非法占有为目的，在签订、履行合同过程中，骗取对方当事人财物： ＊数额较大——3年以下 ＊数额巨大——3~10年 ＊数额特别巨大——10年以上或无期	3/10式三档刑期相应处以罚没
第224条 组织、领导传销活动罪	组织、领导以推销商品、提供服务等经营活动为名，要求参加者以缴纳费用或者购买商品、服务等方式获得加入资格，并按照一定顺序组成层级，直接或者间接以发展人员的数量作为计酬或者返利依据，引诱、胁迫参加者继续发展他人参加，骗取财物，扰乱经济社会秩序的： ＊传销活动——5年以下 ＊情节严重——5年以上	5式两档刑期相应并处罚金

续表

条目和罪名	罪状和量刑	说明
第225条 非法经营罪	违反国家规定，有（未经许可经营法定专营、专卖物品或其他限制买卖的物品；买卖进出口许可证、进出口原产地证明以及其他法定经营许可证或者批准文件；未经国家有关主管部门批准非法经营证券、期货、保险业务的，或非法从事资金支付结算业务）非法经营行为之一，扰乱市场秩序： ＊情节严重——5年以下 ＊情节特别严重——5年以上	5式两档刑期相应并处罚金
第226条 强迫交易罪	以暴力、威胁手段，实施（强买强卖商品；强迫他人提供或接受服务；强迫他人参与或退出投标、拍卖；强迫他人转让或者收购公司、企业的股份、债券或其他资产；强迫他人参与或退出特定的经营活动）行为之一： ＊情节严重——3年以下 ＊情节特别严重——3~7年	3/7式两档刑期相应并处罚金
第228条 非法转让、倒卖土地使用权罪	以牟利为目的，违反土地管理法规，非法转让、倒卖土地使用权： ＊情节严重——3年以下 ＊情节特别严重——3~7年	3/7式两档刑期相应并处罚金
第232条 故意杀人罪	＊故意杀人——10年以上、无期徒刑或者死刑 ＊情节较轻——3~10年	3/10式两档刑期
第233条 过失致人死亡罪	＊过失致人死亡——3~7年 ＊情节较轻——3年以下	3/7式两档刑期
第235条 过失致人重伤罪	＊过失伤害他人致人重伤——3年以下	
第236条 强奸罪	＊以暴力、胁迫或者其他手段强奸妇女——3~10年 ＊有（强奸妇女或幼女情节恶劣、多人、在公共场所当众强奸、二人以上轮奸以及致使被害人重伤、死亡或造成其他严重后果）情形之一——10年以上、无期徒刑或死刑	3/10式两档刑期

条目和罪名	罪状和量刑	说明
第 238 条 非法拘禁罪	*非法拘禁他人或以其他方法剥夺人身自由——3 年以下 *致人重伤——3~10 年 *致人死亡——10 年以上	3/10 式三档刑期
第 239 条 绑架罪	*以勒索财物为目的绑架他人的，或绑架他人作为人质——10 年以上或无期徒刑 *情节较轻——5~10 年 *致人重伤、死亡——无期徒刑或死刑	5/10 式三档刑期
第 243 条 诬告陷害罪	捏造事实诬告陷害他人，意图使他人受刑事追究： *情节严重——3 年以下 *造成严重后果——3~10 年	3/10 式两档刑期
第 246 条 侮辱罪、诽谤罪	*以暴力或者其他方法公然侮辱他人或者捏造事实诽谤他人，情节严重——3 年以下	
第 253 条 侵犯公民个人信息罪	违反国家规定，向他人出售或者提供公民个人信息： *情节严重——3 年以下 *情节特别严重——3~7 年	3/10 式两档刑期相应并处罚金
第 258 条 重婚罪	*有配偶而重婚的，或明知他人有配偶而与之结婚——2 年以下	
第 260 条 虐待罪	虐待家庭成员： *情节恶劣——2 年以下 *致使被害人重伤、死亡——2~7 年	2/7 式两档刑期
第 261 条 遗弃罪	*对于年老、年幼、患病或其他没有独立生活能力的人，负有扶养义务而拒绝扶养，情节恶劣——5 年以下	
第 263 条 抢劫罪	*以暴力、胁迫或其他方法抢劫公私财物——3~10 年 *有（入户抢劫，在公共交通工具上抢劫，抢劫银行或金融机构，多次抢劫或者抢劫数额巨大，抢劫致人重伤、死亡，冒充军警人员抢劫，持枪抢劫，抢劫军用物资或者抢险、救灾、救济物资）情形之一——10 年以上、无期或死刑	3/10 式两档刑期相应并处罚没 *第 269 条犯盗窃、诈骗、抢夺罪，为窝藏赃物、抗拒抓捕或者毁灭罪证而当场使用暴力或者以暴力相威胁的，以抢劫罪论

续表

条目和罪名	罪状和量刑	说明
第264条 盗窃罪	盗窃公私财物： ＊数额较大，或多次盗窃、入户盗窃、携带凶器盗窃、扒窃——3年以下 ＊数额巨大——3~10年 ＊数额特别巨大——10年以上或者无期徒刑	3/10式三档刑期相应处以罚没
第266条 诈骗罪	诈骗公私财物： ＊数额较大——3年以下 ＊数额巨大——3~10年 ＊数额特别巨大——10年以上或者无期徒刑	3/10式三档刑期相应处以罚没
第267条 抢夺罪	抢夺公私财物： ＊数额较大，或多次抢夺——3年以下 ＊数额巨大——3~10年 ＊数额特别巨大——10年以上或者无期徒刑	3/10式三档刑期相应处以罚没
第271条 职务侵占罪	公司、企业或者其他单位的人员，利用职务上的便利，将本单位财物非法占为己有： ＊数额较大——5年以下 ＊数额巨大——5年以上（可并处没收）	5式两档刑期 ＊第183条职务侵占罪；贪污罪（保险公司的工作人员）
第272条 挪用资金罪	公司、企业或者其他单位的工作人员，利用职务上的便利，挪用本单位资金归个人使用或者借贷给他人： ＊数额较大、超过3个月未还的，或虽未超过3个月，但数额较大、进行营利活动的，或进行非法活动——3年以下 ＊数额巨大的，或数额较大不退还——3~10年	3/10式两档刑期
第274条 敲诈勒索罪	敲诈勒索公私财物： ＊数额较大或者多次敲诈勒索——3年以下 ＊数额巨大或者有其他严重情节——3~10年 ＊数额特别巨大——10年以上	3/10式三档刑期相应处以罚金
第277条 妨害公务罪	＊以暴力、威胁方法阻碍国家机关工作人员依法执行职务——3年以下	
第279条 招摇撞骗罪	＊冒充国家机关工作人员招摇撞骗——3年以下 ＊情节严重——3~10年	3/10式两档刑期

续表

条目和罪名	罪状和量刑	说明
第 280 条　伪造、变造、买卖国家机关公文、证件、印章罪	＊伪造、变造、买卖或者盗窃、抢夺、毁灭国家机关的公文、证件、印章——3 年以下 ＊情节严重——3~10 年	3/10 式两档刑期 ＊伪造公司、企业、事业单位、人民团体印章罪——3 年以下
第 292 条　聚众斗殴罪	＊聚众斗殴的，对首要分子和其他积极参加——3 年以下 ＊有（多次聚众斗殴；聚众斗殴人数多，规模大，社会影响恶劣；在公共场所或者交通要道聚众斗殴，造成社会秩序严重混乱；持械聚众斗殴）情形之一的，对首要分子和其他积极参加的——3~10 年	3/10 式两档刑期
第 293 条　寻衅滋事罪	＊有（随意殴打他人，情节恶劣；追逐、拦截、辱骂、恐吓他人，情节恶劣；强拿硬要或者任意损毁、占用公私财物，情节严重；在公共场所起哄闹事，造成公共场所秩序严重混乱）行为之一，破坏社会秩序——5 年以下	
第 294 条　组织、领导、参加黑社会性质组织罪	＊组织、领导黑社会性质的组织——7 年以上 ＊积极参加——3~7 年 ＊其他参加——3 年以下	3/7 式三档刑期 相应处以罚没
第 303 条　赌博罪	＊以营利为目的，聚众赌博或以赌博为业——3 年以下	
第 305 条　伪证罪	＊在刑事诉讼中，证人、鉴定人、记录人、翻译人对与案件有重要关系的情节，故意作虚假证明、鉴定、记录、翻译，意图陷害他人或者隐匿罪证——3 年以下 ＊情节严重——3~7 年	3/7 式两档刑期
第 310 条　窝藏、包庇罪	＊明知是犯罪的人而为其提供隐藏处所、财物，帮助其逃匿或者作假证明包庇——3 年以下 ＊情节严重——3~10 年	3/10 式两档刑期
第 336 条　非法行医罪	＊未取得医生执业资格，非法行医情节严重——3 年以下 ＊严重损害就诊人身体健康——3~10 年 ＊造成就诊人死亡——10 年以上	3/10 式三档刑期 相应处以罚金

续表

条目和罪名	罪状和量刑	说明
第 347 条　走私、贩卖、运输、制造毒品罪	＊鸦片不满 200 克、海洛因等不满 10 克——3 年以下 ＊情节严重——3~7 年 ＊鸦片 100~1000 克、海洛因等 10~50 克——7 年以上 ＊有（鸦片 1000 克以上、海洛因等 50 克以上或其他毒品数量大的；毒品集团的首要分子；武装掩护；以暴力抗拒检查、拘留、逮捕，情节严重；参与有组织的国际贩毒活动）情形之一——15 年、无期徒刑或死刑	3/7+15 式四档刑期相应处以罚金
第 348 条　非法持有毒品罪	＊非法持有鸦片 200~1000 克、海洛因等 10~50 克或其他毒品数量较大——3 年以下 ＊情节严重——3~7 年 ＊非法持有鸦片 1000 克以上、海洛因等 50 克以上或其他毒品数量大——7 年以上或无期徒刑	3/7 式三档刑期相应处以罚金
第 358 条　组织卖淫罪	＊组织、强迫他人卖淫——5~10 年 ＊情节严重——10 年以上或无期徒刑	5/10 式两档刑期相应处以罚金
第 359 条　引诱、容留、介绍卖淫罪	＊引诱、容留、介绍他人卖淫——5 年以下 ＊情节严重或引诱不满 14 周岁的幼女卖淫——5 年以上	5 式两档刑期相应处以罚金
第 382 条　贪污罪	国家工作人员利用职务上的便利，侵吞、窃取、骗取或以其他手段非法占有公共财物；受国家机关、国有公司、企业、事业单位、人民团体委托管理、经营国有财产的人员，利用职务上的便利，侵吞、窃取、骗取或以其他手段非法占有国有财物： ＊数额较大——3 年以下 ＊数额巨大——3~10 年 ＊数额特别巨大——10 年以上或无期徒刑 ＊数额特别巨大，并使国家和人民利益遭受特别重大损失——无期徒刑或死刑	3/10 式四档刑期相应处以罚没

续表

条目和罪名	罪状和量刑	说明
第384条　挪用公款罪	*国家工作人员利用职务上的便利，挪用公款归个人使用，进行非法活动的，或者挪用公款数额较大、进行营利活动的，或者挪用公款数额较大、超过3个月未还——5年以下 *情节严重——5年以上 *挪用公款数额巨大不退还——10年以上或无期徒刑	5+10式三档刑期
第385条　受贿罪	*国家工作人员利用职务上的便利，索取他人财物的，或者非法收受他人财物，为他人谋取利益；国家工作人员在经济往来中，违反国家规定，收受各种名义的回扣、手续费，归个人所有： *数额较大——3年以下 *数额巨大——3~10年 *数额特别巨大——10年以上或无期徒刑 *数额特别巨大，并使国家和人民利益遭受特别重大损失——无期徒刑或死刑国家工作人员的近亲属或者其他与该国家工作人员关系密切的人，通过该国家工作人员职务上的行为，或者利用该国家工作人员职权或者地位形成的便利条件，通过其他国家工作人员职务上的行为，为请托人谋取不正当利益，索取请托人财物或者收受请托人财物： *数额较大——3年以下 *数额巨大——3~7年 *数额特别巨大——7年以上	3/10式四档刑期相应处以罚没 3/7式三档刑期相应处以罚没
第389条　行贿罪	为谋取不正当利益，给予国家工作人员以财物；违反国家规定，给予国家工作人员以财物，数额较大的，或者违反国家规定，给予国家工作人员以各种名义的回扣、手续费： *对犯行贿罪——5年以下 *因行贿谋取不正当利益，情节严重的，或者使国家利益遭受重大损失——5~10年 *情节特别严重的，或者使国家利益遭受特别重大损失——10年以上或无期徒刑	5/10式三档刑期相应处以罚没

续表

条目和罪名	罪状和量刑	说明
第395条 巨额财产来源不明罪；隐瞒境外存款罪	国家工作人员的财产、支出明显超过合法收入，差额巨大的，可以责令该国家工作人员说明来源，不能说明来源 *差额部分以非法所得论——5年以下 *差额特别巨大——5~10年	5/10式两档刑期 *国家工作人员在境外的存款，应当依照国家规定申报。数额较大、隐瞒不报——2年以下
第397条 滥用职权罪；玩忽职守罪	*国家机关工作人员滥用职权或者玩忽职守，致使公共财产、国家和人民利益遭受重大损失——3年以下 *情节特别严重——3~7年	3/7式两档刑期

3. 从轻、减轻或者免除刑罚的归纳

在法律实务中，辩护律师常常依据《刑法》中有关从轻、减轻或者免除刑罚的规定，进行罪轻辩护。但是，这些规定比较零散。有可以从轻或者减轻的，有可以减轻或者免除的，有可以从轻、减轻或者免除的；有应当从轻或者减轻的，有应当减轻或者免除的，有应当从轻、减轻或者免除的。为了减轻记忆的负担，可以通过图示将这些规定予以归纳（如图5-1所示）。

4. 有关缓刑的归纳

缓刑的适用条件（《刑法》第72条）：

（1）对于被判处拘役、三年以下有期徒刑的犯罪分子；

（2）符合犯罪情节较轻、有悔罪表现、没有再犯罪的危险、宣告缓刑对所居住社区没有重大不良影响等条件的，可以宣告缓刑；（法院向被告所在地司法部门发函，请求进行非监禁刑审前社会调查）

（3）对其中不满18周岁的人、怀孕的妇女和已满75周岁的人,应当宣告缓刑。

（二）程序法咨询要点

1. 辩护人会见犯罪嫌疑人、被告人

（1）辩护人的责任是根据事实和法律，提出犯罪嫌疑人、被告人无罪、罪轻或者减轻、免除其刑事责任的材料和意见，维护犯罪嫌疑人、被告人的诉讼权利和其他合法权益。

（2）辩护律师在侦查期间可以为犯罪嫌疑人提供法律帮助；代理申诉、

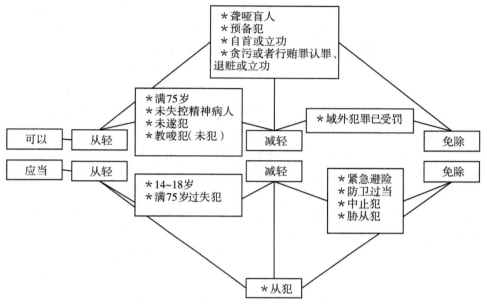

图 5-1 从轻、减轻或者免除刑罚的情形

控告；申请变更强制措施；向侦查机关了解犯罪嫌疑人涉嫌的罪名和案件有关情况，提出意见。

（3）辩护律师可以同在押的犯罪嫌疑人、被告人会见和通信。其他辩护人经人民法院、人民检察院许可，也可以同在押的犯罪嫌疑人、被告人会见和通信。

（4）辩护律师持律师执业证书、律师事务所证明和委托书或者法律援助公函要求会见在押的犯罪嫌疑人、被告人的，看守所应当及时安排会见，至迟不得超过 48 小时。辩护律师会见在押的犯罪嫌疑人、被告人，可以了解案件有关情况，提供法律咨询等；自案件移送审查起诉之日起，可以向犯罪嫌疑人、被告人核实有关证据。辩护律师会见犯罪嫌疑人、被告人时不被监听。

2. **辩护律师的调查取证**

（1）辩护律师自人民检察院对案件审查起诉之日起，可以查阅、摘抄、复制本案的案卷材料。其他辩护人经人民法院、人民检察院许可，也可以查阅、摘抄、复制上述材料。

（2）辩护人认为在侦查、审查起诉期间公安机关、人民检察院收集的证明犯罪嫌疑人、被告人无罪或者罪轻的证据材料未提交的，有权申请人民检察院、人民法院调取。

（3）辩护人收集的有关犯罪嫌疑人不在犯罪现场、未达到刑事责任年龄、属于依法不负刑事责任的精神病人的证据，应当及时告知公安机关、人民检察院。

（4）辩护律师经证人或者其他有关单位和个人同意，可以向他们收集与本案有关的材料，也可以申请人民检察院、人民法院收集、调取证据，或者申请人民法院通知证人出庭作证。辩护律师经人民检察院或者人民法院许可，并且经被害人或者其近亲属、被害人提供的证人同意，可以向他们收集与本案有关的材料。

（5）审查是否存在非法收集证据的情况。采用刑讯逼供等非法方法收集的犯罪嫌疑人、被告人供述和采用暴力、威胁等非法方法收集的证人证言、被害人陈述，应当予以排除。收集物证、书证不符合法定程序，可能严重影响司法公正的，应当予以补正或者作出合理解释；不能补正或者作出合理解释的，对该证据应当予以排除。在侦查、审查起诉、审判时发现有应当排除的证据的，应当依法予以排除，不得作为起诉意见、起诉决定和判决的依据。

3. **办理取保候审**

根据《刑事诉讼法》第65条的规定，人民法院、人民检察院和公安机关对有下列情形之一的犯罪嫌疑人、被告人，可以取保候审：（1）可能判处管制、拘役或者独立适用附加刑的；（2）可能判处有期徒刑以上刑罚，采取取保候审不致发生社会危险性的；（3）患有严重疾病、生活不能自理，怀孕或者正在哺乳自己婴儿的妇女，采取取保候审不致发生社会危险性的；（4）羁押期限届满，案件尚未办结，需要采取取保候审的。

人民法院、人民检察院和公安机关决定对犯罪嫌疑人、被告人取保候审，应当责令犯罪嫌疑人、被告人提出保证人或者交纳保证金：

（1）保证人。保证人必须符合与本案无牵连、有能力履行保证义务、享有政治权利，人身自由未受到限制、有固定的住处和收入等条件。辩护律师必须让保证人出于自愿、知情，并知晓法律责任。

（2）保证金。取保候审的决定机关应当综合考虑保证诉讼活动正常进行的需要，被取保候审人的社会危险性，案件的性质、情节，可能判处刑罚的轻重，被取保候审人的经济状况等情况，确定保证金的数额。提供保证金的人应当将保证金存入执行机关指定银行的专门账户。犯罪嫌疑人、被告人在取保候审期间未违反《刑法》第69条规定的，取保候审结束的时候，凭解除取保候审的通知或者有关法律文书到银行领取退还的保证金。

4. **刑事强制措施、公安机关侦查、检察院审查起诉的时限**

详见图5-2所示。

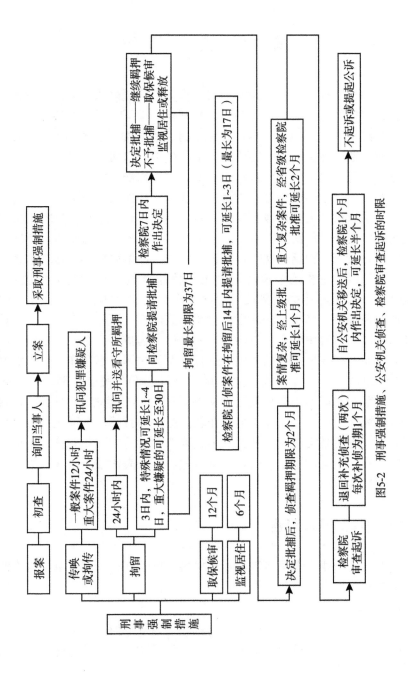

图5-2 刑事强制措施、公安机关侦查、检察院审查起诉的时限

第二节　文书写作

在传统的教学模式下，法律文书写作作为一门选修课，多以文书格式介绍为主，辅以写作技巧说明。在修满学分的利益驱动下，学生往往以背诵文书格式和抽象规则了事，而抛弃法律文书写作的实践本质。很多法官和律师时常惊讶于法学院毕业生在法律文书写作能力上的欠缺，这实际上是反映了法学教育非实用化的问题。那么，如何提高法律文书的写作能力呢？不断地进行法律文书的写作练习，是唯一的途径和方法。从法律写作能力进阶的角度来看，大多要经过一个从模仿他人到形成自我风格的过程。（1）熟练掌握法律文书的基本格式。从广义上讲，法律文书主要包括法官、检察官、律师等法律职业者所需撰写的所有文书。包括诉状、辩护词、合同、调解协议等诉讼与非诉业务文书。在这一阶段，主要是了解法律文书的框架结构，模仿他人的法律写作。（2）初步运用文书写作的实务技巧。熟悉掌握法律基本格式仅仅是写作技能提升的初始条件。法律文书的内在力量源于其内容，而非外在形式。因此，在法律文书的写作过程中，实务技巧的运用显然尤为重要。在这一阶段，就不是纸上谈兵，而是在实务案件的基础上进行真实的法律文书写作。对于法学院学生，需要通过法律实习等形式，能够真正有机会参与民事、刑事、行政等案件，从而了解和掌握不同类型的法律文书写作。（3）培养个性化的写作风格。个性化写作风格的培养是法律文书写作较高层次的目标。个性化的写作风格不是标新立异，也不是突破既定的文书格式要求，而是在不断模仿、反思和创新的过程中，确立独有的视角、逻辑思维方式和语言表达技巧，从而进一步提升法律写作的技能。①

一、文书写作的基本流程

一般而言，法律文书写作需要经过材料收集整理、构思、草拟与修改等阶段。如图 5-3 所示。

---

① 徐晨：《诊所教育模式下的法律文书写作》，载甄贞主编：《方兴未艾的中国诊所法律教育　2002—2004 年诊所法律教育文集》，法律出版社 2005 年版，第 273 页。本节的内容为此文的部分摘录。

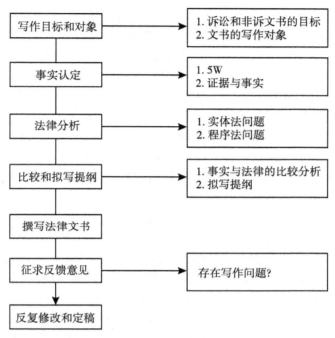

图 5-3　法律文书写作基本流程

以下对法律文书写作的基本流程作系统分析，从而为文书起草者提供整体性的写作思路或者参考框架。

（一）明确文书写作的目标与对象

1. 写作目标

在撰写法律文书时，应当考虑到文书写作的目标，确定写作的目标不仅涉及文书整体内涵的理解，也潜在影响到法律文书的构思与起草。相反，如果在文书写作时漫无目的，那么所写文书则有可能是观点的简单堆砌，成为形式需要的应时之作。一般而言，常见的法律文书主要包括诉讼和非诉讼文书。前者如起诉状、代理词、辩护词等；后者如购销合同、遗嘱、合伙协议等。诉讼文书和非诉文书由于两者性质不同，其写作的目标也有所差异。

（1）诉讼文书的写作目标在于说服对方。在原被告之间的诉讼交锋中，如果说言辞辩论体现了法律人的动之表达，那么诉讼文书则蕴含着法律人的静

105

之唯美。诉讼文书正以其特有的文字力量影响和支配着其受体，其目标在于说服对方。这里"对方"包括法官、陪审员、检察官、对方当事人及代理律师以及其他个体。基于此，撰写诉讼文书应当充分运用事实和法律力量去以理服人，其材料收集整理、构思和写作应紧紧围绕着"说服对方"的中心而展开。

（2）非诉文书的写作目标在于确定权利义务关系。与诉讼文书不同，非诉讼文书的写作目标在于确定法律上的权利义务关系，规避可能的法律风险，以防止法律纠纷的产生。例如，撰写一份购销合同或者合伙协议，其写作目标显然不在于说服任何一方，而在于通过精细的条款来确定双方的权利义务关系。又如，下述某市房管局与个体户方某签订房屋租赁合同，仅因一字之差，就使得双方的法律关系处于不确定状态，而最终诉至法院。

2. 写作对象

在法律文书写作的过程中，需要明确文书写作是写给谁看的，不同的阅读对象会对法律文书有着不同的感受和反应，而最终影响到法律文书的可接受度，即写作对象对法律文书的理解或接受的程度。例如，前述关于 A 公司补办规划审批手续的法律意见书，系某公司对行政机关不予规划审批提出的法律意见，其并不想提起诉讼，而是想提交法律咨询意见来进行沟通解决。在此，文书写作的遣词造句就需要弱化对抗性，甚至可以延伸到法律之外的政策考量上去。从某种意义上来说，写作对象的确定体现了一种换位思考的写作方式。在具体的写作中，试问以下问题：（1）文书读者是谁？（2）该读者使用文书的目的是什么？（3）读者的利益与当事人的利益是否冲突？（4）读者将会在多长的时间内使用该文书（短期或是长期）？（5）读者处于何种职位、时机或者背景等？

（二）事实认定和法律分析

1. 事实认定

法律文书写作必须以相关法律事实的准确认定来作为信息的基础，将案件（包括诉讼案件与非诉案件）的证据材料去伪存真，并摄取其中的有效信息，是撰写法律文书的前提条件。否则，如同空中楼阁一样缺乏可信度。其中，5W 式的事实认定，是对法律事实从 Who、When、Where、What、Why 五个方面进行认定的一般方法。

（1）何人（Who）。在进行事实认定时，需要明确法律关系中的各方主体。在诉讼案件中，各方主体包括原被告、第三人，以及证人等其他诉讼参与人等。在非诉案件中，各方主体包括形成法律关系的双方以及受法律关系潜在影响的主体等，这些都是进行事实认定时所需考虑的问题。

（2）何时（When）。时间的确定在事实认定中具备相当重要的地位。在诉讼案件中，民事案件中的诉讼时效、刑事案件中的刑事责任年龄以及行政案件中的追罚时效等都与时间有着密切的关系。在非诉案件中，民事合同的履行期限、附期限条款约定以及遗嘱的生效等时间要素关系到后续法律关系的确定状态。因此，在事实认定时应当充分注意法律事实的时间性及其对整个案件的作用和影响。

（3）何地（Where）。事实发生在何地是事实认定的要素之一，并以此说明事实发生的真实性。同时，事实或者行为发生地的确定还涉及相关案件的管辖，以及调查取证的合法性。

（4）何事（What）。在确定了主体和时空之后，接下来需要弄清的是主体在既定的时空中如何实施特定的行为。具体而言，可按照以下方式进行描述：①时间顺序；②地理方位；③准备、实施和完成的行为阶段；④主体、工具（或者手段、方法）、行为结果；⑤双方当事人的权利与义务关系。上述列举无法穷尽对何事的描述方式，需要根据案件的不同性质与要求来作出取舍。

（5）为何（Why）。在事实认定中，一般不能仅仅局限于对相关的事实的客观描述，还应当对其中目的与动机以及因果关系予以理性分析，由此提升对案件脉络的把握和法律适用的准确性。

2. 法律分析

法律分析是在事实认定的基础上，结合有关法律、法规，梳理并思考其中所存在的法律问题。在诉讼文书的写作上，法律分析应以双方当事人争议的焦点为中心，通过确凿的事实和法律条款的规定来说明涉诉行为的合法性与合理性。在非诉文书的写作上，法律分析应着重于防患于未然，特别是要针对容易产生歧义的地方，更为精确地运用法律语言来表述，并使之无懈可击。

以下以非诉文书的写作为例来加以说明。某镇公民甲乙丙三人欲合伙承包一渔塘发展养殖业。甲系渔民，有养鱼的经验与技术，但缺少资金投入；乙多年外出打工，有资金投入；丙在家务农，仅有部分资金投入，但其所有的农用拖拉机可作为机器设备投入。现在，三人欲签订一份合伙协议。对此，法律分析的重点在于：（1）合伙协议所设定的权利义务是否体现了各方的要求？（2）合伙协议的条款约定是否完整？例如，合伙期限、出资情况、盈余分配与债务承担、入退伙和出资的转让、禁止行为、合伙的终止以及纠纷的解决等事项；（3）合伙协议与哪些实体法与程序法上的问题相关？（4）合同约定是否违背法律的强制性规定？（5）合同条款是否有错漏或者不一致的地方？（6）假设在合伙合同中未予约定，结合实体法与程序法预测会产生什么法律后果？这些后果能否通过协议或诉讼来解决，以及对各方权利义务的影响如何？

（三）比较分析并拟写提纲

在进行事实认定与法律分析之后，需要注意两个问题：其一，不要简单的堆砌事实材料或法律观点；其二，不要割裂事实认定与法律分析的内在联系。如图5-4，应当从事实和法律上予以比较分析并拟写提纲，即根据现有的证据材料，先确定可能存在的事实或者法律问题，随之提出正反两方面的观点，从不同的角度来对事实与法律进行比较分析，然后评估其可行性，如果存在问题，则须再行调查和分析并修正相应的观点。最后，根据可行性方案拟写提纲。

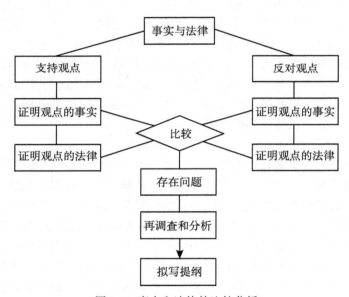

图 5-4　事实和法律的比较分析

以刑事诉讼案件为例，一般在查阅案卷和调查取证的基础上，对与案件有关的所有证据材料进行综合分析，针对检控方指控的罪名、犯罪事实和犯罪构成要件等提出相应的辩护论点，并拟写提纲。在事实方面的比较分析，应注意如下问题：（1）将案件中有关说明被告人主体资格的事实材料予以列示、分析。例如在一起被指控犯有贪污罪的案件中，辩护律师紧紧抓住被告人所在企业的法律性质，从该企业的资金来源、经营管理形式和民事责任的承担等方面认定被告人不符合贪污罪主体要件，最终被高院改判为无罪。（2）将案件中有关说明被告人主观意图或动机的事实材料予以列示、分析。一般来说，可以结合被告人以前的表现，与被害人之间的关系，从案发前、案发过程和案发后三个时段上对被告人的主观心态（故意或过失）加以全程考虑。（3）将案件中有关说明被告人实施涉案行为的事实材料予以列示、分析。主要从是否为被告人所实施和该行为是否达到应受刑罚处罚的严重程度这两上方面来予以把握。（4）将案件中有关被告人自首、立功的事实材料予以列示、分析。（5）如果系共同犯罪，还需说明被告人在其中所处的地位或所起的作用的事实材料予以列示、分析。（6）与起诉书指控的犯罪事实作比较分析，注意是否有错漏之处。

在法律方面的比较分析，主要应当注意检控方指控的罪名是否定性准确，是否符合犯罪构成要件，适用刑罚中有无从轻、减轻或者免除处罚的情节，据此，对整个刑事案件从事实和法律两个方面进行梳理和分析，最终形成无罪或有罪从轻、减轻、免刑的辩护意见。这种辩护意见的可行性一旦确立，即可拟写提纲，为正式撰写法律文书作好准备。

（四）正式撰写法律文书

正式撰写法律文书只不过是上述对事实和法律的归纳总结以及所拟写提纲的系统化表述。在这一阶段，文书写作的基本目标有四个，即格式正确、结构分明、论述清楚简洁和用语恰当。在文书格式上，运用正确的格式来撰写文书是一项基本的写作要求或者是所需达到的目标。初学者可以参照文书资料或者借助文书写作的相关软件来进行，通过反复练习即可将常用的文书格式熟记于心。

在结构安排上，要注意段落与段落之间的衔接以及每一段的层次划分，从而使得整个文书具有逻辑性，让读者能够迅速准确地把握所展示的重点和表述的意图。以刘某诉熊某交通事故赔偿案为例，熊某驾驶机动车和马某驾驶的摩托车发生碰擦导致行人刘某受伤，交通事故责任认定熊某和马某共同承担责任，熊某购买了 A 保险公司的保险，刘某诉至法院，要求法院判令熊某赔偿各项费用和精神损失。熊某提交答辩状的基本架构如下：

（1）被告承担法定的损失赔偿，如医疗费、误工费、护理费等；

（2）依据交通事故责任认定，被告仅赔偿所有费用的一半；

（3）根据与 A 公司签订的保单，相关赔偿费用由保险公司承担；

（4）根据最高人民法院的司法解释，对刘某的损伤不承担精神损害赔偿。

在具体论述上，法律语言的恰当运用最为关键，所提观点的展开论证，必须抓住重点，集中阐述，从而达到重点突出，以点带面的效果。一般来说，在法律语言的运用应注意如下问题：

（1）使用文言文，不合时宜；

（2）使用复杂长句，使人难以理解；

（3）重复用语，显得语言单调乏味；

（4）自造法律用语，尤其值得注意的是在学术界新出现的法律用语，可能在实务界并不通行；

（5）叙述过于文学化，或者类似于新闻文体的写法；

（6）喜好引经据典，特别是当前的法律文书写作多以援引法条加以说明为主，引述专家学者的论文，甚至国外的法学著作需要注意分寸的把握；

（7）文书过长，以致读者看了一半即失去耐心，因此，在文书写作时要注意读者的阅读心态，以使所写的文书更具可接受性；

（8）存在错别字或者计算错误等。

（五）征求反馈意见和修改定稿

在整个法律文书写作流程中，征求反馈意见的主要目的在于通过多种途径来检验文书初稿可能存在的问题。从反馈的主体来看，可从如下方面展开：（1）自我反馈。在写完初稿之后，自己全面地检讨一下所写的法律文书是否存在问题，如果有问题，则需要补充调查或再作分析。（2）指导者的反馈。如果有可能的话，可以让有经验的指导者对所写的法律文书提出意见，以供参考。（3）当事人的反馈。撰写法律文书是服务于当事人的诉求，将文书初稿交给当事人阅读，由其提出意见。（4）其他人的反馈。例如，同学、同事或者其他法律执业者都可以从不同的角度对文书初稿提出自己的看法。

一篇法律文书佳作无不经过作者的反复修改与润饰，特别是对于初学者而言，修改文书可能是一项枯燥乏味的工作，但对法律文书写作技能的提升却大有裨益。经过上述一系列修改、检查工作之后，即可打印定稿。

二、提高文书写作技能的一般方法

对于初学者来说，成案摘要、佳作欣赏和模仿写作是必不可少的。成案摘要注重培养从原始资料中简练而准确地获取法律信息的能力，包括事实认定和法律适用的分析和摘要总结，这种能力实际上是一个概括总结的语言能力，即如何用简洁和明确的方式来表达思想的能力。佳作赏析是以他人的作品为参照，来反思自己的法律写作能力，其关键在于发现自己写作和别人写作之间的差异和距离以及背后的原因。模仿写作是在成案摘要和佳作欣赏的基础上，以真实的案件为背景，参照既定的格式来撰写法律文书，并根据反馈意见进行修改。

（一）成案摘要

众所周知，法律文书写作的核心在于将案件所涉及的事实与法律予以提炼，明确己方观点，并运用法律语言清晰有力地表达出来。由此，对于成案的有关事实和法律问题的摘要训练是提高法律文书写作技能的有效途径之一。很多到法院和检察院实习的学生，会发现法官或者检察官最开始的工作就是对某一法律案卷的阅卷工作，而阅卷工作实际上就需要成案摘要上的语言概括能力，也构成了后续裁判文书写作的基础。

以下仅以方某诉某市房管局的房屋租赁纠纷案为例，对成案摘要加以说明。某市房管局与个体户方某于×年×月×日签订了一份房屋租赁合同。由于双方对有关租金支付的合同条款的理解存在分歧，因而产生法律纠纷。某市房管局认为租金是年 36 万元，而方某却认为租金是每年 12 万元，三年租期共计 36 万元。同时，原、被告双方出示了各自的合同文本。原告方某提供的合同约定："租金 36 万元整"，而被告某市房管局所提供的合同中却约定："年租金 36 万元整。"本案经过一审、二审后，原告方某败诉。而方某对终审判决仍然不服，决定予以申诉。案卷材料包括：（1）房屋租赁合同文本（两份）；（2）证人证言和调查笔录；（3）有关证明、报告和单据资料；（4）民事诉状若干份；（5）一审、二审民事判决书；（6）新闻报道资料以及其他证据材料；（7）其他材料。

通过对案卷材料的短时间阅读，在规定时间内撰写本案的事实摘要和法律摘要，是成案摘要的基本工作。在事实摘要方面，摘要内容包括基本案情的概括、有利证据和不利证据的要点列示、双方争议焦点的分析总结以及自己对事实认定的观点等。在法律摘要方面，摘要内容包括涉及案件的《合同法》以及其相关法律条款的摘要、案件一审、二审程序的基本情况说明、有关法律适用问题的分析总结以及自己对法律适用的观点等。

（二）佳作赏析

娴熟的法律文书写作技能并非一朝一夕所能成就的，作为提高写作技能的的途径之一，佳作赏析要求多看多读较为优秀的法律文书，对其语言风格、遣词造句等各方面进行分析和总结。其要点包括：（1）综合评估该文是否具有说服力？是否给人以深刻生动而不单调刻板的印象？（2）该文的层次结构分为几大部分？每一部分的开头与结尾的设计安排？各部分之间是如何衔接的？结构是否严谨慎密，层次分明？（3）该文是如何组织证据材料对所持观点加以论证？是否观点明确和论证有力？是否做到以理为骨，以事为肉，事实与法理的有机结合？所持观点与运用证据材料的论证说明是否存在矛盾？（4）是否突出重点，论事说理有无针对性？（5）分析论证所持观点，是否具有较强的逻辑性？（6）该文在语言运用上，是否做到"法人法语"？语言是否精确、简洁？语言运用是否具有逻辑性？语言风格如何？语言运用是否恰当？语言是否过激？语句是否过于冗长？是否存在病句或错别字？

（三）模仿写作

在模仿写作的过程中，一般选定与佳作（比如民事代理词、刑事辩护词等）相关的成案，先模仿佳作的写作风格进行写作。

1. 诉状和答辩状的对比

根据相关证据材料，模拟撰写诉状和答辩状。然后，再和案件中的原稿进行比对和找出问题。很多实习学生自认为诉状或者答辩状很容易写，但是，自己亲手写又会出现诸多错误。例如，有的格式不符合要求，有的语言口语化或者不够准确和简练，有的观点有错漏或者没有侧重的区分，有的引用法律条款错误等。

2. 原被告的代理或者辩护意见对比

根据诉状、答辩状和双方的证据材料来代理或者辩护意见，写完后，与案件中的原稿进行比较，看看和别人写的不同之处及其原因所在。很多实习学生往往不能找到案件的争议焦点，不能有效和综合地分析支持己方观点的证据和不利证据，代理词和辩护词激情有余而理性不足，结构混乱和层次不清等。

3. 裁判文书和其他诉讼文书的模拟写作

在上述基础上，模拟写作判决书或者裁定书，了解其格式和把握其语言表达。尤其是注意对事实认定、证据的分析以及判决理由说明。如果有兴趣的话，还可以尝试填写应诉通知、开庭通知、庭审记录、送达回证等。

第六章 法律实习技能：质证与庭审辩论

第一节 质 证

在完成调查取证之后，需要将证据整理归类和列示标签，对证据的真实性、合法性和关联性予以整体评估，为质证做好准备。在刑事诉讼中，《刑事诉讼法》、《最高人民法院关于适用〈中华人民共和国刑事诉讼法〉的解释》（法释〔2012〕21 号）等司法解释对证据规则作了规定；在民事诉讼中，《民事诉讼法》、《最高人民法院关于适用〈中华人民共和国民事诉讼法〉的解释》（法释〔2015〕5 号）等司法解释对证据规则作了规定；在行政诉讼中，《行政诉讼法》、《最高人民法院关于行政诉讼证据若干问题的规定》（法释〔2002〕21 号）等司法解释对证据规则作了规定。

一、证据分析

（一）证据评估

1. 真实性评估

真实性评估是对证据是否客观存在进行分析，所关注的重点是证据的本身、证据与证人以及其他证据之间的关系。一般可以从如下方面展开：

（1）出证时间：对周翁、周校峰两份证据，被告询问周翁的地点在君召乡派出所，询问结束时间为 2005 年 3 月 1 日 16 时 10 分；询问周校峰的地点在周校峰本人家中，询问开始时间为 2005 年 3 月 1 日 16 时 35 分，询问人相同。因两被询问人相距较远，且属山路，驾车不可能在 25 分钟内从派出所赶到周校峰家中，故周翁、周校峰两份证据缺乏真实性，本院不予采信。①

（2）证人与诉讼当事人的关系：关于证据1和证据2，王某与易蔚明系同专业的校友，其证言缺乏中立性，且其证言内容属于传来证据，无其他证据佐证，本人又未出庭作证，不能单独作为认定事实的依据。关于证据3和证据4，苏某系易蔚明公司的员工，与易蔚明有直接利害关系，其证言缺乏中立性，且其本人未出庭作证，不能单独作为认定事实的依据。② 还有存在亲属关系的情况，对于被告冯某出示的证人证言，因无其他证据相印证，且证人冯林、冯金龙与被告冯某系亲属关系，证人证言缺乏证明力，本院不予采信。③

（3）加盖印章：原告证据三，即承德金隅有限责任公司收货单2页4份，该证据没有加盖公司印章，被告亦予以否认证据的真实性，本院不予采信。④对原告举示的2号证据中出院证虽然被告认为未加盖相关医疗机构的印章缺乏真实性，但该组证据之间能相互印证，形成证据锁链，证明案件的事实，本院予以采信。⑤

（4）音像证据与证人出庭：原告提供的王某录音，因王某未能出庭作证，证据缺乏真实性，本院不予采信。⑥

（5）音像证据的司法鉴定：被告代理人主张银行对账单、通话录音及手机短信证据缺乏真实性，因未能提供证据证明，且明确表示不申请司法鉴定鉴定真伪，故本院不予支持。⑦

（6）自行委托和法院委托：原告自行委托检测，各被告均未在场，对于被检测房屋室内环境及通风的情况是否达到检测部门的要求缺乏真实性，故原

---

① 王志勋诉登封市公安局公安行政处罚纠纷案，河南省登封市法院（2005）登行初字第24号行政判决书。

② 易蔚明与中国土产畜产云南茶叶进出口公司、中国茶业有限公司商标合同纠纷申请再审案，最高人民法院（2015）民申字第2385号民事裁定书。

③ 王某诉冯某离婚纠纷案，内蒙古自治区科尔沁左翼中旗人民法院（2016）内0521民初第2525号民事判决书。

④ 高志聪与被告孙卫东运输合同纠纷案，河北省承德市鹰手营子矿区法院（2017）冀0804民初第234号民事判决书。

⑤ 谭德兰诉何玲等生命权、健康权、身体权纠纷案，重庆市铜梁区法院（2014）铜法民初字第01280号民事判决书。

⑥ 亿达建筑材料商店诉孙永国劳动合同纠纷案，辽宁省大连市中院（2014）大民五终字第2号民事判决书。

⑦ 严伢与刘仲超民间借贷纠纷案，河北省滦县法院（2015）滦民初字第307号民事判决书。

告提供的此证据缺乏真实性,不予采信。相反,被告德福公司提供的证据
2005 年 12 月 22 日的检测报告,该检测系经法院委托,且各方当事人均在场,
对房屋内的环境及封闭的情况均认可,故此检测结果真实合法且与本案诉争的
事实具有关联性,予以采信。①

(7) 证据之间不一致:证据五房产局查询单,内容载明:阜阳市颍泉区中
市办胜利北路图书馆综合楼 207 室,房屋产权人是张某某,身份证号××××,
与刘某某起诉状书写的张某某的身份证号不一致,不能证明是同一人,结合庭
审查明,刘某某自述,该份证明上张某某身份证号是其告知的,故证据缺乏真
实性,不予认定。②

(8) 复印件:证据 2 系复印件,证据缺乏真实性,不予认定。③ 该证据无
原件和其余证据相印证,而且该证据只有签名无原告捺印,其证据缺乏真实
性。④ 致嘉公司及美峰公司对证据 5 的真实性、合法性、关联性均有异议,认
为该证据系复印件,真实性无法判断。本院审查后认为,该证据虽系复印件,
但其内容能够与致嘉公司提供的证据《产品购销合同》以及本案的其他证据
相互印证,共同证明美峰公司系涉案装置的制造商,故对该证据本院予以确
认。⑤

(9) 无签名:原告提交的证据一所记载的内容真实有效,但是原告提交
的该份证据较其在 2009 年第一次起诉桑士军和杨志华时所用的欠条在落款处
缺少了杨志华的署名,原告又无法解释其原因,故整份证据缺乏真实性,故本
院不予采信。⑥

---

① 王志刚与兰信杰等环境污染损害赔偿纠纷案,天津市第二中院 (2006) 二中民四
终字第 479 号民事判决书。

② 刘某某与张某某民间借贷纠纷案,安徽省阜阳市颍泉区法院 (2014) 泉民一初字
第 00134 号民事判决书。

③ 张玉峰与鄂尔多斯市宝泰鑫置业有限责任公司劳动争议纠纷案,内蒙古鄂尔多斯
市东胜区法院 (2014) 东民初字第 2759 号民事判决书。

④ 赵树光与马品良民间借贷纠纷案,云南省保山市隆阳区法院 (2015) 隆民初字第
01562 号民事判决书。

⑤ 浙江天煌科技实业有限公司与济南致嘉经贸有限公司、浙江美峰教育科技有限公
司侵害实用新型专利权纠纷案,浙江省杭州市中院 (2015) 浙杭知初字第 547 号民事判决
书。

⑥ 李长生与桑士军买卖合同纠纷案,承德市鹰手营子矿区法院 (2013) 鹰民初字第
391 号民事判决书。

（10）伪造签名：被申请人提供的送货单上"邓兴科"的签名系他人伪造；被申请人提供的送货单均没有申请人邓琴、邓兴科的签字，证据缺乏真实性。[1]

（11）笔误：该证据注明调查时间为 2010 年 1 月 28 日，而被告签名的时间为 2001 年 1 月 28 日，应当是笔误所致，证据具备真实性。[2]

（12）证人拒不到庭：《最高人民法院关于适用〈中华人民共和国民事诉讼法〉的解释》（法释〔2015〕5 号）第 110 条规定，负有举证证明责任的当事人拒绝到庭、拒绝接受询问或者拒绝签署保证书，待证事实又欠缺其他证据证明的，人民法院对其主张的事实不予认定。

（13）单位的证明材料：《最高人民法院关于适用〈中华人民共和国民事诉讼法〉的解释》（法释〔2015〕5 号）第 115 条规定，单位及制作证明材料的人员拒绝人民法院调查核实，或者制作证明材料的人员无正当理由拒绝出庭作证的，该证明材料不得作为认定案件事实的根据。

（14）证人的作证能力：提供书面证明的人不识字，且无其他人在场证明；或者证人无民事行为能力。

2. 合法性评估

合法性评估是以证据在内容和形式上是否符合法定要求来分析各项证据的预期价值和潜在风险。一般可以从如下方面展开：

（1）限制人身自由：原告为证明刘金荣拖欠其劳务费的事实，提供自行书写的记录，和刘金荣在受到限制人身自由的情况下书写的欠条。该证据缺乏合法性，本院均不予采信。[3]

（2）受胁迫：证人黄某的证言尚不足以证明沈雄伟系在受胁迫的情况下与孙永坚签订案涉还款协议，对该证人证言的证明力不予认定。[4]

（3）票据的法定要求：由于原告提供的事故双方车辆的评估费票据非国

---

①　四川省宜宾县石城山清泉水开发有限公司与邓兴科、邓琴返还原物纠纷案，云南省高级人民法院（2016）云民申第 120 号民事裁定书。

②　陈某某诉韦某民间借贷纠纷案，广西壮族自治区融水苗族自治县法院（2010）融民一初字第 126 号民事判决书。

③　王云标与刘金荣、张丽萍民间借贷纠纷案，三门峡市湖滨区法院（2015）湖民初字第 02976 号民事判决书。

④　孙永坚与沈雄伟合同纠纷案，浙江省杭州市中院（2015）浙杭商终字第 1763 号民事判决书。

家规定的正式税收发票，故对两车的评估费因证据缺乏合法性本院不予以支持。①

（4）出庭作证的法定要求：4号证据不符合证人应当出庭作证的规定，缺乏合法性，其证明力不予认定。②

（5）超过举证期限：对证据5、6均已经超过举证期限，不予质证。③

（6）非法取证：光盘系视听资料，应当有其他资料辅助证明，而录音系原告偷录，证据来源不合法，不能作为定案依据。④《最高人民法院关于适用〈中华人民共和国民事诉讼法〉的解释》（法释〔2015〕5号）第106条规定，对以严重侵害他人合法权益、违反法律禁止性规定或者严重违背公序良俗的方法形成或者获取的证据，不得作为认定案件事实的根据。

（7）证据不符合行政法上的法定要求：证据8，不具备合法性、真实性，并非合法立项文件；证据13，该拆迁许可证已被生效判决确认违法，不得作为证明被诉行政行为合法的证据，不具有合法性。⑤

（8）证据不符合相关法定要求：证据一至证据三形成均不合法，未经过村民代表大会决议，是无效的。⑥

（9）非法证据：关于被告人胡某所提其供述系在被诱供、威胁、疲劳审讯等情形下所作及辩护人所提存在变相刑讯逼供、外提讯问、取证程序违法等情形下的意见，本院认为，侦查机关在审讯过程中虽对被告人施加了一定的压力，但根据被告人胡某当庭所述及对审讯录音录像的审查，所取得的被告人供述并不符合非法证据排除规定，也无相应证据证实被告人胡某的供述系

---

① 杜佳与中国人民财产保险股份有限公司滦县支公司财产保险合同纠纷案，河北省滦县法院（2013）滦民初字第5991号民事判决书。

② 徐修章诉徐修珍等人土地承包经营权案，贵州省务川仡佬族苗族自治县法院（2014）务民初字第571号民事判决书。

③ 莫少梅与广州市台安鞋业有限公司劳动争议案，广东省广州市中院（2016）粤01民终第5452号民事判决书。

④ 王某与郝某离婚纠纷案，辽宁省铁岭县法院（2015）铁县民三初字第00083号民事判决书。

⑤ 马玉树与杭州市人民政府行政强制案，浙江省杭州市中院（2014）浙杭行初字第33号行政判决书。

⑥ 凌素华与富阳市东洲街道新沙村村委会以及经济合作社侵犯集体经济组织成员权益纠纷案，浙江省杭州市中院（2013）浙杭民终字第532号民事判决书。

非法证据。①

3. 关联性评估

关联性评估是分析各项证据与本案之间相关性，一般可以从如下方面展开：

（1）合法性与审理范围：周云霞对房屋征收决定合法性提出的异议，不属本案审理范围。②

（2）原告第 3 组证据未载明拍摄时间、拍摄地点、拍摄人，不能证明与本案有直接关联，达不到原告证明目的，本院依法不予确认。③

（3）案外人行为或者事实：证据 13 系案外人之间的银行款项往来，与本案缺乏关联性，本院不予确认。④

（4）相关案例：汇威达公司认为逾期交房违约金应参照其提交的生效判决，原告认为我国并非判例法国家，另案中作出的生效判决书对本案没有约束力。本院认为，因汇威达公司提交的（2015）佛中法民三终字第 896 号民事判决书，与本案不具有关联性，故不作为本案的定案依据。⑤

（二）证据的采信

在哲学意义上，存在一种客观事实，即事物发生和发展的客观存在，其表现为绝对的真实性和准确性。但是，这种客观事实只能趋于接近，而不可能完全重现。无论是法官、陪审员，还是检察官或者律师，都是从不同的视角依赖不完全的证据材料来看待案件事实，即由不同的证据建构起来的经验事实，这些证据符合法定的标准，而最终被法官所采信的事实。

在法律实务上，证据数量的多寡在有的时候会影响到法官或者陪审员的事实判断。以因殴打致人伤害的刑事案件为例，如表 6-1 所示。检控方和被告方在证据比较上是一种对立竞争的关系，检控方列举不同类型的证据来将整个案

---

① 胡某受贿罪案，浙江省海盐县法院（2014）嘉盐刑初字第 178 号刑事判决书。

② 周云霞与上海市虹口区人民政府、上海市人民政府再审案，最高人民法院（2016）最高法行申第 3567 号行政裁定书。

③ 谭万勇与金沙县公安局交通警察大队公安行政管理案，贵州省大方县法院（2016）黔 0521 行初第 35 号行政判决书。

④ 钟某某因与被徐某民间借贷纠纷案，浙江省杭州市中院（2011）浙杭商终字第 01239 号民事判决书。

⑤ 梁洁红与佛山市汇威达电力科技产业园开发有限公司商品房预售合同纠纷案，广东省佛山市中院（2016）粤 06 民终第 5372 号民事判决书。

情描述为被告方实施某个犯罪行为，相反，被告方的辩护律师则需要从相对的方面来列举反驳证据，而将整个案情描述为正当防卫。双方所阐述的不同事实都需要不同类型的证据以及数量比较关系的支持。一般来说，哪一方获得了证据上的比较优势，则所阐述的事实更加容易被法官或者陪审人员接受。除了证据的数量之外，证据本身的性质也对证据的证明力产生直接影响，即法官会根据不同的证据类型及其性质来决定证据在认定事实上的权重。以上述例子来说，检控方提供法定机构出具的鉴定材料，相对于被告方提供的证人证言，就具有更高的证据权重。也就是说，鉴定结论认定为轻伤或者重伤，对于刑事罪名的成立与否起着关键性的作用。因此，法官在通过证据材料来进行事实认定时，是综合分析证据的内容，结合证据的数量和权重来确定一方证据上的比较优势然后，再依据法律规定作出裁判。从律师角度来看，证据的数量和权重主要受到两个方面因素的影响：（1）我国刑事、民事或者行政诉讼的证据规则的限制；（2）法官的司法裁量，即在证据规则没有规定或者规定较为模糊时，法官根据其司法经验作出的裁量性判断。

表 6-1

检控方	
事实：	检控证据：
描述为犯罪行为	A 物证和书证各 1 份
	B 证人证言 3 份
	C 鉴定材料 1 份
被告方	
事实：	反驳证据：
描述为正当防卫	A 书证 2 份
	B 证人证言 1 份
	C 视听资料 1 份

在概率论与证据的采信上，英国数学家托马斯·贝叶斯（Thomas Bayes，1702—1761）证明，从常规概率的公理中推导出来的公式：

O_G = 有罪或有责任的几率

$O_{G/E}$ = 已知有新证据（E）的情况下，有罪或有责任的几率

$P_{E/G}$=假设该人有罪或有责任，获得有关证据的概率

$P_{E/notG}$=假设该人无罪或无责任，获得有关证据的概率

公式为：

$$O_{G/E}=P_{E/G}/P_{E/notG}\times O_G$$

该公式表明，证据被采信之后有罪或有责任的几率，是由假设该人有罪或有责任情况下获得证据的概率，与假设该人无罪或无责任情况下获得证据的概率之间的关系所决定的。换言之，从先前的责任几率评估演进到一个按照新证据进行的评估，要求先前的评估要由审讯中所提出的证据之可能性来加以修正，即假设该人有责任所提供证据的可能性与假设该人无责任所提供证据的可能性进行比较。① 这种称为贝叶斯定理（Bayes Theorem）的数学定理提供了一种严格的方法，即把某人对一个事件之概率的评估与有关事件的新证据结合起来，以对该事件的概率形成一个新的评估。也就是说，在司法的证明过程中，证据的获取和分布的概率最终导致法官或者陪审人员对某一法律事实的认定。

（三）证据与事实认定

主流的现代主义者通常认为知识是基于一种被声称的本质或者核心的真理，这种本质主义观念驱使我们去发现和思考事物背后所隐藏的永恒不变的东西。通过社会教育和文化上的累积，人们逐渐习惯于一种既定的思维模式，即在看待事物或者分析问题时所采取的一元取向和中心结构。然而，这种观念在心理学上是受到某些质疑的，墨顿·亨特（Morton·Hunt）在其所写《心理学的故事》一书中指出，观测视角的不同会影响我们对图象意义的解释。如果要求你对图 6-1 做一个简单的描述，你是把她描述为一个令人生厌的巫婆，还是看作一个楚楚动人的少妇呢？哪一种反映了客观的事实呢？

两种截然不同的解释反映了人们从不同视角来观测图案，而获得了不同意义的认识。如果将这种比较扩展到诉讼中的事实认定，就和后现代主义的某些观点相契合了。按照后现代主义者的理解，所谓本质或者核心是将一种意见确立为主流标准，而压制其他的不同声音而已。就好比如果将图像所反映的客观

---

① ［美］罗纳德·J. 艾伦等：《证据法：文本、问题和案例》，张保生等译，高等教育出版社 2006 年版，第 202 页。

图 6-1 巫婆或者少妇①

事实认定为少妇，那么视为老巫婆就是被边缘化的事实主张。

当各项证据搜集完成后，只是获得了有关案件事实的"碎片"，如何将这些"碎片"连接成一个完整的有说服力的事实呢？一般而言，在向别人说明一个事件的时候，需要注意六个基本问题：（1）谁？即事件的主体——个人或者组织；（2）什么时候？即事件发生的时间；（3）什么地方？即事件发生的地点；（4）什么？即事件发生的情况；（5）怎么样？即事件发生的过程；（6）为什么？即事件发生的原因。当然，这只是告诉别人某个事件的基本方法，而向法庭阐述某一法律事实则是不同的，其主要原因在于：第一，确定法律事实的目的是要进一步确定各方的权利义务关系及其法律责任，法律事实必须和法律规定的要件相符合。例如，在刑事案件中，犯罪事实往往与犯罪的构成要件相联系，犯罪事实的阐述直接关系到罪与非罪或者量刑轻重的问题。第二，向法庭阐述法律事实是一个证明的过程，作为律师不仅仅是讲述事实，更为重要的是要法官或者陪审人员去相信自己阐述的事实。

美国学者杰罗姆·布鲁诺认为发现事实有两种基本的思维模式——例证的和叙述的模式，其指出："事实的发现者——法官、陪审人员、行政官员——

① 这个经典图案是 1930 年由波林发明的，如何理解这一图案取决于人们观测的视角，它可以是一个老巫婆的侧面，也可以是脸稍稍转向后面的一位少妇。

都不是所争议事件的第一手观察者，他们必须重新建构事实——"真正发生了什么事情"——建立在目击证人的证词和律师的辩论意见的基础之上。根据这些阐述，他们对真正发生了什么事情作出各自的结论。例证的和叙述的思维之间的区分有助于理解事实发现者是如何参与这个建构过程的。……法律辩论主要是以例证思维模式为框架的，法律、案例法或者行政规章为在一个特定案件中寻找"事实"提供了一个组织结构，他们阐明某一主张或辩解所必需的原则，并且律师们通过出示证据来证明其主张，而这些证据支持了所要求的原则。……但是，思维并不限于例证的模式，例证思维主要地表达了我们自身的理性部分，叙述性思维不仅试图说明我们理性的一面，而且还展示了我们情绪的、非理性的、神秘的、欲求的、喜爱与憎恨的部分。它通过以故事为背景建构事实的方式来做到这一点，不像例证的思维以一般原则来确定某种情形中的"事实"，叙述性思维则是将事实放在一个特别故事的情境之中，并赋予其特定的"意义"。①

　　上述观点实际上说明了法官或者陪审人员在发现事实的过程中所表现出理性和非理性的特点。在理性层面，法官和陪审人员将各项证据视为组成事实的零件，并以科学和实证的态度来尽可能地还原或者重构事实。在此，他们注重证据的客观性、证据之间的关系，以及由证据推论事实的逻辑等方面；在非理性层面，法官和陪审人员则有可能基于直觉或者情感等因素来作出事实判断。他们不是输入证据就可以输出事实的机器，他们的直觉和想象会超越证据本身，而一个有说服力的故事可以唤醒他们潜在的情感。当然，这些不会在事实认定的过程中直接表现出来，而是以间接的方式来影响着他们的判断。从这一思路展开，美国学者克里格总结了三种组织事实的方法与模式②：

　　1. *法律原则模式*（the legal elements model）

　　在这一模式中，律师将法律规范适用到事实之中，在法律规范的背景下组织事实包括三个阶段：首先，确认支持某一诉求或者辩解的法律原则，这些法律原则为认定事实提供一个法律的框架；其次，作为事实性主张来重述这些法

---

　　① ［美］斯蒂芬·H. 克里格、小理查德·K. 诺伊曼：《律师执业基本技能——会谈、咨询、谈判和令人信服的事实分析》，中信出版社 2003 年版，第 133 页。

　　② ［美］斯蒂芬·H. 克里格、小理查德·K. 诺伊曼：《律师执业基本技能——会谈、咨询、谈判和令人信服的事实分析》，中信出版社 2003 年版，第 11 章、第 12 章和第 13 章。

律原则，即在案件事实背景下表达每一个法律原则，而法律和司法判例提供了你需要证明的要求；最后，在此基础上，排列支持各自主张的事实证据决定是否达到初步认定事实的要求。简单地来说，法律原则模式是法律和判例所设定的标准和要求来阐述事实。

2. 时间次序模式（the chronological model）

时间次序模式是根据事实发生的时间顺序来阐述事实。这一模式是基于某种事实构成在时间上的因果关系，将事实过程按照先后次序展现出来。运用这种方法来阐述事实有助于：（1）清楚地了解在特定时期内事实发生的次序；（2）及时发现列示内容中顺序排列的错乱和空缺；（3）为出庭应诉提供的法律结构；（4）实现事实调查或者案件管理方案的时间控制以及其他效率目标。

与法律原则模式不同，时间次序模式的运用不需要太多地对法律规范的解释，其建立在事实本身的基础之上，只是作了简化和条理化的安排。因而，对于陪审人员或者旁听审判的公众来说，这种模式更加容易被接受。

3. 故事模式（the story model）

故事模式则是通过向法官或者陪审人员讲述故事来认定事实，或者借此传递对事实认定的观点。这一组织事实的模式侧重于挖掘证据和事实背后的意义。它通过强调某些事实，弱化或者过滤掉某些事实来实现意义的凸显，同时，以特定的方式阐述事实或者以强化特定的细节来影响事实认定的结果。故事模式往往给予法院或者陪审人员以整体的印象，强调从细节中发现原因和动机等事实认定的关键点。在庭审的质证和辩论阶段，律师的表达和推销自己观点的能力，包括仪表、谈吐以及表达技巧等，这些都会影响到事实的认定。换言之，律师所讲述的故事是否能够说服法官或者陪审人员，除了调查取证阶段的证据分析运用以为，还取决于在庭审阶段的口头展示。故事的说服力当然需要事实本身的力量，但不同的人讲述同一个故事效果却不一样，这就是故事模式在组织事实上给予我们的启发。

二、询问证人

一般而言，询问证人在不同的法律场合有着不同的意义。在公安机关或者检察机关办理刑事案件的过程中，询问证人是指侦查人员依照法定程序以言词方式向证人调查了解案件情况的一种侦查行为。询问证人的目的在于取得能够证明案件事实情况的证言，通过证言发现案件线索，查找犯罪嫌疑人以及查明案情。询问证人对于发现和收集证据、侦破案件、证实犯罪具有重要意义。在法院的庭审过程中，询问证人是法庭调查的重要环节，也是双方律师进行举证或者质证的程序性要求。询问证人的功能和作用在于以人证的方式来查明案件事实，据此来确定争议双方的法律责任。在庭审程序中，对己方的证人进行询问称为主询问或者直接询问，对对方证人的询问称为反询问或者交叉询问。一方律师能够对己方证人进行有效的询问，或者对对方证人进行质询，将有助于法庭查明法律事实，让律师获得庭审的主动权和心理优势。

学习询问证人的程序与技巧是培养法学院学生法律执业技能的重要组成部分。同时，询问证人是作为律师在法庭上确定法律事实的重要手段和方法，法学院学生应当了解询问证人的法律程序、进行询问证人之前的准备工作、学会在庭审中有效地进行证人询问以及对突发情况作出临场反应。在以往的课程教学中，法学院教师会遇到很多问题和情况，例如，学生没有到法院去实习或者观摩，对基本诉讼程序仅仅停留在字面理解上；学生过于注重庭审辩论而忽视对证人的询问；受到国外法律电影或者电视剧的影响，而移情于中国的法律诉讼之中；对询问证人缺乏整体控制能力，容易钻牛角尖；无法将询问证人和前后的诉讼环节衔接起来；对临时出现的情况缺乏应变能力，等等。

以笔者讲授的法律诊所课程为例，主要是培养学生的诉前准备、庭审组织和语言表达、临场应变等方面的能力。具体教学目标为：

（1）培养基本的口头表达能力；

（2）进一步熟悉和掌握相关的诉讼程序；

（3）要求学生进行询问证人的书面准备和口头说明；

（4）掌握律师和证人在庭审前进行预演的相关技能；

（5）掌握主询问的相关技能；

（6）掌握反询问的相关技能；

（7）让学生形成询问证人的临场控制和全局思考的能力。

在有关询问证人环节的教学计划上，可以根据相关课程的实际情况来安排教学内容、教学方法以及教学时间等。具体而言，教学内容包括询问证人的程序与技巧简介、录像观摩和讨论、询问证人的准备、分组进行模拟等，其中，分组模拟可以分为庭审前律师与证人的预演模拟、庭审中主询问或者直接询问的模拟、庭审中反询问或者交叉询问的模拟。教学方法主要是学生讨论、角色扮演与模拟等，教学时间一般为每一项教学内容安排一个学时。在教学时间较为紧张的课程，可以将程序和技巧简介与录像观摩和讨论合并为一个学时；在教学时间较为宽松的课程，还可以增加组织学生到法院进行现场观摩，或者学生代理真实案件的庭审观摩等。

关于课程的安排，可详见表6-2。

表6-2

序号	教学内容	教学方法	时间
1	询问证人的程序与技巧简介	讲授	1学时
2	录像观摩和讨论	讨论	1学时
3	询问证人的准备	学生说明与教师评估	1学时
4	分组进行模拟		
	（1）庭审前律师与证人的预演模拟	角色扮演与模拟	1学时
	（2）庭审中主询问或者直接询问的模拟	角色扮演与模拟	1学时
	（3）庭审中反询问或者交叉询问的模拟	角色扮演与模拟	1学时

关于分组模拟，可详见表6-3。

表6-3

	模拟内容	模拟分组	模拟过程
学生模拟（A组）	证人可能遇到的情形	5名学生扮演证人角色	1. 角色与分组 2. AB组一对一进行模拟 3. 教师选择一组进行表现点评
学生模拟（B组）	告知诉讼程序与要求	5名学生扮演律师角色	
教师点评	点评证人预演的技巧与方法	点评角色扮演	

教学的反馈与评估可以从不同的角度展开，以时间为标准，可以分为每一节课后的反馈与评估和期末的反馈与评估；以对象为标准，可以分为学生评估和教师评估。在反馈与评估的方式上，可以让学生自我评估或者分组进行交叉评估；教师可以进行自我评估，或者匿名由学生进行评估。以下以询问证人为

例，列示学生评估和教师评估的一般方法，详见表6-4。

表6-4

	评估事项与标准	反馈与评估	备注
时间	_____年_____月_____日		
地点	教室_____		
教学内容	预演 \ 主询问 \ 反询问		
教学方式	分组模拟		
学生评估	（1）是否了解相关法律程序和拟写提纲； （2）语言表达是否存在问题（语音、语调、语速等）； （3）询问是否有逻辑性； （4）询问是否实现目的； （5）是否适时适度控制被询问对象； （6）能否主导整个询问证人的过程； （7）能否临场应变； （8）自己有无需要改进之处； （9）对其他同学有无建议。	（1） （2） （3） （4） （5） （6） （7） （8） （9）	
教师评估	（1）有无介绍相关法律程序； （2）有无分组进行模拟； （3）有无组织讨论； （4）有无分析询问证人的技巧与方法； （5）有无针对性地进行点评； （6）有无进行教学效果评估； （7）有无教学建议。	（1） （2） （3） （4） （5） （6） （7）	
自我需要改进的地方			
其他问题、建议或者意见			

（一）运用教学演示方法来说明询问证人的程序与技巧

法学院学生已经通过传统教学方法学习了有关询问证人的诉讼程序制度，在课程教学过程中，法学院教师需要运用教学演示方法来回顾询问证人的民事诉讼程序、刑事诉讼程序以及行政诉讼程序等。同时，教师还可以介绍询问证人的一般原理和技巧。

1. 询问证人的法律程序

根据不同的案件性质，询问证人的法律程序及其功能有着不同的特点，由此询问证人的具体方法和技巧也不尽相同。在民事案件中，以"谁主张，谁举证"为原则，双方律师都可以根据实际需要请求证人出庭作证，并依诉讼策略进行主询问和反询问；在刑事案件中，检察机关负担刑事犯罪的检控，主要是由辩护律师对检方的证人进行询问，律师也可以请求己方证人出庭作证；在行政案件中，行政机关作为被告承担举证责任，大多数案件是根据行政机关的案卷材料进行合法性审查，询问证人的情形相对来说较少。总之，法学院教师可以简要地介绍民事、刑事和行政案件中询问证人的法律程序和要点。

以 2002 年 6 月 4 日最高人民法院发布的《最高人民法院关于行政诉讼证据若干问题的规定》为例，在行政诉讼中询问证人的程序要点包括：

（1）当事人应当围绕证据的关联性、合法性和真实性，针对证据有无证明效力以及证明效力大小，进行质证。经法庭准许，当事人及其代理人可以就证据问题相互发问，也可以向证人、鉴定人或者勘验人发问。当事人及其代理人相互发问，或者向证人、鉴定人、勘验人发问时，发问的内容应当与案件事实有关联，不得采用引诱、威胁、侮辱等语言或者方式。

（2）当事人申请证人出庭作证的，应当在举证期限届满前提出，并经人民法院许可。人民法院准许证人出庭作证的，应当在开庭审理前通知证人出庭作证。当事人在庭审过程中要求证人出庭作证的，法庭可以根据审理案件的具体情况，决定是否准许以及是否延期审理。

（3）对现场笔录的合法性或者真实性有异议的、对扣押财产的品种或者数量有异议的、对检验的物品取样或者保管有异议的、对行政执法人员的身份的合法性有异议的，以及需要出庭作证的其他情形，原告或者第三人可以要求相关行政执法人员作为证人出庭作证。

（4）证人出庭作证时，应当出示证明其身份的证件。法庭应当告知其诚实作证的法律义务和作伪证的法律责任。出庭作证的证人不得旁听案件的审理。法庭询问证人时，其他证人不得在场，但组织证人对质的除外。

（5）证人应当陈述其亲历的具体事实。证人根据其经历所作的判断、推测或者评论，不能作为定案的依据。

（6）当事人要求鉴定人出庭接受询问的，鉴定人应当出庭。鉴定人因正当事由不能出庭的，经法庭准许，可以不出庭，由当事人对其书面鉴定结论进行质证。鉴定人不能出庭的正当事由，参照本规定第四十一条的规定。对于出庭接受询问的鉴定人，法庭应当核实其身份、与当事人及案件的关系，并告知鉴定人如实说明鉴定情况的法律义务和故意作虚假说明的法律责任。

（7）对被诉具体行政行为涉及的专门性问题，当事人可以向法庭申请由专业人员出庭进行说明，法庭也可以通知专业人员出庭说明。必要时，法庭可以组织专业人员进行对质。当事人对出庭的专业人员是否具备相应专业知识、学历、资历等专业资格等有异议的，可以进行询问。由法庭决定其是否可以作为专业人员出庭。专业人员可以对鉴定人进行询问。

（8）法庭在质证过程中，对与案件没有关联的证据材料，应予排除并说明理由。法庭在质证过程中，准许当事人补充证据的，对补充的证据仍应进行质证。法庭对经过庭审质证的证据，除确有必要外，一般不再进行质证。

2. 证人出庭作证的意愿评估

在提供证据的态度和意愿上，当事人、鉴定机构、行政机关和证人等会有所不同。在获取证据的形式上，鉴定机构和行政机关大多提供书面的证据材料，而证人则是和事实发生的过程有着紧密的联系，而且有可能直接出庭作证。证人出庭作证的影响因素分析，详见表6-5：

表6-5

评估事项	影响因素
效益	实现社会正义和承担责任、作证的合理费用等
成本	时间成本、间接的利益损失和遭受打击报复的风险等
意愿	证人与律师是配合调查的关系，其作证意愿较弱

对于证人出庭作证，需要注意的事项包括：（1）切实了解证人出庭作证的顾虑；（2）合理弥补其实际损失；（3）通过向法院申请要求其出庭作证有时比个人请求更有效；（4）考虑专家证人的参与；（5）安排好证人出庭作证的时间等。

3. 证人的类型划分

一般来说，从作证意愿来看，证人可以分为三种类型：

（1）友好证人。友好证人一般具有较强的社会正义和责任感，或者出于热心，对于案件证据的提供表现出积极的合作态度。

（2）中立证人。中立证人一般基于法律规定的提供证据的职责或者义务要求，对案件处理的结果并不关心，在提供证据的意愿上表现为消极的合作态度。其一，专业型中立证人，例如作为专家证人的鉴定人、医学专家和技术专家等。这种中立性是由证人身份和证据科学性的要求所决定的，需要专业人士排除个人的情感因素来提供相关证据。其二，情感型中立证人，即出于情感上的中立，可能不愿更多地卷入法律纠纷之中，表现出可有可无或者敬而远之的消极态度。为了改变中立证人不愿意作证的消极态度，律师首先需要确认不愿意提供证据的原因，然后讨论和解决这些问题作为发展融洽和谐关系的方式。例如，在一个行政诉讼案件中，个体工商户陈某因不服工商局采取的行政强制措施诉至法院，其他的业主因为有怕得罪工商局的顾虑而表现出消极的态度，某律师合理借助证据规则，向法院申请主审法官介入调查，这使得业主们的心态发生变化，即认为作证是法院的要求，而不是自己主动愿意帮助状告工商局。从这一点来看，有的时候中立证人往往需要取证律师去激发他们提供证据的意愿，甚至是一个形式上的理由或者借口。

（3）敌意证人。敌意证人对作证表现出抵制性的态度，或者希望另一方当事人打赢官司，其言行都会产生不利的影响。面对敌意证人，实际上调查取证的工作首先是要解决律师和证人之间的信任问题，其次才是调查取证本身。如何从敌意证人那里获取证据呢？首先，对敌意证人表现出礼仪上的尊重。例如，语言上的称呼、事先预约时间或者有其他人的推荐介绍等。其次，给敌意证人以良好的职业形象，可能会缓和证人的敌意程度。最后，在调查取证的方式上表现出中立的精神和态度。因为越是表现出所代理的当事人利益，就越有可能激发证人的敌意。同时，尽量避免去说服敌意证人改变其态度，而更多地以询问案件情况的方式进行交谈，从敌意证人那里获得尽可能多的信息，包括不利的和有利的证据材料。此外，如果敌意证人确实不希望己方当事人胜诉，则只能降低要求使其尽可能不为对方当事人作证或者否定其证词的有效性。

（二）运用录像观摩的方法来讨论询问证人的技巧

涉及询问证人的电影和电视剧有很多，可以作为观摩影片让法学院学生进行欣赏与学习。例如，电影：《纽伦堡审判》（*Judgment at Nuremberg*，1961）、《杀死一只知更鸟》（*To Kill a Mockingbird*，1962）、《因父之名》（*In the Name of the Father*，1993）、《民事诉讼》（*A Civil Action*，1998）、《律政俏佳人》（*Legally Blonde*，2001）、《判我有罪》（*Find Me Guilty*，2006）、《十二怒汉》（2007）、《马背上的法庭》（2006）、《推定有罪》（2011）、《辩护人》（2013）等；电视剧：《法律与秩序》（*Law And Order*）系列、《皇家律师》（*Silk*，

2013）、《加罗律师》（*Garrows Law*，2016）、《芝加哥正义》（*Chicago Justice*，2017）、《律界巨人》（*Goliath*，2017）、《诉讼双雄》（*Suits*，2017）等。纪录片：《辛普森：美国制造》（*O. J.：Made in America*，2016）等。

🐒 经典台词

罗麦克斯律师在性骚扰案件中的精彩质证

法官：请继续，芭芭拉。

芭芭拉：通常我们放学后就回家了。除非被学校批准参加课外活动。

检察官：那一天，你参加课外活动没有？

芭芭拉：没有，是葛蒂斯先生要我留下来。

检察官：后来发生了什么，芭芭拉。

芭芭拉：他让我坐在他的桌子旁边。

检察官：芭芭拉，请用你的语言告诉我们接下来发生了什么？

芭芭拉：我对他说，我赶不上校车了，他说保证我一定能赶上校车，只要我帮助他做点事情，还没等我说话，他就把手伸进我衬衫里。我很害怕，不敢出声。我以为不出声就会没事情。然后，他另一只手伸进我裙子里。……

检察官：你对你朋友说了他对你做的事吗？

芭芭拉：是的。

检察官：她们告诉你，他也对她们做过这种事，是这样吗？

芭芭拉：是的。

检察官：我没问题了。

法官：该你了，罗麦克斯先生。

罗麦克斯律师（基努·李维斯饰演）：法官大人，能不能休息一下？

法官：当然，本法庭休息十五分钟。

罗麦克斯律师：数学课上你有没有违反过纪律？

芭芭拉：没有。

罗麦克斯律师：葛蒂斯先生，没有多次与你讨论你的行为吗？那不是要你放学后留下来的原因吗？

芭芭拉：不是。

罗麦克斯律师：别的老师有没有要你放学后留下来？

芭芭拉：有过一两次。

罗麦克斯律师：他们是要和你谈谈你的行为吗？

检察官：反对，与本案无关。

罗麦克斯律师：了解动机。

法官：反对无效，请回答问题。

芭芭拉：我不知道别的老师怎么想，你得去问他们才行。

罗麦克斯律师：你在课堂上传过纸条吗？那葛蒂斯先生开玩笑的纸条。

芭芭拉：没有。

罗麦克斯律师：你没有叫他恶心的猪公。

芭芭拉：没有。

罗麦克斯律师：法官大人，我要求出示新证据。

检察官：反对，法官大人，证据应该在开庭前提出来。

法官：这次准许你的要求，罗麦克斯先生，不过，我建议你如果还有其他证据，请及时备案。

罗麦克斯律师：对不起，芭芭拉，我说错了，原文是大公猪，这是你的笔记，对吧？

芭芭拉：对，可是……

罗麦克斯律师：在葛蒂斯先生上课时写的。

芭芭拉：我是在开玩笑。

罗麦克斯律师：写着他是大公猪，每顿早餐要吃一千个松饼，你是指葛蒂斯先生，对吗？

芭芭拉：这只是一个玩笑而已。

罗麦克斯律师：你有没有在家里，开过同学聚会，趁父母不在的时候。

检察官：反对，这不符合规定。

罗麦克斯律师：可信度和偏见。

法官：反对无效，请回答问题。

芭芭拉：有过。

罗麦克斯律师：你听说过特别部位游戏吗？

罗麦克斯律师：你发过誓，芭芭拉，一个人的事业，他的名誉，他的生活，将会毁于一旦，这不是开玩笑，你玩过特别部位游戏吗？如实回答。

芭芭拉：玩过。

罗麦克斯律师：这个游戏与性有关吗？

芭芭拉：我们仅仅玩过一次。

罗麦克斯律师：在那个特别的同学聚会上，你是第一次对大家说葛蒂斯先生的事，对吗？

芭芭拉：是的。

……

罗麦克斯律师：你威胁你的同学，是不是？

芭芭拉：事情真的不是那样的。

罗麦克斯律师：芭芭拉，你让她们撒谎诬陷葛蒂斯先生性骚扰。

芭芭拉：她真的对我动手动脚。

罗麦克斯律师：她们要是不答应你，你就把聚会上的秘密说出去。

芭芭拉：这是真的。

罗麦克斯律师：所以你编造了一个离奇的故事，关于严格要求你、放学后要与你谈话的数学老师，这个数学老师是个大公猪，你讨厌他，这就是真相。

芭芭拉：不，我不想成为唯一的受害者。

芭芭拉的父亲：你这个混帐，不要脸的臭律师，你这个混蛋，看我怎么收拾你。

法官：肃静。

资料来源：《魔鬼代言人》（*The Devil's Advocate*）

在录像观摩的过程中，需要注意的事项如下：

（1）在观摩影片之前，法学院教师需要指示学生注意有关询问证人的语言表达（语速、语气、语音以及内容等）、诉讼策略以及技巧等；

（2）为了避免学生专注于影片的情节，一般观摩影片需要进行剪辑，选取其中一部分，案情可以用文字的形式来补充；在影片的播放过程中，可以适时停止，就询问证人的技巧与方法进行讨论；

（3）学生需要做笔记来记录所指示的内容；

（4）组织学生讨论，报告记录内容以及感想等；

（5）教师需要评点观摩影片中询问证人的要点以及学生讨论的情况。

（三）运用角色扮演或者模拟的方法来展示询问证人的技巧

询问证人的准备工作主要包括两大部分：其一，是作为代理律师，需要准备询问证人的策略和询问提纲；其二，是在庭审之前与证人进行良好的沟通，让证人尽可能地熟悉其庭审中作证的程序与要求。以10名学生组成的法律诊所为例，将学生分组进行角色扮演和模拟，再由教师就学生的表现作出点评。以下用行政诉讼的案例来加以说明。

1. 询问证人的出庭准备

根据证人的类型，事先预测出庭证人的类型。尤其是针对可能成为中立证人或者敌意证人的情况，需要预先估计其保持中立或者敌意的原因，做好心理准备和应对之策。在庭审询问证人之前，确立询问证人的目标，预测可能获得的证据与案件事实以及处理结果的关系。换言之，即需要站在整个案件的角度来思考自己需要什么和证人可能会证明什么，以及对方律师在同一证人那里会获得何种法律信息。是改变还是修正原来当事人所讲述的事实？如何对待敌意证人提供的不利证据？如何处理不同证据之间互相矛盾的问题？所获得的证据对于整个案件的处理可能会产生什么样的法律效果？这些问题就需要在庭审之前去思考和琢磨。除了确定询问证人的具体目标以外，还可以将这些目标转化为需要从被询问者那里了解的问题，列示一个合适的问题清单有助于细化调查取证的事先准备工作。有时候，在大脑中想象的目标往往是模糊的，写出具体要问的问题就会发现事先准备工作的不足。

2. 与证人的预演准备

时间和地点的安排是与证人预演过程中需要注意的问题。第一，在证人预演之前，对于某些组织或者个人需要提前预约或者告知来意。一方面是出于尊重的考虑，另一方面是考虑到是否影响证人的时间。第二，及时会见证人，尤其是目击证人。因为目击证人证明特定事实的可靠性往往受到很多因素的影响，例如，时间间隔对记忆的影响，证人的视力和观察角度，证人在场时的情绪以及是否有个人的偏好和期望，等等。这些因素都会极大地降低证人证言的准确性；同时，证人的记忆可能会随着时间流逝而渐退或者因他人评价使得这种回忆变得混淆。第三，尽可能通过一次会见获得足够的证据，如果多次要求会见证人，可能会引起证人的反感。第四，在地点安排上，一般与证人交谈需要单独的空间，避免在调查取证时有证人的家人、朋友、同事或者其他证人在场。证人提供的某些证据可能涉及个人隐私或者不愿别人知道的信息，其他人在场可能会使证人有所顾虑；同时，其他人在场时，有可能打断证人回忆的过程，使证人无法集中精力来回答你的问题。第五，与证人的预演准备需要较为详细的预演提纲，学生必须准备书面记录与证人预演的各种情况作出预测和可能的反应。

在证人预演的过程中，学生应该明确询问证人的目标，即让每个证人告诉法庭他们所知道的案件真相。在庭审中，总有一个或更多的问题引发多方的争议而法庭又必须解决这些问题，有时是法律争议，但更多情况是事实争议。学生应当安排问题的顺序，以便客观地使证人清晰地、有逻辑地讲出"事实"。学生的问题应该使证人很好地讲出事实。这意味着，学生以一种合理的顺序引导主题。证人能够尽可能地用自己的语言叙述他们所能提供的对案件有利的所有证据。证人的可信度研究已经表明，如果证人很好地理解他们的证据，并且对他们显示出信心，法官与陪审员可能会认为证人更可靠和有说服力。同时，学生还要预测与应对证人出庭时可能出现的各种情形。作为证人需要了解法律程序、熟悉司法环境、做到集中精力和声音洪亮等。这些都需要学生自己通过角色扮演和模拟去体验和思考。在庭审之前的准备过程中，需要注意的事项包括：

（1）确定出庭证人的人选及其作证的内容与目的。首先，通过调查取证初步了解可以出庭作证的证人人选，如果人选较少，就不存在选择的问题；如果人选较多，则有确定人选的问题，即由哪一个或者几个证人出庭作证。其次，需要注意证人出庭作证的资格与能力。尤其是证人的语言表达能力与临场应变能力，这些与证人的心理素质、文化程度以及个性都有着密切的关系。最后，需要从整体把握证人作证的内容与目的，即每一个证人作证可能印证的案件事实，这些证人证言能否被法庭采信，以及这些证人证言所要证明的对象与目的等。

（2）向证人讲述相关的法律程序及其角色与功能。即告知证人作证的权利与义务，并让证人初步了解有关民事、刑事或者行政诉讼程序的步骤与环节，包括告知其法庭的组成人员、到法院后会在什么地方和什么人员接触、何时和由谁带领下出庭、出庭所处的位置、由谁先发问、后续由哪些人会发问、发问的内容以及回答的基本要求、何时和由谁带领下完成出庭、完成后需要做什么等。

（3）通过与证人的预演，让证人了解出庭作证需要注意的事项，包括着装、语言、语速、语音、时间控制以及讲述的内容与方式等。如果是简单的案件，一般只需要向证人讲述上述诉讼程序即可，如果是复杂的案件，则需要进一步与证人预演来模拟可能出现的情形。一方面，需要注意证人出庭作证的基本要求与礼仪，例如，穿什么样式的衣服、能否戴墨镜和帽子、如有方言或者地方口音怎么办、证人讲话的语速是否合适、证人的语音大小如何、证人讲述的时间长短等；另一方面，证人在作证过程中，就发问会遇到很多问题，例如，证人没有听懂对方的发问、证人没有正面回答所提出的问题、回答问题不够简明扼要或者重复啰唆、证人出现遗忘或者思维混乱的情形等。

（4）注意证人的个性与情绪。学生在与证人的预演中需要考虑证人的个性是否比较柔弱或者强势、是否容易被对方主导或者被激怒、情绪是否稳定、心理是否紧张不安等。这些个性和情绪的问题需要和证人进行接触和预演来发现，并适时和证人进行沟通。

（5）重点预演法官和对方律师对己方证人的发问与应对。一般而言，证人对己方律师较为熟悉，不会出现紧张情绪，而要面对法官或者对方律师的时候，就容易出现心理紧张的问题，由此会影响其出庭作证的讲述内容和效果。在与证人预演的过程中，需要模拟出法官主动发问和对方律师反询问的可能情形，让证人有心理准备和基本的应对。

（6）庭审前告知的时间与地点。在庭审之前，需要再次确认出庭作证的证人，告知开庭的具体时间和地点，如果有条件，由律师接送出庭作证的证人到法院，并安排在法院的各项事宜，以免证人不能按时到庭以及出现情绪波动的情况。

3. 庭审中主询问或者直接询问的模拟

与证人预演不同，庭审中询问证人的主角是代理律师，即律师如何在法庭上让证人能够提供所需要的证词，以支持其诉讼主张。因此，需要事先充分准备，把握案件事实、庭审问题以及有待论证的问题，理解证据规则、程序规则和主询问原则等。同时，使用恰当的询问技巧引出证据，尽可能地让证人以连贯、清楚、有说服力的方式给出证据，对证人的回答给以恰当反映。

一般而言，可以用简单的问题开始，这些问题并不会对证人构成某种心理上的威胁，也有助于证人消除情绪压力。一旦证人已经放松，就可以就证据的实质性问题进行发问。值得注意的是，在主询问过程中，是采取开放式的发问还是封闭式的发问，这需要结合实践情况来分析。（1）开放式发问一般不设置问题答案范围，证人常常给出叙述性的回答。例如：你在拨打110后发生了什么事情？你为什么发邮件给他？你离开交通事故现场后去哪里了？（2）封闭式发问限制答案的范围，但是，相较于开放式发问，这种发问方式更能掌控证人的发言。例如：他对你进行殴打是什么时间？工商部门对你哪一家营业场所进行了现场检查？公安机关的执法人员有没有对你进行刑讯逼供？

一般来说，己方证人的作证对己方有利，可以采取开放式的发问，即当证人在讲话时，尽量让证人按时间先后顺序讲述其亲身经历。这样做符合证人作证的习惯和思维方式，但是，也会出现需要临场控制的问题。一种情形是，当使用开放型问题时，由于缺乏方向控制，证人的证词往往不着边际或者模糊不清。对于这种情形，律师可以适时地打断证人的发言，作出必要的引导，即在证人开放式陈述的基础上，要求证人进一步进行解释和具体说明，以便让证人回到主题上继续开放式回答问题。这样以开放式发问为主和以必要控制为辅，有助于法庭了解证人作证的整体情况，也有助于了解特殊问题的细节。另外一种情形是，己方证人的证词会出现对己方不利的可能性。对于这种情形，律师需要进行阶段性的控制，即律师要知道什么时候证人可能会讲出对己方不利的证词，就要进行适时的打断来转移话题。证人需要诚实地回答所提出的问题，但是，律师可以采用必要的询问技巧来回避对己方不利的作证。在庭审中没有讲出来和作伪证是两种不同性质的事情。用一个形象的比喻，主询问就像一个漏斗一样，开始是开放性的发问，后面的进程则需要根据实际情况进行适时和适度的控制。在主询问的模拟过程中，需要注意的事项包括：

（1）注意发问的方式。即以开放性提问开始，让当事人尽可能讲出更多的信息，然后对需要确定的内容作阶段性确认，或者针对某个问题进行详细的提问。从调查取证的方法上来看，美国学者克里格总结了一种针对证人的"情景对话式"的调查方法。使用四种技巧中的一种或全部，情景对话能帮助目击者唤回记忆。最重要的就是在目击者讲述之前要使他再现当时的场景，并减轻其自身心理压力。① 这些调查方法同样可以运用到庭审中对证人的主询问上。以下介绍这四种方法及其背后的原理：其一，情景再现。其基本原理是：当目击证人身处的环境与要回忆之事件发生时环境很相似时，其记忆能力会得到最大程度的发挥。目击者并不需要真的重返事发现场，而只需在想象中回到现场。因此，调查者应当给予证人以适当的指导。其二，说出任何知道的事情。其基本原理是：记忆并不是对一件事情简单而直接的印象，而是一系列的印记，在特定的时间里，有的特征被限定，有的特征却没有受到限制。因此，调查者可以降低证人举证的相关性标准，并说出任何他们所能记住的信息，尽管有一些看起来不完整或者与事件不相关，但不完整不相关的碎片能提供一些有用的信息。其三，以不同的顺序回忆事情。其基本原理是：信息以不同的方式储存于记忆中，其中某一种方式可能会比其他方式更有效。因此，调查者可以要求证人从头到尾回忆该事件，或者用首尾倒置的方法回忆，也可以从给其印象最深的事情开始，然后向前或向后追溯事情的发展过程。其四，改变视角。其基本原理是：不同视角下描述的事实可能会有不同的意义。因此，调查者可以引导证人从不同的视角来讲述事实。

（2）熟悉和控制主询问的提问顺序，并对证人的回答作出回应。发问与回答之间应该清楚地、有逻辑顺序地展开。当转换话题时，应明显区别于前一话题。对证人的回答要表示适度的回应和认可，让证人知道自己所讲述的内容完成了发问的要求。

（3）突出重点和节约时间。即从法官审判的视角出发，围绕法官确定的法庭调查重点进行发问，让证人作证与其他证据之间形成对己方有利的证据链

① ［美］斯蒂芬·H. 克里格、小理查德·K. 诺伊曼：《律师执业基本技能——会谈、咨询、谈判和令人信服的事实分析》，中信出版社 2003 年版（影印本）。

条；同时，需要通过控制性发问来防止出现重复性或者与案件无关的表述内容，以节约庭审时间，也可以避免对方律师发现可能存在的漏洞。

（4）适当安排证人出庭顺序。即按照证人作证的效果来安排出庭顺序，例如，需要确定证人证词的证明力和被采信的可能性；又如，需要考虑证人作证是否对己方绝对有利以及存在有利和不利的混合情形。

（5）注意临场控制问题。例如，证人出现记忆混乱、表述不清、对立情绪或者紧张情绪等。

（6）避免诱导性发问。需要注意诱导性发问和开放性以及封闭性发问之间的区别。

（7）拟写主询问提纲，并要求学生做模拟记录和提出反馈意见。

4. 庭审中反询问或者交叉询问的模拟

与主询问不同，主询问是通过询问技巧让己方证人尽可能讲述对己方有利的证词，而回避不利的证词；而反询问则是让对方的证人讲出对己方有利的证词，同时回避不利的证词。如果将主询问看作是防守，那么反询问则有进攻的意味。首先，确定进行反询问的目标，即通过反询问可以进一步确定什么事实和证据，或者是否可以质疑对方的证据漏洞；其次，进一步确定进行反询问的必要性，如果对方证人不能提供所期待的证词，或者他们的回答不会危及己方当事人，也可以放弃进行反询问；最后，在进行反询问之前，需要根据反询问的目的准备问题清单，并以合理的顺序来安排这些问题。因此，需要通过充分准备，把握案件有待论证的核心问题，同时，通过发问设法引出可采纳的证据、各种证据之间存在的矛盾。如果有必要，可以向从证人的经历或者信誉入手间接否定其证词的证明力。

在反询问的模拟过程中，需要注意的事项包括：

（1）当得知对方有证人出庭时，要及时与法庭取得联系，弄清出庭作证的证人名单，同时，通过调查取证或者其他途径去进一步地了解对方证人。

（2）需要分析对抗性证人的实际情况。例如，他们有案件的相关证据吗？如果有，它会危及委托人的利益吗？它有利于委托人吗？证人会保持中立态度吗？尤其需要注意的是，如果你想攻击他们的某些观点，或者过早地步步紧逼，他们可能作出防卫和对立的反应，而不会赞同你的观点。

（3）拟写反询问提纲，并要求学生做模拟记录和提出反馈意见。拟写反询问提纲，其目的在于理清自己的反询问思路和确定反询问的重点。由此，需要确定反询问的证人范围、对方证人作证的内容与证明对象、质疑对方证人证言的切入点、有无前后不一或者相互矛盾的情况、对方证人有无作伪证的可能性、对方证人当庭出现证言变化或者态度转变等情况的应对，等等。

（4）注意反询问技巧的运用。例如，从外围问题入手、每一个发问都要有目的性、抓住对方证人作证的漏洞、通过发问扰乱对方的思路、采取封闭式发问控制对方证人的发言内容、在发生重大变化时可以连续发问来制造紧张氛围、及时停止反询问，等等。

（5）与主询问一样，需要对对方证人的回答作出回应。主询问在于帮助证人清楚地、有逻辑顺序地回答提问。而反询问则是换个角度重新组织问题和答案，以便让法庭接受己方的观点。

（6）注意反询问不同于法庭辩论，其目的在于发现事实，因而需要避免超出法庭调查的范围。

（7）注意发问的语气和态度，避免诱导性发问。同时，中国的庭审质证不同于西方的交叉盘问，需要注意法官主导庭审的体制性因素。

🎙 经典台词

检察官斯通和辩护律师福雷斯特的交叉盘问

案情简介：在多重谋杀和纵火案中，助理检察官斯通（Peter Stone）和辩护律师福雷斯特（Albert Forest）对证人进行交叉盘问。

1. 对被害人的交叉盘问

被害人（塔姆拉）：我看到有人往地上扔了个纸袋。

检察官：在那之后他做了什么。

被害人：他用力踩在上面，然后把它踢到沙发下面，之后他就离开了，我觉得很奇怪。

检察官：你还记得什么？

被害人：我过去看那是什么，然后突然一片闪光，接着我就倒在了地上。

检察官：你能形容下那个人吗？

被害人：他身高约 1 米 7，金发碧眼。

检察官：你能形容下他的着装吗？

被害人：他穿着一件棕色口袋夹克，上面有潮牌商标，还戴着戒指。

检察官：请形容下那枚戒指。

被害人：是枚银制的、骷髅头形状的戒指。

辩护律师：塔姆拉，那天晚上你喝酒了吗？

被害人：我喝了两杯啤酒。

辩护律师：你嗑药了吗？你必须回答这个问题，塔姆拉。

被害人：是的。

辩护律师：是哪种毒品？

被害人：我嗑了半片摇头丸，但我很清楚自己看到了什么。

辩护律师：当时放着音乐吗？

被害人：是的。

辩护律师：有什么灯光表演吗？

被害人：他们开着频闪灯。

辩护律师：你看见那个踩纸袋的人的时间有多长呢？

被害人：可能有三秒钟。

辩护律师：所以在一个拥挤的房间里，你喝了酒，嗑了药，放着音乐，闪着灯光。你真的能够看见并识别出一个陌生人手指上的戒指吗？

被害人：我真的看见了，还有他的脸，我永远都不会忘记。

辩护律师：不幸的是，你已经无法指认我的委托人就是你那晚见到的那个人，对吧？

被害人：我不能，因为他我什么都看不见了（双目失明）。

2．对警察的交叉盘问

警察：我们在被告人公寓里发现了金属门楔。

检察官：是埃利斯顿工业生产的吗？

警察：是的，不锈钢，槽宽约4厘米。

检察官：就像这个（向法庭展示物证）。

警察：是的。

检察官：你能形容下在举行派对的工厂里发现的塞在门缝里的楔子吗？

警察：也是不锈钢，槽宽约4厘米，埃利斯顿工业生产。

检察官：就像这个（向法庭展示另一物证）。

警察：是的。

辩护律师：人们用这种楔子让门保持敞开，对吗？

警察：或者像在本案中，让门保持关闭。

辩护律师：比如你想让露台的门保持敞开，让你能够在晚饭时享受夏日的微风，你就会用它，对吗？

警察：我说不好，我没有露台。

辩护律师：本案中有位受害者是你同事的女儿，对不对？

警察：埃尔文·奥林斯基，他女儿莱克西在火灾中丧生。

辩护律师：让谁，让任何人为奥林斯基警探女儿的遭遇而定罪，都能让他得到某种宽慰，是不是？

检察官：反对。

辩护律师：撤回。

辩护律师：这是辩方第12号证物（向法庭展示物证），你认得吗？

警察：这是我写的逮捕报告。

辩护律师：你能念一下画线部分吗？

警察：在告知嫌疑人其米兰达权利后，他自愿供述道：是我放的火。

辩护律师：你不觉得这很奇怪吗？公诉方并未将供述加入到证据中。

检察官：反对。

法官：我也很好奇，斯通先生，反对无效。

辩护律师：为什么公诉方未将奥兹先生（被告人）的供述加入到证据中，警探？

警察：你得问公诉方。

辩护律师：有没有可能是他们不信任你，若是助理州检察官连简单的供述（警察在逮捕报告上写的）都不信任你，我们为何要相信你现在说的任何话。

资料来源：《芝加哥正义》（*Chicago Justice*）第 1 季第 1 集

第二节　庭审辩论

法律辩护（Advocacy）是在对抗性利益关系中，运用法律规则来解释事实，确定当事人法律责任的一门艺术。一般而言，我们大多将法律辩护理解为庭审辩护，甚至是限定在刑事辩护的范围内。但是，广义的法律辩护包括了庭审辩护（诉讼辩护）和非诉辩护，在庭审辩护中，居于核心的是刑事辩护，而非诉辩护的范围更加宽泛，如仲裁、调解和谈判等。从非诉的法律辩护到庭审辩护，直到刑事辩护，实际上反映了一个对抗性由弱趋强的谱系。

其中，庭审辩论是以当事人的合法权益为依归，借助于事实和法律的分析，以诉讼程序机制来说服法官、陪审员以及对方律师和当事人等。同时，如何为当事人的利益进行庭审辩护，则成为了整个法律实践活动的重要部分。在庭审辩护的过程中，作为律师必须向裁决者（如法官和陪审员）证明保护其当事人利益的合法性。在事实和规范之间，真正的法律效力取决于理由的说明。举例来说，在一起民事案件中，原告的诉状和被告的答辩状就是从不同立场和角度来进行说理的。美国法学家卢埃林在其《普通法传统》一书中，曾经说过："好高骛远并不能解决问题，解决问题之道在于永不放弃，每次至少采用一个新的视角。"一个新的视角可以让我们重新认识事物，缩小法律事实和客观事实之间的差距，从而更加趋向和接近所谓的客观事实。在法学教育的过程中,教师首先需要让学生掌握基本的诉讼程序知识,并将其转化为模拟或者真实的法律诉讼,以此让学生在模拟或者真实的场景中去学习庭审辩论的技巧,包括了解真实庭审辩论的程序要求、发现自身存在的思维方式和行为习惯上的问题,以及庭审辩论的口头和书面的技巧等。

在设置教学目标上,教师应当注重培养学生在庭审辩论中的书面和口头表达能力。这些基本的辩论技能并非一般的辩论赛技巧,其形成是需要熟悉法律诉讼场景和程序、以当事人的诉讼请求为中心的法律表达、以及诉讼实务经验的不断积累等。

(1) 培养基本的口头表达能力;

(2) 进一步熟悉和掌握相关的诉讼程序;

(3) 要求学生进行庭审辩论的书面准备和口头说明;

(4) 掌握庭审辩论的书面表达技能;

(5) 掌握庭审辩论的口头表达技能;

(6) 让学生形成庭审辩论的临场控制和全局思考的能力;

(7) 通过模拟法庭和真实案件的处理来提升学生的实务操作能力。

在有关庭审辩论环节的教学计划上,可以根据法律课程的实际情况来安排教学内容、教学方法以及教学时间等。以笔者讲授的法律诊所课程为例,教学内容包括庭审辩论的程序与技巧简介、录像观摩和讨论、庭审辩论的准备、分组进行模拟等,其中,分组模拟可以分为刑事案件的模拟、民事案件的模拟和行政案件的模拟。同时,分组模拟也可以根据庭审辩论的阶段来进行设计,其可以分为第一轮庭审辩论(核心法律意见的表达)和第二轮庭审辩论(对抗性法律辩论);分组模拟还可以根据不同法律制度来进行设计,其可以分为中国法庭的庭审辩论和西方法庭的庭审辩论。教学方法主要是学生讨论、角色扮演与模拟法庭等,教学时间一般为每一项教学内容安排一个学时。分组模拟的教学时间可以更长一些,以便学生能够进行复杂案件的模拟以及分组模拟后的讨论。

教学安排,详见表6-6。

表6-6

序号	教学内容	教学方法	时间
1	庭审辩论的程序与技巧简介	讲授	1学时
2	录像观摩和讨论	讨论	1学时

续表

序号	教学内容	教学方法	时间
3	庭审辩论的准备	学生说明与教师评估	1 学时
4	分组进行模拟		
	（1）刑事案件的模拟	角色扮演与模拟	1~2 学时
	（2）民事案件的模拟	角色扮演与模拟	1~2 学时
	（3）行政案件的模拟	角色扮演与模拟	1~2 学时

分组模拟（以民事诉讼为例），详见表6-7。

表 6-7

	模拟内容	模拟分组	模拟过程
学 生 模 拟（A 组）	民事诉讼原告诉求	5 名学生扮演原告律师角色	1. 角色与分组 2. AB 组对组进行模拟 3. 教师对两组进行点评
学 生 模 拟（B 组）	民事诉讼被告答辩	5 名学生扮演被告律师角色	
教师点评	点评民事诉讼的技巧与方法	点评角色扮演	

教学评估，详见表6-8。

表 6-8

	评估事项与标准	反馈与评估	备注
时间	_____年_____月_____日		
地点	_____教室		
教学内容	刑事＼民事＼行政的法庭辩论		
教学方式	分组模拟或者模拟法庭		

续表

	评估事项与标准	反馈与评估	备注
学生评估	（1）着装是否整洁干净； （2）发音是否清晰； （3）有无情绪不安或者紧张； （4）有无庭审辩论的书面准备； （5）是否将有关案件的文件排好顺序予以归整； （6）能否尽量脱稿讲话； （7）能否控制庭审现场，把握好自己的节奏； （8）能否清楚地叙述案件事实； （9）是否注意到其他人能否理解正在说的问题； （10）能否通过对相关事实的叙述，清楚地提出自己的观点； （11）能否用简单而又精确的语言援引法律； （12）有无预测对手可能提出的证据和理由，并据此组织你的陈词； （13）有无把握案件审理的重点； （14）是否考虑到时间控制问题； （15）有无协调庭审辩论与调解的关系； （16）其他问题。	（1） （2） （3） （4） （5） （6） （7） （8） （9） （10） （11） （12） （13） （14） （15） （16）	
教师评估	（1）有无介绍相关法律程序； （2）有无分组进行模拟； （3）有无组织讨论； （4）有无分析庭审辩论的技巧与方法； （5）有无针对性地进行点评； （6）有无进行教学效果评估； （7）有无教学建议。	（1） （2） （3） （4） （5） （6） （7）	
自我需要改进的地方			
其他问题、建议或者意见			

在庭审辩论的教学环节上，学生对庭审辩论比较感兴趣，其参与程度较其他教学环节要高，所反映出来的问题也比较多。因而，教学的反馈与评估显得尤为重要。在有的学校，庭审辩论环节和模拟法庭往往结合在一起，其教学的

反馈与评估成为了整个学期教学的总结。在教学评估的安排上，既要进行庭审辩论环节的反馈与评估，还要进行整体教学的反馈与评估。

（一）运用教学演示方法来说明庭审辩论的程序与技巧

法学院学生已经通过传统教学方法学习了有关庭审辩论的诉讼程序制度，在教学过程中，教师需要运用教学演示方法来回顾庭审辩论的民事诉讼程序、刑事诉讼程序以及行政诉讼程序等。同时，教师还可以介绍庭审辩论的一般原理和技巧。

1. 庭审辩论的基本程序与要求

中国法律诉讼的庭审主要分为三个部分：庭审准备、庭审调查与庭审辩论。其中，庭审辩论是在进行法庭调查之后，双方律师（刑事案件中一方为检察官）就事实和法律问题发表代理意见（刑事案件一方为公诉词），如果是复杂的案件，还要针对庭审焦点或者新出现的证据或情况进行进一步的辩论。这种诉讼程序的安排不同西方的法律程序，西方的庭审辩论主要是在开场陈述（Opening Statement）和直接盘问与交叉盘问（Direct Examination and Cross Examination）之后进行总结陈词，其法律辩论所要说服的对象主要是陪审团和法官。而在中国的法律背景下，庭审辩论的说服对象是法官，其本身是一个举证和质证后法律意见的展示。

在法律课程的具体教学中，教师应当简要地介绍刑事诉讼、民事诉讼和行政诉讼等不同法律程序的基本规则，还可以介绍有关劳动仲裁和商事仲裁的基本程序知识。这主要是因为学生虽然是高年级的法学院学生，学过诉讼程序的课程，但是，没有对三大诉讼程序作出系统的整理和总结。

2. 庭审辩论的基本技能

作为一名律师参与到庭审辩论中来，其需要一定的专业知识和庭审辩论的技巧。律师向法庭展示的代理意见要建立在事实和法律的基础之上，这些法律意见要符合主要法律原则、结构清晰、简明扼要以及要有说服能力。学生在进行有效性法律意见表达的过程中，需要学习的基本技能包括：（1）弄清委托人的目标；（2）分析证据与事实问题，并把主要法律和事实联系起来；（3）从各方的观点来简要阐明案件的有利和不利之处；（4）在一系列的证据基础上准备陈述，用简单的陈述方式列举事实，并形成一个案件陈述策略；（5）形成案件的法律框架；（6）了解对方的辩护策略，并及时发现其漏洞和不足；（7）临场控制与时间安排；（8）庭审辩护的临场应变能力；（9）对于庭审辩护的道德规范、礼节和惯例的理解。

3. 庭审辩论的理论学习

在庭审辩论的教学中，还可以增加辩论理论的学习。其中，庭审辩论的系统论证是学生尤其需要提高的重要能力，即基于相关事实形成连贯、有条理的论证能力。从某种意义上来看，庭审辩论是一种修辞艺术，其不仅仅是口头的表达，更是一个条理化论证的过程。

在最初的准备阶段，必须确定演讲中最首要的论点，因为有一个最基本的原则，那就是一个令人印象深刻的演讲需要论点来支撑。在此，论点的提出意味着将一系列的论述和理由串联起来建立一个立场，其功能和作用为：第一，它提供了框架结构来简化零散的材料；第二，一旦形成论点，其逻辑顺序和关系的思考过程有助于确定思考的路径和方向；第三，逻辑顺序将对记忆有帮助；第四，连贯的表达和有条理的论点会使听众明白所要表达的意思。一个好的辩护取决于好的准备，由此不但明确所赞成或者反对的是什么，并且清楚所要采用何种方法。

同时，说服路径是学生理解庭审辩论的另外一个视角。心理学家理查德·佩提和约翰·卡西玻把认真思考的路径和心不在焉的路径，分别称为"中心路径"和"边缘路径"。就中心路径而言，接收到信息的人积极思考信息并且对所涉及的逻辑和证据作出理性的分析。就边缘路径而言，接收到信息的人很少花时间去处理其内容，他的头脑里激活了某一作出决定的触动，这一触动告诉接收到信息的人去说行还是不行。这种触动大多数都是情感驱动的，接收到信息的人依靠的只是简单的线索或者启发。中心路径与边缘路径的比较如表6-9所示：

表6-9

中心路径	边缘路径
认真思考后被说服	无形之中被说服
有倾听的动机且能够作出评估	缺乏倾听的动机或听懂的能力
全心投入	心不在焉
积极处理信息	信息处理被动且在一闪念间作出决定
考量证据的正反两个方面	既不逆向思维也不思考何以会被说服
使用推理和逻辑	很少进行理智的分析，并且总是按直觉和凭感情冲动行事
态度一经改变就会持久而不易发生反复	态度的改变是暂时的，且容易发生反复

（二）运用录像观摩的方法来讨论庭审辩论的技巧

涉及庭审辩论的录像资料有五种来源：（1）经法院法官以及当事人的同意，拍摄刑事诉讼、民事诉讼或者行政诉讼的庭审过程；（2）地方法院或者检察院有以往业务比赛或者观摩学习的影像资料；（3）法院、检察院等法律网站上公布的案件审理的录像或者视频；（4）电视台制作的法律类节目；（5）法律类的电影和电视连续剧。在组织观摩和讨论的过程中，需要注意选取影片中的庭审辩论部分即可，案情说明以事先的简介来补充。同时，需要确定观摩和讨论的重点。

对于庭审辩论的教学部分，为了提高观摩学习的效果，组织学生观摩与讨论需要注意如下事项：

（1）学生需要做书面记录；

（2）讨论阶段要做口头报告；

（3）分阶段播放观摩影片，由教师做阶段性点评或者说明；

（4）指示学生观察律师对庭审场景和过程的临场控制；

（5）指示学生观察和记录双方辩论的焦点和不同策略；

（6）分组讨论庭审辩论技巧；

（7）教师做点评，总结庭审辩论技能的要点。

🎤 经典台词

辛普森案控辩双方的总结陈词

案件的背景和质证：两个洛杉矶警察局的白人警员在尤拉·拉芙的住处将其射杀，而该案最终以辛普森正当防卫被宣判无罪。自此引发了美国社会中的种族矛盾。尔后，一系列的社会运动都间接影响到辛普森案中陪审团的态度。辛普森被控谋杀荣·高德曼和妮可·布朗（辛普森的前妻）后，在该案的质证过程中，辩方抓住了检控方的三个主要漏洞：（1）警方的取证不符合程序要求。范·阿特（警长）得到辛普森的血样后并未将它立即送交警署刑事化验室，反而携带血样回到了32公里以外的凶杀案现场。三个小时之后，才将血样交给正在现场取样勘查的刑事检验员丹尼斯·方。丹尼斯·方作为鉴证人员有可能污染取样证据。辩方问丹尼斯·方有无在未带手套的情况下接触证物，方回答说没有。而辩方出示的录像带显示当时实地取证时其未带手套而触碰了证物。（2）马克·福尔曼（洛城警员）有作伪证的嫌疑。辩方盘问福尔曼是否曾经称呼非裔美国人士为一个黑鬼，福尔曼回答说没有，而事后辩方出示了录音带表明其曾经说过。在第二次盘问中，辩方问福尔曼上次有无作伪证，福尔曼援引美国宪法修正案第五条不得自证其罪而拒绝回答所有问题。（3）检控方在庭审中让辛普森戴上案发现场找到的手套，但手套显得有点小而不合手。

玛莎·克拉克检察官：在对所有证据的呈现过程中，有一些呈现给你们的证据，根本无助于回答这个问题：是谁谋杀了荣·高德曼和妮可·布朗？这就有赖于你们，陪审团去甄别那些干扰，去甄别那些作秀，去决定哪些证据，才是真正有助于我回答这个问题的。从9点36分到10点54分，被告的行踪完全无据可查，在10点43分，艾伦·帕克，礼宾车司机，看到一个大约一米八个子，九十公斤块头的非裔美国人，穿着一身深色服装沿着车道走着……

强尼·柯克伦律师：你们是一个极出色的陪审团，可能是我见过最耐心的，也是最健康的陪审团。回想这次庭审的决定性时刻，达尔登先生要求辛普森先生试戴那双手套，而那双手套不合手，请记住这句话：如果它不合手，你就得让他走。

　　当你们走回合议室，有些人也许会说：哎呀，你看，男人就那德行，这就像是警方的行话，他们说话就那个调调。那是不可接受的，那是这个社群里的一种意识，如果你选择忍受这种态度，那也是你得到这种态度的原因。一个种族分子是凌驾于你的人，是可以对你为所欲为的人，一名警员，走在街上，一名巡警，他就是那个最绝对的威权，立于法制体系之上，他甚至能掌握你的性命，而这就是为什么，这就是为什么，这一切必须被杜绝。阻止这场阴谋，终止这场阴谋，假如你们都不行动，还能指望谁？你们觉得警察局会终止它吗？你们觉得检察署会终止它吗？你们觉得靠我们自己能够终止它吗？它只能是由你们来终结。

　　范·阿特撒着弥天大谎，接着是福尔曼与他不相伯仲，而这一对谎言与邪恶的化身，正代表着一种为所欲为的风气，正代表着一种视而不见的风气，如果我们就是规则、就是王法，那就没人能够挑战我们，我们就是洛城警局。毫无道德可言，让人齿冷，福尔曼警官接着说，他一心只想着看到所有黑鬼被集中起来，然后扑杀掉，他的描述里包括着焚烧他们，或是炸掉他们。曾经有另外一个抱有同样执念的人，人们没有在意，人们说，他只是疯癫，他只是个半吊子画家。他们没有有所行动，而这个人，这个祸害成为了整个世界历史上最可恶的人，阿道夫·希特勒。人们没有重视，也没有试图阻止他，他将威权用于自己的种族主义，用于自己的宗教迫害，而没有人站出来阻止他，最后导致了"二战"的发生。

资料来源：纪录片《辛普森：美国制造》（*O. J.*：*Made in America*）

（三）运用角色扮演或者模拟法庭的方法来展示庭审辩论的技巧

在庭审辩论的教学过程中，教师可以运用角色扮演或者模拟法庭的方法来说明和演示，以及让学生去体验庭审辩论的过程与技巧。在此之前，教师需要指示学生做好庭审辩论的准备工作。庭审辩论的准备包括庭审辩论场景和内容的准备。庭审辩论场景的准备主要是事先安排好到法院出庭的时间和地点，以及相关出庭事宜。如果是初次出庭进行庭审辩论，可以事先到庭审现场去熟悉场景。庭审辩论内容的准备主要是熟悉和把握庭审辩论的诉讼程序和法律意见，以及发生临时情况的应对对策等。从准备的形式上来看，学生可以就庭审辩论内容作出口头和书面的准备。此外，还包括出庭时候的着装、情绪等方面的准备。

法学院教师可以要求学生在进行庭审辩论的准备过程中需要注意的事项包括：

（1）熟悉刑事诉讼、民事诉讼和行政诉讼的法律程序要求；

（2）熟悉具体案情，做到口头复述案件事实；

（3）从原被告双方的角度出发，梳理证据以形成以己方为中心的证据链条；

（4）进一步理清相关的法律条款；

（5）归纳案件审理的焦点；

（6）制定陈述和辩护的诉讼策略；

（7）设想临时情况的发生及其应对；

（8）心理和心态的调整，以相同的心态去处理每一个案件，不论它是大案件还是小案子，是重要的还是微不足道的。

1. 刑事案件的角色扮演或者模拟

（1）指导学生了解在刑事案件中庭审辩论的背景。在中国的法律背景下，尽管庭审过程基本上是以法官主导的方式来进行，但由于刑事诉讼不同于民事和行政诉讼，其并不能进行双方的调解来结案，这就导致了一定程度上刑事诉讼的对抗性要大于其他性质的法律诉讼。在刑事案件的审理过程中，庭审辩论技巧既是口头辩论的一门艺术，也是重要的执业技能。这些庭审辩论技巧能否有效地在法庭中展现出来，取决于前期扎实的调查取证作为基础，以及充分的庭审前准备。

从宏观层面来看，无论是从事检控工作的公诉人，还是从事刑事辩护工作的律师，都应该从刑事案件处理的整体和全局角度来看待庭审辩论技巧的运用。我国刑事案件的处理流程包括立案、侦查、起诉、审判和执行等阶段，主要涉及公安机关对普通刑事案件和检察机关对公职人员犯罪案件的侦查、检察机关进行案件复核和提起公诉、由法院依法行使审判职能。按照《刑事诉讼法》的规定，三机关分工负责、互相配合、互相制约完成惩罚犯罪，保护人民的任务。在这一过程中，作为检控职能的承担者——检察机关对犯罪嫌疑人或者被告人的犯罪行为提起刑事公诉；而作为辩护职能的提供者——辩护律师则从无罪或者罪轻等方面进行刑事辩护，以保护当事人的合法权益。法院作为刑事案件的审判机关对定罪和量刑进行裁决和执行。在控、辩、审三方关系上，应当看到公检法三个机关仍然延续着共同打击犯罪的传统合作关系，但是，随着对被告人合法辩护权利的保护以及司法的中立性的增强，控辩双方的对抗性比较以往要有所加大。这些法律背景的因素及其潜移默化的变化，需要通过实际的刑事案件庭审去体会，并从中把握庭审辩论技巧的合理运用方式。

同时，需要注重书面和口头表达的两个方面。在教学过程中，学生往往热衷于庭审辩论的口头表达，而疏于书面或者文字表达问题。教师应当要求学生分析刑事案件的事实和法律问题，形成合理的辩护思路，并在此基础上写好公诉词、代理词和辩护词等。这些法律意见的写作需要做到言简意赅、用词准确、结构严谨、条理清楚、重点突出。也就是说，它们不是叙述性议论文，也不是学术性的论文，而是法律专业意见，它们在形式上应当能够被法官、陪审员、对方律师等专业人士所接受。

（2）组织角色扮演与模拟。在刑事案件的角色扮演或者模拟过程中，需要注意的事项包括：

① 分组模拟的问题。教师需要将表达能力不一的学生进行交叉分组，以避免两组辩论力量的不平衡。有的时候，需要交换角色扮演让不同的学生尝试从不同的角度来思考问题。

② 语言技巧运用问题。学生有无脱稿进行庭审辩论，有无抓住庭审人员

的注意力和表现出适度的信心。有无控制语速，保持口齿清楚，发音准确，音调和谐，快慢适度。从更高的要求上来看，学生有无达到声调上的抑扬顿挫，以提高庭审辩论的感染效果，等等。

③ 语言表达方式的问题。学生由于受到国外影视作品的影响，往往将刑事案件的庭审辩论想象为激烈的语言对抗，因而，在语言运用上，表现出较为激进的表达方式，甚至于情绪过于激昂。律师赢得诉讼主要依靠法庭对案件的理解和引发共鸣。经常使用对抗性或者挑衅性的语言会失去共鸣，而且可能会让人产生偏见。教师需要观察和讨论庭审辩论中情绪控制和理性说理的问题，让学生体会情绪对抗较为激烈与中立温和说理之间的差别和可接受性。教师需要区分学生语言的对抗性与庭审重点的关联性。由于学生容易将庭审辩论和一般的辩论赛等同起来，他们往往喜欢纠结于某一个词语或者细节上的问题，反而没有过多关注庭审的重点问题。

④ 在庭审辩论中需要区分不同的诉讼策略。在刑事检控方面，公诉人有无对刑事辩护的应对策略；在刑事辩护方面，律师有无结合罪与非罪与量刑轻重等因素，作出无罪或者罪轻的辩护策略。

⑤ 有无适度运用庭审辩论的技巧。例如，在首轮庭审辩论发言中进行全面论证，以达到先入为主，争取主动的辩论技巧；辩论一方对另一方可能提出的问题采取适当的方法避而不谈，而抓住对己方极有利的问题进行辩论；有无通过发问来质疑对方、转移法庭注意力、强化对己方有利的方面等；第一次和第二次庭审辩论环节有无轻重缓和的节奏安排，等等。

⑥ 整个法庭辩论有没有做到有始有终。庭审辩论结束前，有无言简意赅地将自己辩论意见进行总结和概括，以强化己方的观点。

⑦ 注重诉讼程序上的问题。例如，学生经常喜欢用"我方反对"的方式来阻止对方的发问或者发言。因此，教师可以安排以西方庭审模式和中国庭审模式下进行模拟法庭来加以区分。

⑧ 对庭审辩论有无整体的控制能力。即学生能否始终抓住庭审辩论的重心，知道把握重点，放弃细节的纠缠。

⑨ 整体评估学生有无表现出自信的法律人的气质和气势。

示例：庭审中被告人翻供的应对

案情简介：2015 年 5 月 6 日上午 9 时许，犯罪嫌疑人张某（女）在武汉市洪山区××小区×栋×门×房，因与被害人李某（男）发生感情纠葛，将稀释后的硫酸泼到李某的脸部，造成其六级伤残。经查明犯罪嫌疑人张某为外地来汉打工者，1999 年 7 月与家住洪山区××小区的武汉人李某相识，后两人同居生活。2015 年 5 月被害人李某因家庭反对其与张某交往并为其介绍对象，提出与张某分手。同年 5 月 5 日，犯罪嫌疑人张某一气之下，到洪山区青山门市部购买硫酸一瓶。第二天，将稀释后的硫酸泼到李某的脸部，见到李某疼痛万分，张某又叫来出租车将李某送至东风医院就诊。李某的父亲李某某知道此事后，即拨打 110 报警，武汉市公安局洪山分局将犯罪嫌疑人张某抓获。后经武汉市洪山区检察院批准逮捕，以涉嫌故意伤害罪将犯罪嫌疑人张某羁押于洪山区看守所。

　　辩论设定：控方以故意伤害罪对张某提起公诉，辩方作无罪辩护；被告人张某在行使侦查和检察起诉中一直承认其罪行，但在庭审过程中，突然翻供。拟从检控方的角度组织质证和公诉意见。

　　相关证据摘要：

　　1. 犯罪嫌疑人张某身份材料

　　犯罪嫌疑人张某，女，1993 年 9 月 12 日出生，汉族，江苏省徐州市人，初中文化程度，高中肄业后待业在家，暂住洪山区××小区×栋×门×房。

　　2. 犯罪嫌疑人被抓获经过

　　2015 年 5 月 6 日下午 3 时许，经洪山区××小区住户李某某打 110 报案，武汉市公安局洪山分局干警在洪山区东风医院将犯罪嫌疑人张某抓获，当时犯罪嫌疑人并无反抗，后据其交待从××小区×栋×门×房查获硫酸半瓶、稀释硫酸的脸盆一个。

　　3. 物证两份及其照片

　　物证一：黄山牌硫酸半瓶（附照片）；物证二：稀释硫酸的脸盆一个（附照片）。

　　4. 被害人李某的伤残鉴定书

　　经武汉市公安局刑事鉴定处于 2015 年 6 月 3 日鉴定，被害人李某脸部受强度硫酸淋蚀，达到严重损伤程度（脸部变形、鼻子塌陷、嘴唇歪斜、面容被毁），为国家标准六级伤残。

　　5. 证人杨某某的指认笔录

　　证人杨某某为洪山区青山门市部营业员，2015 年 5 月 20 日在洪山区看守所对犯罪嫌疑人进行指认，其指认张某曾到青山门市部购买硫酸。

　　6. 证人杨某某证言

2015 年 5 月 5 日，犯罪嫌疑人张某到洪山区青山门市部要求购买黄山牌硫酸一瓶，声称购买硫酸是为清洗厕所厨房所用，张某还向本人询问硫酸的强度，并在门市部找来一块棉布，将硫酸泼在上面以检验硫酸的质量，后交付人民币 25 元提走硫酸一瓶，有当日的营业清单为证。

7. 证人刘某证言（证人刘某为洪山区东风医院急诊医生）

2015 年 5 月 6 日上午 10 时左右，有一名女青年将一名男子带到急诊室，该男子脸部严重损伤，后检查为硫酸腐蚀所致，该女青年声称男子为其男友，不慎被硫酸所伤。

8. 犯罪嫌疑人在公安机关的讯问笔录

2015 年 5 月 8 日，犯罪嫌疑人张某在武汉市公安局洪山分局的办案人员的讯问下，对犯罪事实供认不讳，讯问笔录有其签名和手印。

9. 犯罪嫌疑人在检察机关的讯问笔录

2015 年 6 月 12 日，犯罪嫌疑人张某在武汉市洪山区检察院的办案人员的讯问下，其拒不承认犯罪事实，并拒绝在讯问笔录上签名和盖手印。24 日，犯罪嫌疑人张某在武汉市洪山区检察院的办案人员的第二次讯问下，对犯罪事实供认不讳，讯问笔录有其签名和手印。

10. 被害人李某陈述

2015 年 5 月 6 日上午 9 时左右，我在床上睡觉，听得张某进门在厕所里冲洗什么，过了一会儿，张某突然端来一脸盆水样的东西，朝我脸上泼来，顿时我感到脸部剧烈刺痛，倒地乱滚喊救命，后来也不知怎么到医院的。现在我才知道是张某用硫酸泼我。

11. 洪山区××小区居委会所写的情况说明

张某为外地来汉打工者，与李某在洪山区××小区居住，因家庭原因，感情不和，李某曾多次打骂张某。

2. 民事案件的角色扮演或者模拟

（1）指导学生了解在民事案件中庭审辩论的背景。在民事案件中，法律程序包括普通程序、简易程序和特别程序。普通程序是指我国人民法院审理第一审民事案件通常适用的程序。第一审程序是全部民事审判程序的基础，具有广泛的适用性。根据我国《民事诉讼法》的规定，通常可分为四个阶段：首先，起诉和受理，即民事诉讼程序的开始阶段。包括原告起诉和人民法院受理两方面的诉讼行为的结合。其次，审理前的准备，即审判人员在受理案件之后、审理之前应作的准备工作。主要是弄清双方当事人的请求与答辩，调查、收集证据，通知与案件有利害关系的人参加诉讼，以及其他保证正确、及时审理案件的工作。再次，开庭审理，即人民法院在当事人和其他诉讼参与人参加下，审查证据，查明案情，分清是非，正确适用法律，确认当事人之间的民事权利义务关系，进行调解或判决。开庭审理又可分为：①准备阶段。由法庭查明和解决案件能否进行实体审理的问题。②法庭调查。即在法庭上审查各种证据，对案情进行直接、全面调查。③法庭辩论。④调解或判决。法庭在审理和辩论的基础上可进行调解，达成协议，审理即告终结；调解未达成协议的，依次判决。最后，法院进行宣判。人民法院宣告判决，一律公开进行。当庭宣判的，应当在十日内发送到判决书；定期宣判的，宣判后立即发给判决书。

从刑事、民事和行政诉讼的比较上来看，民事诉讼的庭审辩论有着很多不同的地方。第一，民事诉讼的原被告双方的关系不同于刑事诉讼控辩双方的关系，其关系是平等主体之间的利益纠纷关系，而非国家与个人之间的关系。同样，也不同于行政诉讼中相对人与行政机关之间的关系。第二，在证据规则和举证责任上有着显著的差异。民事诉讼中"谁主张谁举证"以及举证倒置的情形，不同于刑事诉讼中检察机关的举证责任，也不同于行政诉讼中行政机关承担主要举证责任。第三，民事诉讼实务中，法院进行大量的调解与和解工作，使得庭审辩论的功能有所弱化。因此，在庭审辩论中，需要考虑到进行和解或者调解的问题，以及如何协调强化对抗和弱化对抗的关系，甚至于将庭审辩论作为和解或者调解的诉讼策略来进行安排，等等。

（2）组织角色扮演与模拟。在民事案件的角色扮演或者模拟过程中，需要注意的事项包括：

① 注意到上述刑事案件模拟中所要求的分组、语言表达技巧与方式的运用、临场控制和及时反应的能力，以及整体节奏和时间安排等问题。

② 原被告双方的诉讼主张及其表述问题。例如，诉讼请求是否清楚和合理、诉讼请求是否与事实和理由是一致的、事实和理由是否充分、法律适用是否正确，等等。

③ 原被告双方采取的诉讼策略问题。有没有改变诉讼请求、有没有提出反诉的请求、有没有提出管辖权异议、提出举证期限或者举证程序瑕疵、有没有依法要求推迟庭审期限、有没有对新证据予以说明或者强调，等等。

④ 原被告双方有无准备和解或者调解方案。该调解方案有无与他人沟通、有无达成调解的底限和阶段性策略选择的安排、在执行该方案时有无结合案情、证据与法律进行有理有节的说理，等等。

⑤ 需要注意到举证质证、庭审辩论与调解三者之间的关系。在教学过程

中，学生往往容易被上述法律程序所限制，将它们割裂开来，而忽略了三者之间的相互作用和影响。

⑥ 教师可以安排法官提问或者其他方式来打乱学生模拟的过程，以此检测学生现场模拟的应变能力。

⑦ 在有条件的情况下，可以对真实案件进行模拟法庭教学，然后，到法院实地观摩庭审过程，让学生去进一步了解模拟和现实之间的差别。

3. 行政案件的角色扮演或者模拟

（1）指导学生了解在行政案件中庭审辩论的背景。在司法实务中，行政诉讼的审判流程包括三个阶段：①立案阶段。当行政机关或者被授权组织所作出的具体行政行为侵犯了相对人的合法权益时，相对人可以通过行政复议和行政诉讼来获得法律救济。一般来说，相对人可以在申请行政复议后提起行政诉讼，或者直接提起行政诉讼。立案庭在受到当事人提供的行政诉状和相关证据材料，即根据《行政诉讼法》的受案条件进行立案的初步审查，同时，结合行政庭正在审理案件的基本情况、案件的复杂程度以及审期安排，与行政庭协调。此外，还需要对当事人进行必要的法律答疑。决定立案后，立案庭将相关卷宗材料移交给行政庭予以审查。②庭审前阶段。行政庭正式受理案件后，根据《行政诉讼法》的规定，在5日内将起诉状副本发送被告，被告收到起诉状后在10日内提交答辩状与证据材料，法院在5日内将答辩状副本发送原告。与此同时，法院认为有必要可以进行调查取证。在很多情况下，法院在原被告双方证据开示或者到法院递交材料时进行行政协调。对于重大复杂的案件，还会进行审判委员会的讨论来决定相关事宜。在这一阶段，法院有两种较为常见的裁判类型：其一，在没有进行庭审之前，法院可以就相关证据进行初步审核，作出裁定移送管辖或者不予受理；其二，如果原被告双方达成和解，原告申请撤诉，法院可以裁定撤诉来结案。③庭审阶段。如果原被告双方无法达成和解，法院即进入到正式庭审阶段。法院需要通知原被告以及第三人到庭参加诉讼，确定庭审时间和地点，以及其他相关的庭审准备工作。正式的庭审包括庭审前准备、庭审调查、庭审辩论等环节，庭审后，行政庭需要进行合议庭评议，对于重大复杂的案件，还要进行审判委员会的讨论。在这一阶段，法院有两种裁判类型：其一，以准予撤诉、不予受理、驳回起诉、移送管辖等裁定来结案；其二，根据不同的案情，作出撤销、驳回起诉、维持和履行等判决。最为常见的是，法院在庭审后继续进行行政协调工作，促成原被告双方达成和解，并以裁定撤诉结案。最后，法院作出宣判和进行文书送达，当事人如果提起上诉，法院还需要将案件材料通过调卷移交到中院，待中院作出终审判决。

由于我国《行政诉讼法》规定原则上不允许调解（行政赔偿诉讼除外），在实务上则以行政协调来替代调解，以防止直接违反法律规定。具体体现在三个方面：其一，法院以间接的方式介入意见协调，其不会直接主持原被告双方的调解，而是尽量促使双方自行和解；其二，法院不制作调解书等法律文书，即从形式上无法看出法院参与了意见协调；其三，在司法实务中，经过行政协调后，原告大多申请撤诉，而法院以裁定撤诉结案，形式上符合《行政诉讼法》的规定。换言之，行政协调是法院规避行政诉讼法规定的一种变相做法。因此，在行政案件的模拟过程中，需要对学生讲解行政审判的实务运作及其问题，以作为背景因素的考虑。

（2）组织角色扮演与模拟。在行政案件的角色扮演或者模拟过程中，需要注意的事项包括：

① 注意到上述刑事案件模拟中所要求的分组、语言表达技巧与方式的运用、临场控制和及时反应的能力，以及整体节奏和时间安排等问题。

② 事前的准备工作是否完备，其中包括案件的由来和当事人的基本情况、具体行政行为的内容、原告和被告的诉辩意见、证据的举证、质证和合议庭对证据的认定、所认定的案件事实，以及行政诉讼的争议焦点等。

③ 原被告双方的诉讼主张及其表述问题。例如，诉讼请求是否清楚和合理、诉讼请求是否与事实和理由是一致的、事实和理由是否充分、法律适用是否正确等。

④ 原被告举证责任的区分问题。行政机关作为被告依法承担主要的举证责任，即需要对其所作出行政行为的事实和法律依据予以说明，以证明其合法性。但是，在有些情况下，原告仍然要承担部分的举证责任。

⑤ 在行政诉讼中，法院的审查重点主要是行政主体资格、事实与行为的认定、法定程序和法律适用等，这些要点在庭审辩论的模拟中有无充分地体现出来。

⑥ 在行政案件模拟过程中，可以适度增加法官发问及其主导的作用。

⑦ 有无对行政协调处理的应对方案。通过行政协调，被告部分或者全部满足原告的诉讼请求，而由原告提出撤诉申请，以此结案。

第七章　法院、检察院和律所的实习要点

第一节　组织架构、办案流程和卷宗材料

到法院、检察院或者律师事务所（尤其是公检法单位或者其他行政机关）去实习，不仅仅是装订材料或者观摩庭审，而是要主动和深入地了解实习单位的组织架构、办案流程和卷宗材料。在组织架构上，需要熟悉公检法单位的内部机构和职能分工，以及在实务工作中的人际关系。例如，某一案件由哪个机构予以立案，办案人员与机构负责人之间的工作关系等。在办案流程上，需要把握整个案件的处理过程和环节，即知道某一案件从何而来，在各个环节如何处理以及将要到哪里去。在卷宗材料上，细致阅读案卷材料的正卷和副卷，了解各种法律文书的样式和写作，同时，在此基础上去提升自身的执业技能。例如，在阅读取保候审决定书和保证书等材料时，应当思考你会办理取保候审吗？包括需要什么手续材料、找哪个机关办理、如何找保证人、要交多少保证金等。

一、组织架构

公检法单位的内部机构主要分为三类：（1）行政部门。如办公室负责会议、研究和行政事务、政治处负责人事管理、纪检组负责党纪监督、机关党委负责党员管理、行政科负责后勤管理、档案室负责卷宗归档等。（2）业务部门。如法院的立案庭、民庭、刑庭、行政庭、审监庭、执行局以及派出法庭等。（3）辅助部门。如值班室、保安室等。表7-1以某市区级公检法单位为例予以列示：

表 7-1

公安机关	检察院	法院
办公室	办公室	办公室
政治处	政治处	政治处
纪委	行政装备科	司法行政装备科
警务保障室	侦查监督科	监察室
法制室	公诉科	立案庭
治安大队	未成年人刑事检察科	刑事审判庭
人口管理大队	反贪污贿赂局	民事审判第一庭
国保大队	反渎职侵权局	民事审判第二庭
消防大队	职务犯罪预防科	民事审判第三庭
刑侦大队	监所检察科	行政审判庭
网安大队	控告申诉检察科	审判监督庭
经侦大队	民事行政检察科	执行局
禁毒大队	检察技术科	司法警察大队
巡警大队	派驻化工区检察室	司法鉴定科
驻区特警	司法警察大队	审判管理办公室
看守所		未成年人综合审判庭
行政拘留所		各派出法庭
各派出所和服务站		纪检、机关党委

在实习的过程中，需要了解这些内部机构，尤其是业务部门的实务工作。同时，需要把握其内在的组织关系和人际关系。以法院为例，可以从三个方面展开：

（1）法院和其他组织之间的关系，包括涉及人事权和财经权上的组织关系，例如，担任审判员或者庭长的组织审核，司法人员的薪金福利发放。此外，还可以联系到当前省以下人财物统一改革，以及理论上司法独立的问题等。

（2）法院内部机构之间的关系。例如，立案庭与民庭、刑庭、行政庭之间的关系；民庭、刑庭、行政庭与执行局之间的关系；合议庭和审委会之间的关系等。

（3）人际关系。其中隐含着以院长、副院长、庭长、副庭长为中心的权力结构，例如，会议座次和发言排序、审委会讨论的发言权重（为什么不是票决制？）等。此外，还可以联系到当前的司法责任制改革，以及理论上法官独立的问题等。

二、办案流程

以刑事案件为例，公检法单位根据《刑事诉讼法》以及相关规定，遵循法定程序办理案件。如图 7-1 所示：

（一）公安机关

公安机关在接到举报或者行政机关查处违法案件移送后，经过初查和内部审批决定是否立案，由此可以从人和事两个方面展开侦查：（1）针对犯罪嫌疑人采取相应的刑事强制措施，例如，拘留、取保候审和逮捕等；（2）进行调查取证，通过讯问、询问、勘验、检查、鉴定等方式获取物证、书证、证人证言、被害人陈述、犯罪嫌疑人、被告人供述和辩解、鉴定意见、勘验、检查、辨认、侦查实验等笔录、视听资料、电子数据等证据材料。经研究讨论决定是否起诉，如果决定起诉，则撰写起诉意见书，并附带卷宗材料移交检察院提起公诉。

（二）检察院

检察院在收到公安机关或者反贪部门移交的案件后，进行相应的证据复核，主要包括到看守所提讯犯罪嫌疑人、复核相关物证、证人证言、勘验检查笔录、鉴定意见等；同时，听取辩护人、被害人及其诉讼代理人的意见，并审查是否存在漏罪和侦查活动是否合法等。如果发现证据不足或者欠缺的，可以退回侦查机关补充侦查。最后，经研究讨论决定是否提起公诉。

（三）法院

法院刑事庭法官的基本工作主要包括案件移交、阅卷笔录、调查取证、庭前会议、开庭审理、合议庭评议和审判委员会讨论、裁判文书的撰写与审批、宣判和送达等。除此之外，还包括参加会议、进行司法统计和年度报告、撰写调研文章、法制宣传、判后答疑等。

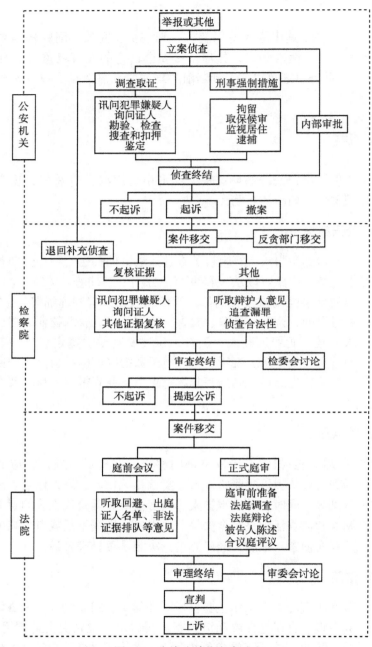

图 7-1 公检法单位办案流程

在实习过程中，除了熟悉上述公检法单位的办案流程之外，还需要注意一些实务上的做法。例如，以前有的公安机关在侦查过程中将羁押在看守所的犯罪嫌疑人调换不同房间（俗称号子），即采取变相刑讯逼供的方法获得犯罪嫌疑人的供述；又如，当公安机关侦查案件可能要超期时，其先将案件移交检察院，然后利用两次退回补充侦查获得办案时间等。

三、卷宗材料

（一）法院的卷宗材料

1. 行政一审诉讼文书材料

以 H 区人民法院行政诉讼案件材料为例，正卷和副卷的卷宗封面内容基本相同（副卷上加盖"秘密"字样）。其主要内容包括：（1）案件年份和编号。例如，2008 年洪行初字第 3 号。（2）行政案件的案由。根据 2004 年 1 月 14 日最高人民法院发布的《关于规范行政案件案由的通知》，行政案件的案由分为：作为类案件、不作为类案件、赔偿类案件。其中，行政作为类案件案由的结构为：管理范围+具体行政行为种类。以诉公安机关所作的行政拘留处罚为例，案由则确定为："治安行政处罚"。（3）原告、被告和第三人。例如，某案件中原告是某广告有限公司、被告是某市城市管理执法局和该市某区某市城市管理执法局。（4）审判法官和书记员名字。在审判长、审判员和书记员一栏中填写的是负责审判该案法官的名字。（5）该案的一审和二审的裁判结果。例如，一审裁定准许撤诉。（6）注明收案日期和结案日期。

一般来说，法院的案件材料分为正卷和副卷，正卷主要包括七组材料：（1）至（3）组材料分别是原告、被告和当事人的诉辩文书、身份情况和证据材料等；（4）法院的调查取证材料；（5）庭审材料，主要包括法院诉讼文书、开庭笔录、代理词、辩护词等；（6）一审裁判文书；（7）二审裁判文书。副卷主要包括四组材料：（1）主审法官的阅卷笔录和审理报告；（2）有关部门的材料，主要包括承办人与有关部门内部交换意见的材料、有关本案的内部请示和批复；（3）法院内部讨论材料。主要是评议笔录以及审判委员会讨论记录；（4）裁判文书材料。副卷的材料一般不对外公开。由于需要保持行政审判的权威性和统一性，在正卷部分的案件材料中，很难看到法官的不同意见，包括对事实认定、证据采信以及法律适用等方面的观点分歧。相反，在副卷部分的案件材料中，或多或少可以看到主审法官和其他法官之间的不同观点。由此，展现在我们面前的是行政审判的两面。表 7-2 以 2009 年孟某诉公安机关户籍登记行为案为例，分别列示该案的案卷封面内容、正卷和副卷的内容。

表 7-2

行政一审卷宗封面	
案件年份和编号	2009 年洪行初字第 1 号
案由	户籍登记行为
原告	孟某
被告	某市公安分局
第三人	某村村民委员会
审判法官和书记员名字	（略）
一审的裁判结果	裁定驳回原告起诉
二审的裁判结果	裁定维持
收案日期	2008 年 11 月 4 日
结案日期	2009 年 7 月 2 日
行政一审卷宗正卷目录	
一、原告的材料	
起诉书	（1）请求撤销公安机关"农转非"户籍登记行为；（2）被告承担诉讼费用。 事实和理由（略）
受理案件通知书	（略）
缴费诉讼费通知	诉讼费 50 元发票
法定代表人和诉讼代理人的身份证明及授权委托书	原告孟某的居民身份证、户口簿； 委托代理人汤某的居民身份证、特别授权委托书
原告提供的证据	原告举证材料清单（目录、内容、时间与效力） 社会保险基本信息确认表、开户凭证等

二、被告的材料	
应诉通知书回执	（略）
被告的答辩状	理由：孟某原农村的土地经市政府征地拆迁，根据补偿协议，孟某转为非农业户口并领取 2 万元安置补偿费
法定代表人和诉讼代理人的身份证明及授权委托书	派出所所长和公安分局局长及其委托代理人的材料
被告提供的证据	被告举证材料清单（目录、内容、时间与效力） （1）常住人口登记卡； （2）市拆迁办、市规划土地部门、市政府办公厅文件； （3）市征地补偿安置审批文书； （4）安置补偿协议书； （5）安置费兑现一览表； （6）公证书； （7）相关法律依据。
三、第三人的材料	
参加诉讼通知书	（略）
第三人的答辩状	（略）
法定代表人及诉讼代理人的身份证明及授权委托书	（略）
第三人提供的证据	第三人举证材料清单（目录、内容、时间与效力）
四、法院的调查取证材料	
询问、调查笔录、接谈笔录及调查取证材料	法官的调查笔录若干份
五、庭审材料	
开庭通知、传票、公告底稿	（略）

续表

停止行政机关具体行政行为继续执行的法律文书	（无）
开庭提纲	（略）
开庭审判笔录	（略）
代理词和辩护词	原被告提交的代理词各一份
撤诉书	（无）

六、一审裁判文书

判决书、裁定书的正本	裁定书正本： （1）以超过诉讼时效为由裁定驳回起诉； （2）原告负担诉讼费。
宣判笔录	（略）
送达回证	（略）

七、二审裁判文书

上诉或复核案件移送书	（略）
上级法院退卷函	（略）
上级法院的判决书、裁决书及批复	中院的终审裁定：驳回上诉，维持原裁定
证物处理手续	（无）

行政一审卷宗副卷目录

一、主审法官的笔录和报告

阅卷笔录	主审法官对各类证据材料的摘要
案件承办人的审理报告	关于孟某诉公安户籍管理案的审理报告： （1）案件的由来和审理经过； （2）当事人的身份情况； （3）被诉具体行政行为的内容； （4）各方提交的证据与分析； （5）审理查明的事实； （6）争议焦点和承办人意见； （7）合议庭评议意见。

二、有关部门的材料	
承办人与有关部门内部交换意见的材料	某市公安分局向区委和区政府提交的《关于我局参加行政诉讼一案的情况反映》，有关情况汇报和败诉的社会后果等
有关本案的内部请示和批复	本院向区委和区政法委提交的情况报告；延长审理期限的申请和省高院的（2009）鄂行复字第 001 号批复
三、法院内部讨论材料	
合议庭评议案件笔录	三位法官的意见、合议意见与签字
审判庭研究、汇报案件记录	（无）
审判委员会讨论记录	审委会成员参加案件讨论、审委会决议与签字
案情综合报告原、正本	（无）
四、裁判文书材料	
判决书、裁定书原本	裁定书原本（经副院长和庭长签字）
审判监督表和发回重审意见书	（无）

2. 民事和刑事一审诉讼文书材料

根据最高人民法院发布《人民法院诉讼文书立卷归档办法》（法办发〔1991〕46）的规定，刑事一审诉讼文书材料包括：（1）卷宗封面；（2）卷内目录；（3）案件移送书（收案笔录）；（4）起诉书（自诉状）正本及附件；（5）送达起诉书笔录；（6）聘请、指定、委托辩护人材料；（7）自行逮捕决定、逮捕证及对家属通知书；（8）搜查证、搜查勘验笔录及扣押物品清单；（9）查封令、查封物品清单；（10）取保候审、保外就医决定及保证书；（11）退回补充侦查函及补充侦查材料；（12）撤诉书；（13）调查笔录或调查取证材料；（14）赃、证物鉴定结论；（15）审问笔录；（16）被告人坦白交代、揭发问题登记表及查证材料；（17）延长审限的决定、报告及批复；（18）开庭前的通知、传票、提押票换押票；（19）开庭公告底稿；（20）开庭审判笔录（公诉词、辩护词、证人证词、被告人陈述词）；（21）判决书、裁定书正本

（刑事附带民事部分的调解书、协议书、裁定书正本）；（22）宣判笔录（委托宣判函及宣判笔录）；（23）判决书、裁定书送达回证；（24）司法建议书；（25）提押票；（26）抗诉书；（27）上诉案件移送书存根；（28）上级人民法院退卷函；（29）上级人民法院判决书、裁定书；（30）执行通知书存根和回执（释放证回执）；（31）赃物、证物移送清单及处理手续材料；（32）备考表；（33）证物袋；（34）卷底。

民事一审诉讼文书材料包括：（1）卷宗封面；（2）卷内目录；（3）起诉书或口诉笔录；（4）立案（受理）通知书；（5）缴纳诉讼费或免费手续；（6）应诉通知书回执；（7）答辩状及附件；（8）原、被告诉讼代理人、法定代表人委托授权书、鉴定委托书及法定代表人身份证明；（9）原、被告举证材料；（10）询问、调查取证材料；（11）调解笔录及调解材料；（12）开庭通知、传票及开庭公告底稿；（13）开庭审判笔录；（14）判决书、调解书、裁定书正本；（15）宣判笔录；（16）判决书、调解书、裁定书、送达回证；（17）上诉案件移送函存根；（18）上级法院退卷函；（19）上级法院判决书、调解书、裁定书正本；（20）证物处理手续；（21）执行手续材料；（22）备考表；（23）证物袋；（24）卷底。

随着2001年12月6日最高人民法院发布《关于民事诉讼证据的若干规定》，初步确定了我国的民事证据交换制度，最高人民法院在《关于民事经济审判方式改革问题的若干规定》中规定："案情比较复杂，证据材料较多的案件，可以组织当事人交换证据。"在最高人民法院的倡导下，各地法院进行了预备庭的试点。由此，在民事一审诉讼文书材料中增加了立案审查表，人民法院民事诉讼风险提示书，举证通知书，减、免、缓交诉讼费申请，审批手续及缴纳诉讼费收据，预备庭笔录等材料。

（二）检察院的卷宗材料

根据最高人民检察院2016年9月14日发布《人民检察院诉讼文书材料立卷归档细则》的规定，归档的诉讼文书材料，可以分别立卷为刑事诉讼类案卷、控告申诉类案卷、民事行政检察类案卷和其他类案卷（第2条）。刑事诉讼案卷中的立案侦查、审查起诉案卷和民事行政检察案卷根据情况可以分立正卷和副卷。正卷主要存放诉讼过程中依法应当提供的法律文书、主要证据及其他材料；副卷主要存放其他法律文书、证据以及在办案过程中产生的请示、报告、讨论意见等内部材料（第11条）。其中，审查起诉案件材料如表7-3所示：

表 7-3

正卷	副卷
1. 起诉书； 2. 新认定、补充的证据材料； 3. 证据目录，证人名单； 4. 向人民法院移送赃款、赃物及其他物证清单； 5. 人民检察院办理共同犯罪案件中，对同案犯已作不起诉决定的法律文书； 6. 其他需要入卷材料。 二审或者再审案卷参照以上材料排列顺序。	1. 接收案件通知书，受理案件登记表，案件材料移送清单； 2. 起诉意见书，移送起诉意见书，交（转）办案件材料； 3. 换押证； 4. 委托辩护人告知书/申请法律援助告知书； 5. 委托诉讼代理人告知书/申请法律援助告知书； 6. 审查起诉期限告知书，重新计算审查起诉期限通知书； 7. 律师事务所授权委托书，当事人授权委托书及律师事务所介绍信； 8. 取保候审决定书； 9. 保证人保证书； 10. 律师申请对犯罪嫌疑人取保候审的请求及检察机关的决定； 11. 阅卷笔录； 12. 参加侦查机关侦查、勘验、检查的记录； 13. 提讯、提解证，传唤证或者传唤通知书； 14. 讯问犯罪嫌疑人提纲，犯罪嫌疑人诉讼权利义务告知书，讯问笔录； 15. 询问证人、被害人的提纲、通知书，证人、被害人诉讼权利义务告知书，询问笔录； 16. 听取辩护人意见情况； 17. 询问鉴定人提纲、通知书、笔录； 18. 听取意见笔录，和解协议书； 19. 人民检察院补充侦查（勘验、检查、鉴定、复核记录）材料； 20. 委托技术性证据审查书； 21. 案件审查报告（审查意见书）； 22. 讨论案件记录； 23. 检委会会议研究意见（纪要及决定事项通知书）； 24. 补充移送起诉通知书； 25. 补充侦查决定书、提纲； 26. 逮捕犯罪嫌疑人意见书或者逮捕决定书（起诉阶段决定逮捕的）； 27. 侦查机关补充侦查材料； 28. 侦查机关起诉意见书； 29. 重新计算期限或者延长审查起诉期限通知书； 30. 起诉书； 31. 送达回证；

正卷	副卷
	32. 量刑建议书;
	33. 换押证;
	34. 适用简易（速裁）程序建议书;
	35. 人民法院（不）同意适用简易（速裁）程序意见书;
	36. 适用简易（速裁）程序意见书;
	（第34~36项适用于简易、速裁程序案卷）
	37. 庭前会议通知书及会议记录;
	38. 出庭通知书;
	39. 派员出庭通知书;
	40. 出庭预案（讯问或者询问提纲、举证质证提纲、答辩提纲、公诉意见书）;
	41. 出庭笔录;
	42. 延期审理建议书;
	43. 提供法庭审判所需证据材料通知书;
	44. 恢复庭审建议书;
	45. 换押证;
	46. 刑事裁定书（中止审理）;
	47. 撤回起诉决定书，不起诉决定书;
	48. 变更、追加起诉相关材料;
	49. 一审判决书、裁定书及对判决、裁定书审查表;
	50. 被害人提请抗诉申请书;
	51. 抗诉请求答复材料;
	52. 抗诉书;
	53. 检察建议书，纠正违法通知书;
	54. 侦查机关的回复和纠正整改情况;
	55. 二审法院终审判决书、裁定书;
	56. 处理查封/扣押财物、文件决定书;
	57. 涉案财物出、入库手续;
	58. 案件质量评查表;
	59. 其他需要入卷材料。

（三）律师事务所的卷宗材料

根据司法部、国家档案局发布《律师业务档案立卷归档办法》（司律通字

〔1991〕153 号）的规定，律师业务档案分诉讼、非诉讼和涉外三类。诉讼类包括刑事代理（含刑事辩护和刑事代理）、民事代理、经济诉讼代理、行政诉讼代理四种；非诉讼类包括法律顾问、仲裁代理、咨询代书、其他非诉讼业务四种；涉外类根据具体情况按前二类确定（第 3 条）。有关刑事、民事和法律顾问卷宗材料如表 7-4 所示：

表 7-4

刑事卷	民事代理卷	法律顾问卷
1. 律师事务所（法律顾问处）批办单；	1. 律师事务所（法律顾问处）批办单；	1. 聘方的申请书、聘书或续聘书；
2. 收费凭证；	2. 收费凭证；	2. 聘请法律顾问协议；
3. 委托书或指定书；	3. 委托书（委托代理协议、授权委托书）；	3. 聘方基本情况介绍材料；
4. 阅卷笔录；	4. 起诉书、上诉书或答辩书；	4. 收费凭证；
5. 会见被告人、委托人、证人笔录；	5. 阅卷笔录；	5. 办理各类法律事务（如起草规章、审查合同、参与谈判、代理解决纠纷、提供法律建议或法律意见、咨询或代书等）的记录和有关材料；
6. 调查材料；	6. 会见了当事人谈话笔录；	
7. 承办人提出的辩护或代理意见；	7. 调查材料（证人证言、书证）；	
8. 集体讨论记录；	8. 诉讼保全申请书、证据保全申请书、先行给付申请书和法院裁定书；	6. 协议存续、中止、终止的情况；
9. 起诉书、上诉书；	9. 承办律师代理意见；	7. 工作小结。
10. 辩护词或代理词；	10. 集体讨论记录；	
11. 出庭通知书；	11. 代理词；	
12. 裁定书、判决书；	12. 出庭通知书；	
13. 上诉书、抗诉书；	13. 庭审笔录；	
14. 办案小结。	14. 判决书、裁定书、调解书、上诉书；	
	15. 办案小结。	

第二节　阅 卷 笔 录

一、阅卷笔录要点

在司法审判、检察公诉或者律师代理的过程中，需要对案卷材料进行阅卷和摘录。撰写阅卷笔录的作用有：（1）简化和概括案情。在司法实务中，具体案情并不像法学教育或者司法考试中所提供的案例，摆在你面前的是错综复杂的各种证据材料，而阅卷工作需要在梳理证据和法条的基础上对案情进行简化和概括，即体现了发现有效法律信息的抽象概括能力。（2）对案件进行摘要有助于迅速和准确地把握整个案件的情况，或者说对案件的来龙去脉了如指掌。（3）在对案件有整体性把握的基础上，研究案卷材料中的细节，去发现其中存在的事实和法律问题，为后续工作提供指引。（4）提高法律文书的写作技能。法律文书写作的核心在于将案件所涉及的事实与法律予以提炼，明确己方观点，并运用法律语言清晰有力地表达出来。由此，对于案例的有关事实和法律问题的摘要训练是提高法律文书写作技能的有效途径之一。以法院的行政诉讼案卷材料为例，其摘要要求如下：

（1）对于起诉书内容，可以摘要原告姓名或者以某某代替，诉讼请求，事实和理由要点以及时间等。

（2）对于受案通知，可以了解一下案件来源、时间以及立案庭与行政庭的关系。有的案件还涉及上级法院的指定管辖文书。

（3）对于缴费通知，可以比照法院收取诉讼费用的标准，举一反三将其他各类案件的标准做比较摘要。

（4）对于原告的身份和授权材料，了解其格式和内容，不必摘要。

（5）对于原告提供的证据，列示证据目录，并对各类证据进行内容及其作用的摘要。

（6）对于应诉通知，主要了解与行政诉讼法规定的期限是否一致。

（7）对于被告答辩状，比较原告诉状，摘要其答辩要点。

（8）对于被告的身份和授权材料，了解其格式和内容，不必摘要。

（9）对于被告的证据材料，列示证据目录，并对各类证据进行内容及其作用的摘要。

（10）第三人的答辩状及其证据摘要同上。

（11）对于询问和调查笔录，从调查目的和内容两个方面进行摘要。

（12）对于开庭笔录，快速阅读后摘要原被告双方的争议焦点及其支持证据。

（13）对于代理词和辩护词，进行比较摘要；如果被允许的话，可以复制一份留存。

（14）对于撤诉书，分析撤诉原因，并做摘要。

（15）对于裁定书和判决书，做详细摘要，如果被允许的话，可以复制一份留存。

（16）对于送达回证，了解其格式和时间，不必摘要。

如何才算掌握了案件的整体框架呢？一个比较简单的检测方法是看能否口头脱稿复述该案案由、诉讼程序、原被告双方的情况、简要案情、双方争议焦点和证据、判决的依据和理由等。这里所说的整体性把握是指在办理案件中始终做到条理清晰，心中有"谱"——案件的整体框架。当然，上述案例是法院的成案，框架结构比较完整。如果在诉讼过程中，作为原被告一方的代理律师，则只有己方的材料，对方的观点和材料可以通过证据开示或者事前预测，以此完善案件的框架结构。之所以如此强调框架式的思维和统领能力，主要原因有三点：其一，作为代理律师或者检察官，框架式思维有助于调查取证的完整、准确把握案件的要点，以及在庭审过程中做到有条不紊。尤其是在辩论环节，可以整体把握辩论的节奏和时机。其二，作为法官，在案件审理中能够做到心中有数、不偏听偏信。对于疑难复杂案件，在审判委员会的讨论中可以简要和完整地汇报案情，确定讨论的侧重点。其三，作为实习学生，框架式思维可以防止以自我为中心的心理模式，有助于养成比较分析和换位思考的习惯。

二、阅卷笔录与审理报告、裁判文书的关系

在司法审判过程中，阅卷笔录是后续撰写审理报告和裁判文书的基础。以胡某诉武汉市国土资源和规划局洪山分局行政登记案为例，[①] 对原被告双方的诉辩意见与证据作出的阅卷笔录，构成审理报告和裁判文书的组成部分。例如，原告诉称为原告诉状的摘要，原告提交的证据为证据和证据目录的摘要等。

① 湖北省武汉市洪山区人民法院（2015）鄂洪山行初字第00100号行政判决书。

示例一：原告诉状的阅卷笔录与判决书内容

原告胡某诉称，2015 年 5 月 26 日，被告在报纸上刊登《关于注销劝业场社区片征收项目国有土地使用证的公告》，认为洪山区人民政府对原告位于武汉市洪山区珞珈山路附 11 号综合楼 104 室下达《征收补偿决定》，决定注销原告所有的房屋的土地证书是错误的。事实上，原告从未收到洪山区人民政府下达的《征收补偿决定》，该决定是否作出原告也不知道，被告在作出注销行为前没有尽到审查责任，在没有事实依据的情况下作出注销行为显然是错误的，严重侵害了原告的合法权益。故提起诉讼，请求依法撤销被告注销原告房屋《国有土地使用证》的行政行为。

示例二：原告提交证据的阅卷笔录与判决书内容

原告胡某在举证期限内向本院提供以下证据：

证据 1：《武汉市国土资源和规划局》武土资规函（2013）792 号文件，证明原告居住片区土地性质为商业服务业设施用地，不符合国家关于征收土地法规中规定的征收土地的六种情形，意味着原告居住片区的土地不能实行征收，应该按照商业拆迁来处理。

证据 2：《武汉市洪山区人民政府办公室的回复》，证明洪山区政府明确答复没有与原告胡××签订补偿协议。

证据 3：《武汉市洪山区人民政府办公室的回复》，证明洪山区政府 2014 年 8 月 13 日之前没有对 15 个原告作出房屋征收补偿决定。

三、复杂案件的阅卷笔录

对于一般案件，阅卷笔录往往通过简化和概括对证据材料予以处理，同时，结合预备庭或者审前会议进行修正和固定。而在复杂案件中，由于证据材料多而杂，逐一笔录很难把握案件的全貌，此时可以借助于表格或者图示进行类型化处理。以王某涉嫌非法转让倒卖土地使用权罪的刑事案件为例，T 公司使用国有划拨土地面积为 218 亩，部分土地上建有附着物仓库。该公司在经营期间有银行贷款，2000 年 6 月中国银行湖北省分行将 T 公司的债务整体转让给中国某资产管理公司武汉办事处。2003 年 T 公司债务重组。2004 年 6 月某资产管理公司武汉办事处委托 Z 拍卖公司将该仓库公开拍卖。2004 年 6 月 18 日 Z 拍卖公司将该拍品拍卖，买受人为 A，2004 年 7 月 A 将拍卖标的转让给犯罪嫌疑人王某。2004 年 10 月王某委托 E 拍卖公司又将该宗土地及土地上的房产以 1100 万元成交价拍卖给 D 公司，D 公司为取得上述拍卖标的物付款 620 万元。后因过户未果，D 公司拒付余款，而该土地及房产被再次拍卖，D 公司遂向公安机关报案。由于该案的刑事侦查卷宗材料有 13 本，需要从公安机关的刑事侦查程序、行政部门的土地使用权登记情况以及涉案公司的土地流转与交易情况分类予以列示，详见表 7-5、7-6、7-7：

表 7-5 　　　　　　　　　　刑事侦查程序

时间	执法机关与刑事强制措施	对象与事由	卷宗页码
2009-7-20	某公司向公安局报案	D 公司举报王某非法转让倒卖土地	1～12 页
2009-12-28	武汉市公安局询问王某	询问王某作出询问笔录（初查）	（略）
2011-3-17	武汉市公安局立案	王某涉嫌非法转让、倒卖土地使用权罪	（略）
2011-3-29	武汉市公安局讯问王某	讯问王某作出讯问笔录（立案侦查）	（略）
2011-3-29	武汉市公安局取保候审	经保证人担保，对王某取保候审	（略）
2011-5-15	武汉市公安局网上追逃	经网上追逃将王某抓获（抓获经过）	（略）
2011-5-15	武汉市公安局拘留	王某涉嫌非法转让、倒卖土地使用权罪	（略）
2011-6-14	武汉市公安局提请批准逮捕	同上	（略）
2011-6-21	武汉市检察院不批准逮捕	理由：（1）该罪为轻罪；（2）已全部退赃	（略）
2011-6-22	武汉市公安局取保候审	同上	（略）

表 7-6 　　　　　　　　　　土地使用权登记情况

时间	执法机关与内容	权属人	卷宗页码
1987-3-20	武昌县政府批准 T 公司以划拨方式取得国有土地使用权。	土地使用权人：T 公司	（略）
2001-4-30	武汉市江夏区政府核发夏国用［2001］第 200 号国有土地使用证，土地使用权类型：划拨，面积：218 亩。	土地使用权人：T 公司	（略）

续表

时间	执法机关与内容	权属人	卷宗页码
2012-6-28	武汉市江夏区国土资源和规划局根据湖北省天门市法院 2009 年执行裁定书，并经江夏区政府批准，对夏国用〔2001〕第 200 号国有土地使用证作出变更登记，核发夏国用〔2012〕第 471 号国有土地使用证，土地使用权类型：划拨，面积：218 亩。	土地使用权人：Y 公司	（略）
2012-9-29	经江夏区政府批准，办理出让变更登记，核发夏国用〔2012〕第 601 号国有土地使用证，土地使用权类型：出让，面积：218 亩。	土地使用权人：Y 公司	（略）

表 7-7　　　　　　　　　　土地流转与交易情况

时间	参与各方	内容	卷宗页码
2003-12-8	T 公司 中国银行湖北分行 某资产公司武汉办事处	签订《整体债务重组协议》：约定将中国银行湖北分行享有对 T 公司债权 3 亿余元转让给某资产公司武汉办事处；同时约定对 T 公司的房地产进行处置变现，所得优先偿还给某资产公司。	（略）
2004-11-26	某资产公司武汉办事处诉 T 公司借款合同纠纷案	（2005）岸民商初字第 77 号民事调解书：T 公司偿还某资产公司欠款 500 万元。	（略）
2004-7-26	Z 拍卖公司 武汉 H 公司（王某为该公司经理）	2004 年 6 月 18 日 Z 拍卖公司将 T 公司以 500 万元拍卖给 A；武汉 H 公司以 660 余万元承接 A 所竞买的标的，E 拍卖公司为鉴证方。	（略）
2004-10-15	E 拍卖公司 D 公司	王某委托 E 拍卖公司以 1100 万元拍卖给 D 公司。	（略）
2010-6-30	E 拍卖公司 Y 公司	Y 公司 1850 万元（Y 公司与武汉 H 公司、M 公司、E 拍卖公司签订房地产转让协议）	（略）

第三节　预备庭或者审前会议

预备庭或者庭前会议，是指在民事、刑事和行政诉讼的正式开庭前，由法院召集各方当事人及其代理人进行某些庭前准备工作，以保证正式开庭能顺利进行的一种程序。这一诉讼程序的主要作用在于固定诉讼请求、证据交换、确定争议的焦点和协调和解。以下通过游某某诉某市房管局房屋登记案，① 对行政审判中的预备庭进行实例说明。

一、案情简介

原告游某某不服被告某市房管局房屋登记行为一案，法院于 2014 年 7 月 21 日受理后，于 2014 年 7 月 28 日向被告某市房管局送达起诉状副本及应诉通知书等相关材料。因某区房管局、某房地产开发有限公司与本案被诉具体行政行为有利害关系，依法追加为第三人参加诉讼。被告某市房管局于 2012 年 6 月 5 日为第三人某房地产开发有限公司作出的某小区 G2-2-902 房屋初始登记的具体行政行为。

原告诉称：原告于 2011 年 8 月 29 日与第三人某房地产开发有限公司签订《武汉市商品房买卖合同》，约定购买第三人某房地产开发有限公司开发建设的位于某公馆某号房屋。第三人某房地产开发有限公司于 2012 年 4 月 16 日向被告申请办理 G2 栋房屋初始登记，因其以伪造《供电证明》的方式违规取得（2012）135 号《竣工交付使用备案证》，被告经查证属实后，于 2013 年 10 月 24 日撤销该《竣工交付使用备案证》，第三人某房地产开发有限公司后于 2014 年 3 月 6 日才取得《竣工交付使用备案证》。第三人某房地产开发有限公司于 2012 年 4 月 16 日申请办理 G2 栋房屋初始登记，显然被告为第三人某房地产开发有限公司办理 G2 栋的初始登记所依据的《竣工交付使用备案证》已被撤销，《商品房权属证明书》亦应被撤销。按照 134 号文件的规定，第三人某房地产开发有限公司在申请办理初始登记应提交《人防工程验收单》，而被告在为第三人某房地产开发有限公司办理初始登记时收集的材料不齐全，其没有《人防工程验收单》，被告违规为第三人某房地产开发有限公司办理初始登记。被告提

---

① 湖北省武汉市洪山区法院（2014）鄂洪山行初字第 00023 号行政判决书。

交的证据材料中有《人防工程联系单》两份，从形式上看都是《人防工程联系单》，根据《人防工程管理条例》的规定，人防工程验收属于行政许可行为。从本质上讲，《人防工程联系单》不具备人防工程管理部门的审核要件，将《人防工程联系单》作为《人防工程验收单》不符合法律规定。被告初审时间是 2012 年 5 月 21 日，复审时间是 2012 年 5 月 29 日，初审、复审时都没有《人防工程验收单》，被告作为一级行政机关，从对房屋初始登记的收集资料、办理初始登记流程来看，被告的行为严重违反法律规定，应确认被告为第三人某房地产开发有限公司办理初始登记行为违法并予以撤销。

被告辩称：依《房屋登记办法》第七条、第九条、第三十条及武房发（2011）第 134 号文列明了房屋所有权初始登记、商品房初始登记应提交的材料的目录，其中没有要求办证申请人提交原告所称的（2012）135 号《房地产开发项目竣工交付使用备案证》。故第三人某房地产开发有限公司的《竣工交付使用备案证》被撤销与被诉的初始登记行为无关。且武房发（2012）112 号文件的第六条规定："某市房管局在受理房地产开发项目房屋初始登记时，需查验《房地产开发项目竣工交付使用备案证》。对未办理竣工交付使用备案证手续的房地产开发项目，某市房管局不予受理其初始登记。"该文件的生效时间为 2012 年 6 月 1 日，而第三人某房地产开发有限公司申请的某公馆 G2 栋的初始登记受理时间为 2012 年 4 月 16 日，故武房发（2012）112 号文件的规定不适用于某公馆 G2 栋的初始登记。综上，被告作出的被诉初始登记行为有法有据，事实清楚，证据确实充分，原告起诉无理，应予以驳回原告的诉讼请求。

二、预备庭庭审节录

书记员：核实原被告和第三人的基本情况（略）。

审判员（独任）：原告、被告和第三人分别对对方当事人的身份有无异议？（原被告、第三人回答略）经审查，原告、被告和第三人及其诉讼代理人的身份证明与庭审前提交的手续一致，其出庭资格合法，准予参加诉讼。

审判员：本院在第×号审判庭公共开庭审理原告游某某不服被告某市房管局房屋登记行为一案的预备庭，根据《最高人民法院优化行政审判程序试点工作方案》的要求，本案的预备庭由主审法官××主持，书记员××担任法庭记录。

审判员：原告、被告和第三人是否申请回避？（原被告、第三人回答略）

审判员：本案的预备庭主要是进行如下几个方面的工作：核对当事人的身份、核查文书的送达、证据交换、固定诉讼请求、确定争议的焦点、协调和解。法庭调查和法庭辩论将在正式的庭审中进行。

审判员：首先，由原告规范诉讼请求。

原告：请求判令确认被告为第三人某房地产开发有限公司作出的某小区 G2-2-902 号房屋初始登记行为违法并予以撤销。①

审判员：根据原告的陈述，法庭对原告的诉讼请求予以归纳和固定，其诉讼请求为……

审判员：下面进行证据交换，举证的顺序为被告、原告、第三人。质证的顺序为原告、被告、第三人。根据最高人民法院《关于行政诉讼证据若干问题的规定》的相关规定，被告对被诉行政行为负有举证责任，具体规定在法院送达的举证告知书中已明确告知，当事人对对方当事人的举证有权根据最高人民法院《关于行政诉讼证据若干问题的规定》第 39 条的规定，对证据的关联性、合法性和真实性发表意见，也可以就证据提供反证。原告、被告和第三人是否听清楚了？（原被告、第三人回答略）

审判员：下面由被告进行举证，由于被告向法院提交的证据已经送达原告，被告无须逐页进行说明，只需陈述证据和证明目的，如与以前提交的证据有不同之处，另外加以说明。

被告：被告于 2014 年 8 月 7 日之前向法院提供了证据及依据，证据为某公馆（G1 和 G2 栋）初始登记档案，其证明：（1）初始登记的申请时间为 2012 年 4 月 16 日当日受理申请；（2）G2 栋维修基金的缴费时间为 2012 年 5 月 14 日；（3）办理初始登记时第三人某房地产开发有限公司提交的材料符合武房发（2011）第 134 号文件《关于印发武汉市房屋登记办理流程》（试行）要求的材料目录的规定，不需要武房开备字（2012）135 号《竣工交付使用备案证》。依据为：（1）武房发（2011）134 号文《某市房管局关于印发武汉市房屋登记办理流程（试行）的通知》及附件（部分）。（2）武房发（2012）112 号文《某市房管局关于进

---

① 原告的诉状中的诉讼请求为：（1）判令确认被告为第三人某房地产开发有限公司作出的某小区 G2-2-902 号房初始登记行为违法并予以撤销；（2）判令被告重新作出具体行政行为；（3）判令被告承担本案的诉讼费用。

一步加强房地产开发项目竣工交付使用备案管理工作的通知》。证明2012年5月2日后受理开发项目初始登记时，需交验《竣工交付使用备案证》。

审判员：下面由原告对被告提交的第一组证据发布意见。

原告：该证据中两份登记申请表上没有询问人签名，没有询问时间，未载明栋数，不能证明是有针对 G2 栋的登记行为，行政行为存在瑕疵；证据中《人防工程设计竣工联系单》的时间为 2012 年 6 月 5 日，证明本案申请人在初审复审时（即 2012 年 6 月 1 日之前）提交的材料不齐全，没有《人防工程验收单》，审批时间存在瑕疵，被告的行政行为严重违法。

被告：（略）

审判员：下面由原告对被告提交的第二组证据发布意见。

原告：对依据中 134 号文认为不能作为被告行为的法律依据。对 2012 年 112 号文件不持异议，本案诉争行为应适用 2012 年 112 号文件，被告属于提前违规向第三人某房地产开发有限公司办理初始登记。第三人某房地产开发有限公司提交申请材料时间为 2012 年 6 月 5 日，违反了 2011 年 134 号文件规定的办理时间，被告为第三人某房地产开发有限公司办理初始登记的依据不足，被告应按新规定重新办理初始登记。

被告：（略）

审判员：对原告、第三人提交的证据进行证据交换（略）

三、争议焦点的确定与裁判

根据预备庭所展示的诉辩双方的证据和意见，本案的争议焦点为：（1）初始登记手续的合法性问题；（2）112 号文件和 134 号文件的适用问题。一审和二审的裁判结论相同，但理由不尽相同。

一审判决：参照《房屋登记办法》第七条"办理房屋登记，一般依照下列程序进行：（一）申请；（二）受理；（三）审核；（四）记载于登记簿；（五）发证。房屋登记机构认为必要时，可以就登记事项进行公告"以及第三十条"因合法建造房屋申请房屋所有权初始登记的，应当提交下列材料：（一）登记申请书；（二）申请人身份证明；（三）建设用地使用权证明；（四）建设工程符合规划的证明；（五）房屋已竣工的证明；（六）房屋测绘报告；（七）其他必要材料"的规定，对于申请人提交的申请登记材料齐全且符合法定形式的，登记机关应当予以受理，应按照法定程序予以审核，记载于登记簿、发证。本案第三人某房地产开发有限公司于 2014 年 4 月 16 日向被告提交了办理房屋初始登记的登记申请书、申请人身份证明、国有土地使用证、建设用地规划许可证、建设工程规划许可证、建筑施工许可证、建设工程规划验收合格证、商品房销（预）售许可证、房地产开发企业资质证书、《房屋测绘报告书》、《人防工程联系单》等相关资料，上述材料符合《房屋登记办法》规定的应当提交的材料，被告于 4 月 18 日受理后经过审核，于 2014 年 6 月 5 日为第三人某房地产开发有限公司建设的某小区 G2 栋（含诉争的 G2-2-902 号）《武汉市商品房权属证明书》的行为，证据充分，程序正当，适用法律正确。武房发（2012）112 号文件系被告作出的规范性文件，不属于法律、法规及规章的规定，因此被告对诉争的 G2 栋房屋颁发或撤销《竣工交付使用备案证》与否，均不影响初始登记行为的合法性。故对原告要求撤销被诉初始登记行为的诉讼请求，本院不予支持。①

二审判决：根据《房屋登记办法》第四条的规定，被上诉人市房管局对其管辖范围内的房屋有进行登记管理的职权。被上诉人林宇公司向被上诉人市房管局申请对涉案房屋进行初始登记，并提供相关申请材料，被上诉人市房管局依据《房屋登记办法》第七条的规定，经受理、审核，认为符合《房屋登记办法》第三十条及 134 号文规定，予以登记，并颁发权证，并无不当。112 号文规定："自 2012 年 6 月 1 日起，凡在武汉市城市规划区范围内国有土地上新建的商品房项目……竣工，房地产开发企业在项目交付使用前应当到市房管局办理竣工交付使用备案手续。"但本案涉案房屋属 2012 年 6 月 1 日前新建的商品房项目，不适用 112 号文的规定。上诉人认为被上诉人林宇公司申请初始登记时，应提交项目竣工交付使用备案证的理由不能成立，本院不予支持。根据 134 号文，被上诉人林宇公司在申请初始登记时应提交《人防工程联系单》和《人防工程验收单》。涉案项目属分期开发项目，涉案房屋属前期工程，人防工程作为涉案项目的配套工程，规划在后期工程中建设，在前期工程完成时，后期工程尚未建设的情况下，客观上也无法提供《人防工程验收单》。因此，上诉人认为被上诉人林宇公司在申请对前期项目的房屋进行初始登记时，仅提供《人防工程联系单》，而未提供验收单导致初始登记行为违法的观点不能成立，本院不予支持。上诉人的上诉理由均不成立，

---

① 湖北省武汉市洪山区法院（2014）鄂洪山行初字第 00023 号行政判决书。

本院不予支持。①

第四节　正 式 庭 审

以行政诉讼为例，正式庭审主要包括庭审前准备、开庭审理、法庭调查、法庭辩论、最后陈述和评议宣判等环节和阶段。以下为原告徐某不服被告武汉市国土资源和房产管理局房屋登记行政行为一案的开庭审理提纲：

一、庭审前准备

书记员：现在宣布法庭纪律。根据《中华人民共和国人民法院法庭规则》第七条、第九条、第十一条、第十二条的规定，人民法院开庭审理案件时，旁听人员必须遵守下列纪律：（1）未经允许不得录音、录像和摄影；（2）不得随意走动和进入审判区；（3）不得发言、提问；（4）不得鼓掌、喧哗、哄闹和实施其他妨害审判活动的行为。法庭内禁止使用呼机、手机等移动通信工具。对于违反法庭规则的人，审判长可以口头警告、训诫，也可以没收录音、录像和摄影器材，责令退庭或者经院长批准予以罚款、拘留。对哄闹、冲击法庭、侮辱、诽谤、威胁、殴打审判人员等严重扰乱法庭秩序的人，依法追究刑事责任；情节较轻的，予以罚款、拘留。

书记员：请诉讼当事人入庭。

书记员：现在核对原告、被告、第三人及其诉讼代理人的身份和代理权限。

书记员：首先由原告向法庭陈述姓名、出生时间、民族、工作单位、住址。

原告：徐某，女，出生年月日，汉族，住武汉市洪山区雄楚大街××号。

书记员：原告是否委托代理人参加诉讼？委托代理人姓名、职业、代理权限各是什么？

原告：（略）

书记员：下面由被告向法庭陈述单位名称、单位住所地、法定代表人姓名、职务。

---

① 湖北省武汉市中级法院（2015）鄂武汉中行终字第00138号行政判决书。

被告：武汉市国土资源和房产管理局，住所地址：武汉市江岸区高雄路××号。法定代表人陈某，职务局长。

书记员：被告法定代表人是否出庭？

被告：法定代表人出庭（不出庭）应诉。

书记员：委托代理人姓名、职业、代理权限各是什么？

被告：委托代理人李某，武汉市洪山区房产管理局工作人员。代理权限为一般代理。

书记员：第三人向法庭陈述单位名称、单位住所地、法定代表人姓名、职务。

第三人：武汉市洪山区房产管理局，住所地址：武汉市洪山区鲁巷双塘小区××号。法定代表人熊某，职务局长。

书记员：第三人法定代表人是否出庭？

第三人：法定代表人出庭（不出庭）应诉。

书记员：委托代理人姓名、职业、代理权限各是什么？

第三人：委托代理人蔡某，武汉市洪山区房产管理局工作人员。代理权限为一般代理。

书记员：第三人向法庭陈述姓名、出生时间、民族、住所地址。

第三人：段某，男，出生年月日，汉族，武汉市人，住武汉市洪山区珞珈山路×××号。

书记员：第三人是否委托诉讼代理人参加诉讼？委托代理人姓名、职业、代理权限各是什么？

第三人：（略）

书记员：第三人向法庭陈述姓名、出生时间、民族、住所地址。

第三人：陈某，男，出生年月日，汉族，武汉市人，住武汉市洪山区珞珈山路×××号。

书记员：报告审判长，本案原告徐某，被告武汉市国土资源和房产管理局，第三人武汉市洪山区房产管理局、段某到庭参加诉讼。原告有（没有）委托代理人参加诉讼。被告的法定代表人（不出庭）应诉，被告的委托代理人李某的代理权限为一般代理。第三人的法定代表人（不出庭）应诉，第三人的委托代理人蔡某的代理权限为一般代理。第三人段某出庭应诉，第三人陈立未到庭参加诉讼。已经宣布法庭纪律，本案开庭准备工作已全部就绪，是否可以开庭？报告完毕。

审判长：可以开庭。

二、开庭审理

审：湖北省武汉市洪山区人民法院行政审判庭现在开庭。本院根据《中华人民共和国行政诉讼法》第三条、第四十五条的规定，今天在第十二号审判庭公开开庭审理原告徐某不服被告武汉市国土资源和房产管理局房屋登记行政行为一案。因武汉市洪山区房产管理局、段某、陈某与本案被诉具体行政行为有利害关系，根据《中华人民共和国行政诉讼法》第二十七条的规定，本院已依法通知其为本案第三人参加诉讼。根据《中华人民共和国行政诉讼法》第四十六条和《中华人民共和国法院组织法》第十条的规定，本案由湖北省武汉市洪山区人民法院行政审判庭庭长毕某担任审判长与审判员余某、审判员李某组成合议庭，书记员李某担任法庭记录。根据《中华人民共和国行政诉讼法》第四十七条的规定，当事人认为合议庭组成人员与本案有利害关系或其他关系，可能影响本案公正审判的，有权申请上述审判人员回避。

审：原告听清楚了没有？是否申请回避？

原告：听清楚了，不申请回避。

审：被告听清楚了没有？是否申请回避？

被告：听清楚了，不申请回避。

审：第三人武汉市洪山区房产管理局听清楚了没有？是否申请回避？

第三人：听清楚了，不申请回避。

审：第三人段某听清楚了没有？是否申请回避？

第三人：听清楚了，不申请回避。

审：根据《中华人民共和国行政诉讼法》第五条及有关的规定，人民法院审理行政案件，对具体行政行为是否合法进行全面的司法审查，审查的具体内容包括：（1）被告的行政主体资格是否适格；（2）是否在职权范围内作出的具体的行政行为，是否超越职权；（3）事实证据是否具有真实性、关联性、合法性；（4）适用法律、法规是否正确，是否有滥用职权的问题；（5）行政程序是否合法。根据《中华人民共和国行政诉讼法》的有关规定，当事人在诉讼中有权委托代理人，有权进行辩论。经人民法院许可可以查阅庭审材料。被告对被诉具体行政行为的合法性负有举证责任。原告对被告的举证有权进行质证，也可以提供反证。法庭审理程序包括：法庭调查、围绕争议焦点进行法庭辩论、当事人最后陈述意见、裁判四个阶段。在案件的审理程序中，当事人必须遵守法庭秩序，陈述事实，提问和辩论必须经审判长许可。当事人之间的争议焦点可随着法庭审查内容随时提出。如果当事人认为在以上庭审程序中还有与本案有关的需要陈述，还有要说的，法庭将另给你们发言的机会。当事人之间不能使用侮辱性语言攻击对方。

审：原告听清楚了没有？原告：听清楚了。

审：被告听清楚了没有？被告：听清楚了。

审：第三人武汉市洪山区房产管理局听清楚了没有？第三人：听清楚了。

审：第三人段某听清楚了没有？第三人：听清楚了。

三、法庭调查

审：现在进行法庭调查，现在由原告陈述诉讼请求及事实与理由。

原告：宣读行政诉状（略），诉讼请求：（1）请求撤销被告于2005年8月颁发的武洪房字200509186房屋所有权证。（2）诉讼费用由被告承担。

审：下面由被告陈述答辩意见。

被告：宣读答辩状（略）。

审：现在由第三人武汉市洪山区房产管理局陈述意见。

第三人：宣读陈述意见（略）。

审：现在由第三人段某陈述意见。

第三人：宣读陈述意见（略）。

审：根据原告的起诉、被告的答辩及第三人的陈述观点，本庭今天审理的重点是：对被告颁发的武洪房字200509186号房屋所有权证的具体行政行为合法性进行司法审查。原、被告及第三人应当围绕颁发的武洪房字200509186号房屋所有权证的具体行政行为的事实与依据是否具有证据的关联性、真实性、合法性提出质辩意见和反证。

审：原告听清楚没有？原告：听清楚了。

审：被告听清楚没有？被告：听清楚了。

审：第三人武汉市洪山区房产管理局听清楚没有？第三人：听清楚了。

审：第三人段某听清楚没有？第三人：听清楚了。

审：下面由被告宣读具体行政行为主体资格及法定职责的证据与依据。

被告：宣读法律依据（略）。

审：原告及第三人对被告宣读的法律依据有无异议？

原告：（略）。

第三人：（略）。

审判长：（合议庭成员当场交换意见）经质证，原告和第三人对被告提供的行政主体的证据与依据有（无）异议，本庭对被告行政主体资格的合法性予以（不予以）确认。

审：被告颁发的武洪房字200509186号房屋所有权证的具体行政行为的事实依据、法律依据有哪些？由被告举证，并分别说明每份证据的内容能证明什么问题？原告、第三人质证。

被告：（略）。原告：（略）第三人：（略）。

审：（合议庭成员当场交换意见）经质证，对被告的举证是否为有效证据待合议庭评议后予以确认。

审：下面由原告举证，并分别说明每份证据的内容能证明什么问题？被告、第三人质证。

原告：（略）。被告：（略）。第三人：（略）。

审判长：（合议庭成员当场交换意见）经质证，对原告所举证据待合议庭评议后予以确认。

审：第三人武汉市洪山区房产管理局举证？第三人：（略）。原告：（略）。被告：（略）。

审判长：（合议庭成员当场交换意见）经质证，对第三人武汉市洪山区房产管理局所举证据待合议庭评议后予以确认。

审：请第三人段某举证。第三人：（略）。原告：（略）。被告：（略）。

审判长：（合议庭成员当场交换意见）经质证，对第三人段某所举证据待合议庭评议后予以确认。

审：有几个问题，请如实回答。问原告、被告、第三人武汉市洪山区房产管理局、段某几个问题：

问被告：（1）申请表中的签名是否是本人签字？（2）交易时第三人陈某是否提供房屋所有权证、土地使用权证的原件？（3）第三人陈某交易时提供了民事调解书原件没有？

问原告：（1）申请表中的签名是否本人签字？（2）原告你是什么时候得知争议的房屋被卖掉的？

审判长：合议庭组成人员对原告、被告、第三人有无发问？

四、法庭辩论

审：法庭调查结束，根据法庭审查查明的本案争议的焦点：被告作出的颁发武洪房字200509186号房屋所有权证的具体行政行为是否合法。现在进行法庭辩论，诉讼当事人应当围绕本案争议的焦点和适用的法律法规开展辩论。首先由被告发表辩论意见。被告：（略）。

审：现在由原告发表辩论意见。原告：（略）。

审：现在由第三人武汉市洪山区房产管理局发表辩论意见。第三人：（略）。

审：现在由第三人段某发表辩论意见？第三人：（略）。

审：第二轮辩论发言不能重复第一轮的辩论内容，应针对第一轮双方辩论意见发表新的观点和主张。

审：被告有无新的辩论意见？被告：（略）。

审：原告有无新的辩论意见？原告：（略）。

审：现在由第三人武汉市洪山区房产管理局有无新的辩论意见。第三人：（略）。

审：现在由第三人段某豪有无新的辩论意见？第三人：（略）。

五、最后陈述

审：法庭辩论结束。现在由当事人作最后陈述，当事人的最后陈述主要是对本案的处理有什么要求和意见。

审：原告最后陈述诉讼请求。原告：（略）。

审：被告作最后陈述。被告：（略）。

审：第三人武汉市洪山区房产管理局作最后陈述。第三人：（略）。

审：第三人段某作最后陈述。第三人：（略）。

审：本案经本庭公开审理，将根据原告、被告及第三人的举证、质证及庭审认证后查明的事实，充分考虑原、被告双方当事人及诉讼代理的诉讼主张和辩论意见，本着以事实为依据，以法律为准绳及公平公正的原则，拟对本案评议后，择期依法宣判。

审：今天的全部庭审活动，书记员已记录在案。原、被告及诉讼代理人于庭后对庭审笔录阅后签名。

审判长：现在休庭。

第五节　审理报告或者审查报告

一、司法审判的审理报告

审理报告是经过阅卷、预备庭（庭前会议）和正式庭审后，对司法审判工作的阶段性总结，其内容包括案件的由来和经过，诉讼参与人简况，事实与理由，原告、被告、第三人举证材料，庭审举证，质证情况，查明的事实和理由，焦点问题，承办人个人意见等。以下为房屋登记行政案件的审理报告：

关于原告徐某不服被告武汉市国土资源和
房产管理局房屋登记行政行为一案的审理报告
（2007）洪行初字第＿号

一、案件的由来和经过

原告徐某不服被告武汉市国土资源和房产管理局房屋登记行政行为一案，2007年2月7日我院立案受理，于2007年2月13日、2月14日将起诉状副本送达给被告、第三人武汉市洪山区房产管理局及段某。2007年3月17日、6月2日两次公告将起诉状副本、应诉通知书、参加诉讼通知书、开庭传票送达给第三人陈某。我院于2007年8月6日公开开庭审理。原告徐某及委托代理人钱某、徐某，被告委托代理人李某，第三人武汉市洪山区房产管理局委托代理人蔡某，第三人段某委托代理人龚某到庭参加诉讼。第三人陈某经本院合法传唤无正当理由拒不到庭，本案缺席审理。

二、诉讼参与人简况

原告：徐某，女，出生年月日，汉族，住武汉市洪山区雄楚大街××号。

委托代理人：钱某，湖北xx律师事务所律师。

被告：武汉市国土资源和房产管理局，住所地址：武汉市江岸区高雄路××号。

法定代表人：陈某，该局局长。

委托代理人：李某，武汉市洪山区房产管理局工作人员。

第三人：武汉市洪山区房产管理局，住所地址：武汉市洪山区鲁巷双塘小区××号。

法定代表人：熊某，该局局长。

委托代理人：蔡某，武汉市洪山区房产管理局工作人员。

第三人：段某，男，出生年月日，汉族，武汉市人，住武汉市洪山区珞珈山路×××号。

委托代理人：龚某，武汉市洪山区关山法律服务所法律工作者。

第三人：陈某，男，出生年月日，汉族，武汉市人，住武汉市洪山区珞珈山路×××号。

三、事实与理由

原告徐某诉称，原告徐某与第三人陈某原系夫妻关系，2002 年 8 月经武汉市洪山区人民法院调解离婚，该调解书确认坐落于洪山区珞珈山路×号×栋×楼三室一厅住房一套由原告徐某和第三人陈某各享有一半产权。徐某所有的一半产权，自愿赠予未成年婚生子徐某某，但尚未办理转接手续。

2005 年 7 月，第三人陈某未经原告同意并将上述已产生法律效力的民事调解书规定的共有房屋篡改为第三人陈某一人所有，并与第三人段某签订房屋买卖合同。被告未经严格审查，在两证不全的情况下，为段某办理了房屋交易手续，并于 2005 年 8 月为该房屋颁发了房屋所有权证。请求法院撤销颁发给第三人段某的武房洪字第 200509186 号房屋所有权证，并由被告承担诉讼费。

被告武汉市国土资源和房产管理局辩称，我局颁发给第三人段某的武房洪字第 200509186 号房屋所有权证程序合法。根据《城市房地产转让管理规定》第七条的规定，我局对买卖双方提交的房产转让资料进行了严格审查，经产权核准颁发房屋所有权证。根据《城市房屋权属登记管理办法》第十条的规定，我局给段某颁发了房屋所有权证。原告诉状中所述并非事实。我局严格审查了买卖双方提交的房屋交易资料，收取了陈某房屋所有权证原件和查阅了其土地使用权证原件并收取复印件，尽了审查义务，收取的交易资料并无缺少或不全的情况。第三人陈某伪造篡改洪山区人民法院（2002）洪民初字第 544 号民事调解书，其行为已触犯刑律，应予追究刑事责任，原告应当向公安机关举报。其行为也侵犯了徐某的合法权利，原告应当提起民事诉讼，向第三人陈某追偿。

第三人武汉市洪山区房产管理局述称意见与被告意见一致，并未提交书面证据。第三人段某陈述，与第三人陈某进行房屋交易是通过中介联系的，他提供的交易材料经过被告审核通过，我有理由相信是真实的，我交付了所有房款，是善意取得的第三人，被告的行为无过错，请法院维护我的合法权益。

四、原、被告、第三人举证材料

原告徐某所举的证据有：1. 原告身份证复印件，证明原告具有诉讼主体资格。2. 房主为陈某的户口簿复印件，证明第三人陈某、原告及其子女徐某某的家庭关系。3.（2002）洪民初字第 544 号民事调解书，证明涉案房屋产权属陈某和原告共有。4. 洪山区房产局档案资料，证明涉案房屋交易登记情况及被篡改的民事调解书。

被告所举证据：1. 房产交易权属登记申请表。证明办理交易登记手续是买卖双方当事人的意愿。2. 交易权属审批表，证明办证是依程序办理的。3. 房地产评估报告，证明交易房产经过评估。4. 未婚公证书，证明卖方的单身身份；5. 存量房买卖合同，证明买卖双方关系成立。6. 买卖双方身份证复印件，证明交易双方的身份。7. 房屋所有权人为陈某的房屋所有权证，证明卖方对房屋享有合法产权。8. 土地使用权人为陈某的国有土地使用权证，证明卖方对土地享有合法使用权。9. 民事调解书，证明确权的依据。10.《城市房地产转让管理规定》第四条，证明被告具有作出具体行政行为的主体资格。《武汉市房屋权属登记管理办法》第八条第三款，证明颁发权证的法律依据。

第三人武汉市洪山区房产管理局没有证据提交法庭。第三人段某所举证据：1. 武房洪字第 200509186 号《房屋所有权证》的房产证明，证明房屋所有权人为段某。2. 行政手续收费收据，证明办理存量房买卖时向武汉市洪山区房产管理局交纳的相关手续费用。3. 收条，证明陈某收到房款 22 万多元。

五、庭审举证、质证情况

庭审质证中，原告对被告证据 1 的真实性不发表意见，原告不是交易的当事人，无法证明证据的真实性，对证明的目的有异议；原告对被告证据 2 的真实性、合法性有异议，对关联性无异议；对证据 3 的意见同证据 2 质证意见一致；对证据 4、5 的意见同证据 1 质证意见一致；对证据 6 真实性有异议，但没有相关证据予以证明，认为原告持有的户籍上的陈某身份证号码同被告提交的陈某身份证复印件上号码不一致；对证据 7、8、10 真实性无异议；对证据 9 有异议，认为是虚假的，被告没有认真审核且无审核的公章，对证据的关联性无异议，但对证明的目的有异议。第三人武汉市洪山区房产管理局、段某对被告的所有证据无异议。被告对原告提供的证据 1 真实性、合法性、关联性无异议；对证据 2 证明内容有异议，认为这只是原告曾经的家庭关系；对证据 3 真实性无异议，但认为作出具体行政行为时无法确认真实性；对证据 4 无异议。第三人武汉市洪山区房产管理局对原告证据 1 关联性有异议，其他的意见同被告质证意见一致。第三人段某对原告证据 1、2、4 无异议；对证据 3 有异议，第三人陈某同我交易时提交的调解书与此不一致。原告对第三人段某的证据1、2真实性、关联性无异议，但对合法性有异议，我方要求撤销的就是该房产证，他们交易不合法。对证据3真实性有异议，不是陈某所写。被告对第三人段某的证据1、2真实性、关联性、合法性无异议；对证据3无法确认真实性。第三人武汉市洪山区房产管理局对第三人段某的所有证据无异议。原告、被告、第三人洪山区房产管理局、段某对本院委托鉴定的中南大司鉴中心［2007］文鉴字第66号司法鉴定书无异议；第三人陈某未到庭质证。

本院认为：被告提供的证据9的内容不符合《最高人民法院〈关于行政诉讼证据若干问题的规定〉》第五十六条第一款第五项"法庭应当根据条件的具体情况，审查影响真实性的其他因素"第五十七条第一款第五项"不具备合法性和真实性的其他证据，不能作为定案依据"的规定，该证据不能反映客观实情，不具有真实性，故对此证据，本院不予采信。被告提供的其他证据符合证据的真实性、合法性、关联性，原告的反驳亦无反证证明，对此证据本院予以采信。原告提供的证据1、2、3符合证据的真实性、合法性、关联性，本院予以采信。原告提供的证据4中除"民事调解书"不真实之外，其他部分符合诉讼证据的真实性、合法性、关联性，本院予以采信。第三人段某提供的证据1、2符合证据的真实性、合法性、关联性，本院予以采信。第三人提供的证据3无法查证是否属于第三人陈某的签名，不符合《最高人民法院〈关于行政诉讼证据若干问题的规定〉》第五十六条第一款第五项"影响证据真实性的其他因素"的规定，不能证明其真实性，故对此证据，本院不予采信。其他无异议的证据，本院予以采信。

六、查明的事实和理由

本院根据以上有效证据及当事人质证意见认定以下事实：原告徐某与第三人陈某原系夫妻关系，2002年8月6日经我院调解离婚，（2002）洪民初字第544号民事调解书，确定坐落于洪山区珞珈山路×号×栋×楼三室一厅住房一套（已购全部产权）归原告徐某、第三人陈某各享有一半产权。2007年7月28日第三人陈某在未告知原告徐某的情况下将所有权人登记为陈某名下的坐落于洪山区珞珈山路×号×栋×楼的房屋申请办理出让给第三人段某。被告受理了第三人陈某、段某的申请，审查了出让方陈某提供的申请表，房产地评估报告、未婚公证书、存量房买卖合同、买卖双方身份证复印件、房屋所有权证、国有土地使用权证、民事调解书复印件等相关房屋转让登记所需材料且于 2005 年 8 月 11 日将坐落于洪山区珞珈山路×号×栋×楼房屋核准为第三人段某并向其颁发了武房洪字第200509186 号《房屋所有权证》。

本案审理中我院依职权委托中南财经政法大学司法鉴定中心对第三人陈某向被告提供的（2002）洪民初字第544号民事调解书上加盖的"武汉市洪山区人民法院调查材料专用章"的印章印文的真伪予以司法鉴定。该鉴定中心于 2007 年 8 月 27 日出具中南大司鉴中心［2007］文鉴字第66 号司法鉴定书认定：委托鉴定的印章印文与我院提供的"武汉市洪山区人民法院调查材料专用章"印章印文不是同一印章所盖。被告武汉市国土资源和房产管理局由武汉市房产管理局于 2007 年 3 月 3 日变更名称而成立。

七、焦点问题

本案的焦点问题：

（1）被告颁发武房洪字第 200509186 号《房屋所有权证》的事实依据是否充分？

（2）是否尽到审核义务？

八、承办人个人意见

原告徐某与第三人陈某经我院调解离婚，调解书中确立坐落于洪山区珞珈山路×号×栋×楼房屋由双方共同享有。第三人陈某私自申请将该房屋转让的行为与原告有法律上利害关系，徐某是本案的适格原告。武汉市国土资源和房产管理局依据中华人民共和国建设部第 99 号令《城市房屋权属登记管理办法》第八条第三款"直辖市、市、县人民政府房地产行政主管部门负责本行政区域内的房屋权属登记管理工作"的职权，具有对武汉市行政区域内房屋权属登记管理工作的法定职责，武汉市国土资源和房产管理局向段某颁发的武房洪字第 200509186 号《房屋所有权证》对徐某的权利义务产生实际影响，是可诉的具体行政行为，武汉市国土资源和房产管理局是本案适格的被告。

被告武汉市国土资源和房产管理局依法定职责对第三人段某申请颁发过户交易变更所有权证的房屋进行登记，被告在房屋权属登记中已尽必要的、合理的审核义务、未能及时发现第三人陈某提供了篡改的证明房屋权属关系的民事调解书申报材料的情形，就给第三人段某颁发了武房洪字第200509186 号《房屋所有权证》，被告向第三人段某颁发房屋所有权证的行为违反了中华人民共和国建设部第 99 号令《城市房屋权属登记管理办法》第十条第一款"房屋权属登记依以下程序进行：（一）受理登记申请；（二）权属审核；（三）公告；（四）核准登记，颁发房屋权属证书"、第十一条"共有的房屋，由共有人共同申请"、第二十五条第一款第（一）项"有下列情形之一的，登记机关有权注销房屋权属证书：（一）申报不实"的规定。第三人陈某提供虚假的申报材料，应承担相应责任。被告予以颁证的主要证据不充分，现原告徐某要求撤销武房洪字第200509186号《房屋所有权证》的理由成立，本院予以支持。

根据《中华人民共和国行政诉讼法》第五十四条第一款第（二）项第一目、《最高人民法院关于执行〈中华人民共和国行政诉讼法〉若干问题的解释》第四十九条第一款第（三）项之规定，判决如下：撤销被告武汉市国土资源和房产管理局于2005年8月11日核准颁发给第三人段某的武房洪字第200509186号《房屋所有权证》的具体行政行为。案件受理费100元由被告武汉市国土资源和房产管理局负担。①

承办人：_____
_____年_____月_____日

二、检察公诉的审查报告

检察机关的公诉案件审查报告是主要体现公诉部门承办人审查案件、报告案件的检察机关内部工作文书。根据最高人民检察院关于印发《公诉案件（一审）审查报告（普通版样本）》和《公诉案件（一审）审查报告（简化版样本）》的通知（［2011］高检诉发54号）的规定，检察公诉的审查报告样本（普通版样本）如下：

关于犯罪嫌疑人_____涉嫌_____案件的审查报告

收案时间：_____年_____月_____日

案件来源：_____

移送案由：_____（涉嫌罪名众多的，可写明几项主要罪名，后用"等"字概括）

---

①　由于该案发生在《物权法》颁布之前，司法意见未涉及善意取得。

犯罪嫌疑人：_____（犯罪嫌疑人众多的，可写明主要的犯罪嫌疑人，后用"等"字概括）

强制措施：逮捕羁押（或取保候审，监视居住）在_____（注明地点。一案多人的，可简单注明逮捕或取保候审、监视居住几人即可）

_____（注明侦查机关或部门名称）承办人：_____、_____联系电话：_____（若侦查机关承办人很多，可写明主要的两名承办人）

_____（注明检察院院名及公诉部门处或科名称）承办人：_____、_____

承办人意见：_____（简要写明审查结论，如是否构成犯罪成何罪等以及处理意见如起诉、不起诉等）

_____（侦查机关或部门名称）以_____号起诉意见书移送我院审查起诉的犯罪嫌疑人_____涉嫌_____一案（如果案件是其他人民检察院移送的，应当将改变管辖原因、批准单位、移送单位以及移送时间等写清楚），我院于_____年_____月_____日收到卷宗_____册，证物_____。依照刑事诉讼法的有关规定，于_____年_____月_____日告知犯罪嫌疑人依法享有的诉讼权利；于_____年_____月_____日告知被害人及法定代理人或者近亲属、附带民事诉讼的当事人及其法定代理人依法享有的诉讼权利；已依法讯问犯罪嫌疑人，询问证人，听取被害人和犯罪嫌疑人、被害人委托的人的意见，以及进行补充鉴定、复验复查、庭前证据交换等（对于刑事诉讼法明确要求履行的程序，如告知权利，讯问犯罪嫌疑人，听取被害人以及辩护人、被害人委托的人的意见等，审查起诉中必须严格履行，因此在审查报告中也必须写明；而对于刑事诉讼法没有强制性要求的，则应当根据办案的实际情况，进行了哪些工作，就写明哪些），并审阅了全部案件材料，核实了案件事实与证据。其间，退回补充侦查_____次（注明退补时间，重新移送时间；若有自行补充侦查也在此叙明）；提请延长审限_____次（注明提请时间，批准期限）。现已审查终结，报告如下：

一、犯罪嫌疑人及其他诉讼参与人的基本情况

1. 犯罪嫌疑人基本情况。犯罪嫌疑人_____（曾用名_____，与案情有关的别名_____，化名_____，绰号_____），男（女），_____年_____月_____日出生（犯罪时年龄_____岁）（系盲、聋、哑人等特殊情况的在此注明），身份证号码_____，_____族，文化程度，职业（或工作单位及职务），住址_____（居住地与户籍地不

一致时，用括号注明户籍所在地）。曾受到过行政处罚、刑事处罚的时间、原因、种类、决定机关、释放时间等情况。

（犯罪嫌疑人自报姓名又无法查实的，应当注明系自报；犯罪嫌疑人系人大代表的，写明罢免情况；外国人涉嫌犯罪的，应注明国籍、护照号码、国外居所；单位涉嫌犯罪的，应写明犯罪单位的名称、所在住址、法定代表人或代表的姓名、职务，诉讼代表人的姓名、职务，应当负刑事责任的"直接责任人"，应按上述犯罪嫌疑人基本情况书写，对于单位实际经营地址与注册地不一致的还应当注明实际经营地址。）

犯罪嫌疑人＿＿＿＿因涉嫌＿＿＿罪，于＿＿＿年＿＿＿月＿＿＿日被＿＿＿执行刑事拘留，＿＿＿年＿＿＿月＿＿＿日经＿＿＿院批准（或决定），于＿＿＿年＿＿＿月＿＿＿日被＿＿＿执行逮捕，先羁押于＿＿＿市＿＿＿看守所（或取保候审，监视居住在＿＿＿）。（在审查起诉阶段依法改变强制措施的，应在此部分体现，并写明改变强制措施的时间、内容和理由）

2. 辩护人基本情况。写明辩护人姓名、性别、年龄、工作单位及职务或职业，与犯罪嫌疑人的关系，通信方式等；辩护人是律师的写明所属律师事务所。（一案多人的，在每个犯罪嫌疑人基本情况后列明其辩护人）

3. 被害人基本情况。写明被害人姓名、性别、年龄（系未成年人的注明出生年月日）、民族、现住址、被害情况等，被害人情况不清楚的，予以说明。（多名被害人的，概括说明涉及多少被害人、主要情况等）

4. 委托代理人的基本情况。写明参与诉讼的身份、姓名、性别、年龄、民族、住址、职业或者工作单位及职务，与被害人的关系，通信方式等。

5. 附带民事诉讼原告人情况。个人的，写明姓名、性别、年龄、民族、文化程度、职业或工作单位及职务、住址、通信方式等；是单位的，写明单位全称、所在地址、法人代表姓名、职务、通信方式等。（无附带民事诉讼的，或附带民事诉讼原告人与被害人相同的，此部分省略）

二、发案、破案经过

综合全案证据材料，客观叙写本案发案、立案、破案的时间、经过等情况，特别是犯罪嫌疑人的到案经过。

三、侦查机关（部门）认定的犯罪事实与意见

将侦查机关（部门）认定的犯罪事实和处理意见全面高度概括叙明，

注意内容要忠实于移送起诉意见书，可以进行必要的归纳和概括。

四、相关当事人、诉讼参与人的意见

1. 被害人意见

2. 被害人委托的人的意见

3. 辩护人意见

（如实扼要地反映上述相关当事人、诉讼参与人对案件事实、证据、定性、量刑等问题的观点和对案件处理的意见）

五、审查认定的事实、证据及分析

（写明经审查后查明的事实和具体的证据。具体要求如下：1. 事实叙写：（1）犯罪事实要按照犯罪构成来叙写。（2）凡是影响定罪量刑的事实、情节都应当叙述清楚，尤其不能遗漏关键的事实、情节。具体包括作案的时间、地点、动机、目的、实施过程、手段、犯罪情节、危害后果，以及犯罪嫌疑人作案后的表现如有无坦白、自首、立功、退赃等事实和情节。（3）对于共同犯罪，各同案人的地位和作用应在事实中得到呈现。（4）注意不要在认定的事实中夹杂一些与定罪量刑无关内容。2. 证据摘录：（1）在此摘录的证据应当是经过审查复核后查证属实的。对于不能采信的证据在后面综合分析论证时指出。（2）证据要按照先客观性证据即物证、书证、勘验或者检查笔录、鉴定结论、视听资料等，后主观性证据即证人证言、被害人陈述、同案人供述和犯罪嫌疑人供述和辩解等的顺序具体列举，以客观证据为基石构建证据体系。（3）在证据名称后用括号分别注明每份证据的来源和特征，包括取证主体、取证时间、地点、取证程序、证据材料表现形式以及证据与证据之间关联性等。（4）摘录证据既要具体、全面，又要突出关键点，对于言词证据可以进行必要的归纳、概括。（5）摘录每份证据的具体内容后，要对其所证明的事项进行必要的说明，并对证据本身及证据与证据之间是否存在问题以及存在的问题是否影响对案件事实的认定等进行必要的分析，以确认所摘录的证据客观属实。如说明单个证据经审查发现的证据能力及证明力问题、证据变化及复核补证情况等，借此客观地呈现该证据的全貌，为证据体系的整体评价奠定基础。（6）对于分组举证的，还要在每组证据全部摘录和分析后，对该组证据所证明的事项作小结和说明。（7）要兼顾定罪证据和量刑证据的全面收集，为量刑建议打好事实证据基础。3. 综合分析论证：全案证据摘录后，要对全案所有证据的证明力、客观性、合法性以及证据之间能否相互印证，证据与事实之间是否具有关联性，全案证据能否形成完整的证据链条等进行综合分析论证，对于证据之间存在矛盾的，应结合证据体系说明矛盾是否能够排除；对于案件非主要事实及情节不够清楚的，应说明该非主要事实、情节是否影响案件基本事实及主要情节的认定，从而得出所建立的证据体系是否完善、事实是否清楚、证据是否确实充分，是否足以得出唯一的排他性认定的结论。另外，对于不真实的或者不能采用的证据要在此指出，对于不能认定的事实和情节，应当作出有根据有分析的说明，尤其是对有争议的事实和证据，如与侦查机关认定事实、采信证据不一致，或者是否应当采纳辩护人、被害人、诉讼代理人等对案件事实、证据的意见等，更要重点分析论证。4. 对于一人多起多罪、多人多起多罪等复杂案件，应当采取一事一证一分析原则。对其中犯罪手段、危害后果等方面相同的刑事案件，在叙写案件事实时，可以先对相同的情节进行概括叙述，然后再逐一列举出每起犯罪事实的具体时间、结果等情况，不必详细叙述每一起犯罪事实的过程，只要能够达到保持案件事实明确的目的即可，但是在列明证据时，仍应当按照一事一证的方式，将每一起案件事实的证据列明，以保证能够清楚、完整地表述所认定的每一起案件事实的具体证据情况。5. 对于事实不清、证据不足的案件，应当根据案件具体情况，将经审查查清的事实、证据以及未查清的事实、证据都一一写明，并分析事实不清、证据不足的具体情况。

六、需要说明的问题

此部分主要是审查报告其他部分无法涵盖而承办人认为需要说明或者报告的事项，包括：

1. 案件管辖问题；

2. 追诉漏罪、漏犯情况；

3. 共同犯罪案件中未一并移送起诉的同案人的处理问题；

4. 进行刑事和解情况；

5. 敏感案件预警或处置情况；

6. 侦查活动违法及纠正情况；

7. 有碍侦查、起诉、审判的违法活动及解决情况；

8. 扣押款物的追缴、保管、移交、处理情况；

9. 被害人及附带民事诉讼原告人、被告人及其亲属以及人民群众对案件的处理有无涉法、涉诉上访问题及化解矛盾情况；

10. 结合办案参与综合治理、发出检察建议等相关情况；

11. 需要由检察机关提起附带民事诉讼问题；

12. 案件经过沟通、协调情况，领导批示情况；

13. 承办人认为需要解决的其他问题等。

七、承办人意见

1. 对全案事实证据情况的意见：结合全案事实、证据情况，对犯罪事实是否清楚、证据是否确实充分提出结论性意见。因为在"五、审查认定的事实、证据及分析"部分已对事实证据进行了综合分析论证，因此此部分无须重复分析论证，但可以根据具体情况简要概括认定的事实和证据，重点在于做出犯罪事实是否清楚、证据是否确实充分的结论性意见。

2. 对案件定性和法律适用的意见：依据案件事实、情节和法律法规、司法解释等相关规定，对罪与非罪、此罪与彼罪、一罪与数罪等问题进行分析论证，提出明确具体的定性及法律适用意见。

3. 量刑建议：根据犯罪的事实、犯罪的性质、情节和对社会的危害程度，在综合考虑案件从重、从轻、减轻或者免除处罚等各种法定、酌定量刑情节的基础上，依照刑法、刑事诉讼法以及相关司法解释的规定，就适用的刑罚种类、幅度及执行方式等提出量刑建议。

（对于涉及案件定性、量刑等有争议的问题，如与侦查机关对案件性质的认识不一致，以及是否应当采纳辩护人、被害人、诉讼代理人等对案件定性、量刑的意见等，应当重点分析论证。如果一案多名犯罪嫌疑人的，应当分别论述清楚。）

综上，承办人认为＿＿＿＿＿＿＿＿＿＿＿。

（在上述分析论证的基础上，提出明确具体的起诉、不起诉、建议撤销案件或做其他处理的意见）

附件：1. 退回补充侦查提纲、自行补充侦查提纲

2. 起诉书或者不起诉决定书草稿

3. 与案件有关的法律法规、司法解释及行政法规等

（可根据案件具体情况选择附件的内容）

承办人：＿＿＿＿＿

＿＿＿＿＿年＿＿＿＿＿月＿＿＿＿＿日

第六节　审委会讨论：法律问题的背景分析

一、概述

法律问题的背景分析是一种较为常见的分析方法。它主要体现在三个场景：（1）新闻事件的法律评论；（2）法学论文的写作；（3）法律案件讨论。在处理某一法律问题时，需要把握法律问题的背景，即与法律问题相关的政治、经济和文化等社会因素，从而洞察法律问题的症结所在。尤其是在法院的审委会、检察院的检委会以及律所的集体讨论中，法律问题的背景分析有助于厘清案情和增强法律意见的说服力。

场景一：新闻事件的背景分析

中国足坛的反赌风暴愈演愈烈，足协高层的落网更是在社会各界引起了强烈的反响。……据公安机关介绍：在当年中甲广州医药和山西路虎比赛时，王鑫和王珀利用非法手段操控了比分后又在东莞的地下赌博公司为当场比赛押了 10 万元，随后两人各非法赚取 10 万元。……在过去，中国足球有过很多引人质疑的比赛，但最后都不了了之。

对此，曲教授认为，这和当年《刑法（修正案）》以前往往对这种行为未定为犯罪有关。更重要的是，体育比赛是社会活动，不是国家政府机关的活动，相对来说司法机关不会太重视。但现在，《刑法》修正以后，对受贿罪主体的认定，不仅仅局限于国家公务人员和公司企业，而且现在也逐渐将带有公司企业性质，但又不是公司企业的，如俱乐部、社会组织、医院等纳入受贿罪的主体范围。①

分析：在新闻事件的法律评论中，一个基本的表达模式是：其一，点明所要讨论的法律问题以及问题的性质。点题的意义在于让听众迅速地了解法律案件

① 央视《今日说法》透析足坛赌黑：刑法已向足坛腐败撒网，载新浪网，http：//sports. sina. com. cn/c/2010-01-25/16274808812. shtml，2010 年 1 月 25 日。

涉及的问题，起到信息定位和提纲挈领的作用。其二，介绍法律问题的背景。例如，以往影响这一法律问题的各种社会因素等。其目的在于告诉听众法律问题的来龙去脉，并说明法律问题的重要性。其三，分析问题的成因、判断标准以及构成要件。其四，作出结论或者提出解决方案。以上《今日说法》的评论涉及的是对足坛赌黑事件的法律责任追究。从法律背景上来看，过去和现在对赌球问题的刑法应对是不同的，即刑法规定和实际运用对赌球问题的处理有一个从无到有和由松趋紧的历史过程。因此，法律问题的背景分析是我们在进行法律评论时所运用的基本方法，这种方法有助于让人了解问题本身以及问题之所以然。

场景二：法学论文的背景分析

在全球行政法出现的背后是应对以下领域全球化相互依存所产生后果的跨政府规制管理的范围和形式的急剧扩张：安全、对发展中国家发展和金融援助的条件、环境保护、银行业和金融规制、法律实施、电信、货物与服务贸易、知识产权、劳工标准以及包括难民在内的跨境人口流动。分散的国内规制和管理措施越来越难以有效应对这些后果。因此，各种跨国规制体系或规制合作通过国际条约和较为非正式的政府间合作网络建立起来，使得许多规制决策从国内层面转移到全球层面。而且，此类规制的具体内容和实施多是由那些实施管理职能但不直接受国内政府或国内法律体系控制的跨国行政机构（包括国际组织和非正式的官员集团）或者在以条约为基础的机制中由条约的缔约国所确定。这些规制决定可能由全球机制直接针对私主体实施，或者更常见的是，通过国内层面的执行措施实施。同时，由私人性质的国际标准制定机构以及那些可能由各类企业、非政府组织、国内政府和国际组织的代表参与的公私混合型机构实施的规制也变得越来越重要。

这种情形已经在跨国规制权力的逐渐运用中产生了问责缺失现象，从而开始引发两种不同的回应：一是试图将国内行政法延伸到对国家产生影响的政府间规制决策中；二是在全球层面发展新的行政法机制以应对政府间机制形成的决策和规则。①

---

① ［美］本尼迪克特·金斯伯里、尼科·克里希、理查德·B. 斯图尔德：《全球行政法的产生》（引言：被忽视的全球行政法的兴起），范云鹏译，毕小青校，载《环球法律评论》2008 年第 5 期。

分析：在法学论文的写作中，一般需要说明所要讨论的问题，同时，对法律问题的社会背景作必要的分析。以上《全球行政法的产生》一文的论证逻辑与结构是：其一，在引言部分提出全球行政法的主题，继而，分析全球行政法产生的时代背景，包括经济发展、政府规制、实施机构以及法律与政策等。其二，说明论文的立意。通过界定和描述全球行政法领域的各种表现来形成研究全球行政行为的路径，同时，考察了这个新兴领域的主要问题和挑战，并开始为其将来的发展规划研究进程的要素。其三，探讨对当前实践和将来工作至关重要的五个问题，包括关于全球行政基本结构模式的问题以及不同模式之间的差异如何构建出现中的问责制，与全球行政法的范围和渊源、问责制以及实践中正在运用或出现的与学理原则有关的方法论和经验性问题，如何捍卫证明这些机制正当性的规范性问题，关于应当如何构建此类机制从而在不过分减损功效的同时确保问责性的机构设计问题，以及关于此类机制产生和设计以及哪些因素促使其成功的实证政治理论问题。由此可见，除了平时我们讲话的时候，需要注意分析法律问题的背景，在写法学论文的时候，也需要进行社会背景的阐述。

场景三：审委会讨论的背景分析

某村供销社非法占用原告某村民委员会的土地527平方米修建胜新商店，被告区政府于1992年11月3日以洪政文（1992）45号"关于和平供销社所属胜新商店地基权属问题的批复"确认：现胜新综合地基权属应属和平供销社所有。原告不服诉至法院，要求撤销被告作出的土地侵权决定。经过行政协调，最终原告申请撤诉，法院以裁定准予撤诉结案。

1994年1月2日审判委员会讨论：

甲法官："这个案子既然已经立案受理了，下一步就是开庭审理了，管辖的问题，我们法院内部可以办理一下手续。……这个案子有一定难度，虽然行政诉讼原则上不能进行调解，但是可以做一下案后的工作，这个案子的最佳处理方案是尽量做一下原被告双方的工作。"

乙法官："在这个案子上，政府处理也有难处，因为这个案子牵涉面较广，在区政府类似的案件有很多，一个案子后面会有一片……"①

---

① 某村民委员会诉区政府土地确权裁决案，武汉市洪山区法院1994年洪行初字第1号行政裁定书和审判委员会讨论笔录。

在法院的审委会讨论中，主审法官一般先介绍案件的基本情况、证据、案件焦点以及承办人意见等。然后，其他法官根据各自的司法经验进行质疑和答疑，以及提出解决方案等。在这一过程中，年轻的法官和年长的法官在发表意见的时候表现不一。年轻的法官往往直入主题，就案论案；而年长的法官则倾向于从更大的社会框架中去看待案件。比较常见的做法是：（1）介绍法律案件所处的社会环境。例如，在涉及房屋拆迁的行政案件，有的法官会说明某一房屋产权的历史渊源和由来。（2）说明法律案件的处理与上级法院、政府等其他机关之间的关系。（3）阐述在本院或者其他法院以往的类似案件的处理方法。

分析： 上述某村民委员会诉区政府土地确权裁决案即属于第二种情形。在审判委员会讨论中，很多法官发表了不同的意见，其中乙法官讲了很多法律案件之外的社会因素，尤其强调了本案的处理不是纯粹的个案问题，而是有关起诉区政府的一系列案件。在司法实务中，比较有经验的法官往往善于进行法律问题的背景分析。

二、个案讨论的背景分析

（一）相关案例与司法解释

【案例7-1】原告魏某诉市公安局洪山分局强制措施案。1992年2月7日，某市A厂怀疑原告魏某等工人盗窃财物。该厂即向某市公安局武昌区分局报案，该分局未予立案侦查。A厂又向某市公安局报案。3月9日，该局将原告传唤到水泥制品厂进行审查，同月11日以原告应由当地公安机关继续审查为由，停止对原告的审查。A厂负责人即向H公安分局派出所口头报案，请求对原告进行审查。后原告被转送到派出所。该所民警对原告询问后，交由联防人员看守。原告不服，以派出所对其非法拘禁，滥用刑讯逼供，侵犯公民人身自由权利等为由，提起行政诉讼。

【案例7-2】原告彭某诉陕西省渭南市合阳县公安局限制人身自由行政强制措施案。原告所属某华龙科技公司与陕西某纸箱厂因发生经济纠纷，1997年10月3日，被告将原告从其某住处带到合阳县公安局予以关押，10月8日，被告给原告下达监视居住决定书，并继续关押。10月16日，原告的律师以被告非法插手经济纠纷，错误限制原告的人身自由，向陕西省公安厅提出法律意见书，10月23日，被告解除对原告的监视居住决定，将其变为取保候审，将其释放。原告不服，诉至法院。

有关涉及公安机关刑事侦查行为的案件是否属于行政诉讼受案范围，最高人民法院出台了一系列的司法解释（如表7-8所示），其要点归纳如下：（1）刑事诉讼法规定的刑事强制措施基本上不属于行政诉讼的受案范围，例如，监视居住和搜查。如果采取刑事强制措施违反法律规定，如监视居住的地点不合法和无法律手续搜查住宅等，这并没有改变强制措施的性质，仍然不属于行政诉讼的受案范围。（2）不是《刑事诉讼法》规定的其他措施，则属于行政诉讼的受案范围，例如，留置措施和收容审查措施等。这种司法态度是从形式标准上来区分刑事和行政强制措施，而不论公安机关假借刑事强制措施的名义所实施的行为，即并不从实质标准上来进行司法审查。这反映了最高人民法院对公安机关刑事侦查行为的不干预态度，同时，也是法院长期以来强调打击犯罪和维护社会稳定的司法政策的体现。

1	《关于对公安机关采取监视居住行为不服提起诉讼法院应否受理问题的电话答复》（1991年5月25日）	该解释将监视居住认定为刑事侦查措施，不属于行政诉讼的受案范围。公安机关为了防止被告逃避侦查而作出监视居住决定，限制其活动区域和住所，是刑事侦查措施，不属行政诉讼法受案范围所列行为，公民对此不服坚持起诉，法院应裁定不予受理。至于公安机关作出监视居住决定，但将监视居住对象关押在派出所、拘留所等场所的做法，这是刑事侦查过程中的违法行为，不属于行政诉讼法受案范围。公民对此不服坚持起诉，法院应裁定不予受理。其可向上级公安部门及有关单位反映。
2	《关于公安机关未具法定立案搜查手续对公民进行住宅人身搜查被тър搜查人提起诉讼人民法院可否按行政案件受理问题的电话答复》（1991年6月18日）	该解释认为公安机关在侦破刑事案件中，对公民的住宅、人身进行搜查，属于刑事侦查措施。对于刑事侦查措施不服提起诉讼的，不属于行政诉讼调整范围。如果公安机关在采取上述措施时违反法定程序，可以向该公安机关或其上级机关及有关部门反映解决，人民法院不应作为行政案件受理。

3	《对当事人不服公安机关采取的留置措施提起的诉讼法院能否作为行政案件受理的答复》（1997 年 10 月 27 日）	该司法解释认为留置是公安机关行政管理职权的一种行政强制措施，属于《行政诉讼法》第十一条第一款第二项规定的人民法院行政诉讼受案范围。
4	《对内蒙古自治区高级人民法院〈关于李树华、王英不服呼盟毕拉河林业公安局收容审查申诉一案的请示报告〉的答复》（1998 年 8 月 19 日）	该司法解释认为收容审查属于强制性行政审查措施，当事人对公安机关作出的收容审查决定不服向人民法院提起诉讼的，人民法院应作为行政案件受理。取保候审属于刑事强制措施，当事人对公安机关作出的取保候审决定不服向人民法院提起诉讼的，人民法院不予受理。
5	《关于执行〈中华人民共和国行政诉讼法〉若干问题的解释》（1999 年 11 月 24 日）	第一条第二项规定，公安、国家安全等机关依照刑事诉讼法的明确授权实施的行为，不属于人民法院行政诉讼的受案范围。

（二）实务上的认定标准：从形式标准到实质标准

1. 形式标准

在【案例7-1】中，合议庭有两个不同的意见：（1）一种意见认为，应当受理此案。因为公安机关在行政执法过程中存在不规范或者违法的问题。（2）另一种意见认为，不应受理此案。因为公安机关的这种行为属于刑事侦查的范围，不应受理。尽管公安机关的行为存在问题，但是属于刑事侦查行为。此外，某市江岸区法院有类似的案件，法院作出了不予受理的裁定。最终，合议庭的意见是裁定驳回起诉，不予立案。此案后来提交审判委员会讨论，审委会的意见采取了实质性标准，即认为判断是否属于刑事侦查行为的关键在于有无初步证据表明存在一定的犯罪事实，构成犯罪嫌疑。如果不构成犯罪嫌疑，而采取刑事强制措施，应当认定为行政强制措施，法院应当作为行政案件予以受理。据此，法院后作出判决：（1）被告超越管辖权限，对原告限制人身自由，使用警械的具体行政行为于法无据；（2）被告赔偿原告经济损失 100 元。被告不服提起上诉。二审判决认为对被上诉人进行审查行为，不属于可诉性的具体行政行为，不符合行政案件的受案条件。被上诉人的起诉，应予驳回。据此，中院裁定撤销原判，驳回被上诉人魏福喜的起诉。

由于此案发生在 1992 年，中院作出撤销原判的裁定，基本上和 1991 年《关于对公安机关采取监视居住行为不服提起诉讼法院应否受理问题的电话答复》司法解释的精神是一致的，即根据形式标准来作出裁判。

2. 实质标准

在【案例 7-2】中，法院认为，刑事侦查是公安机关的一项重要职责，必须严格依法进行。1997 年 10 月 3 日，被告未履行任何法律手续，擅自将原告予以关押，其行为于法无据；10 月 8 日，被告对原告作出监视居住的决定，虽从形式上看，是采取刑事侦查强制措施，但由于被告未能提供对原告应采取刑事侦查的事实和法律依据。因此，依照法律规定，不能认定被告关押原告的行为是刑事侦查行为，其行为应属于非法限制人身自由。

合议庭的意见有两个要点：其一，强调法院是区分两种强制措施的审查主体。公安机关不能自己认为是采取刑事强制措施，而拒绝提供相关证据材料；其二，根据实质性标准，去审查该案是否属于刑事案件还是公安机关插手经济纠纷。这种实质性审查标准在案件中转化为更加具体的标准：（1）在立案文书上认定是否有报案材料或者相关材料；（2）是否存在事后改动等情况，如法律文书上的时间和笔记等；（3）在证据的内容上，审查是否充分和合法。同时，结合强制措施的种类和程序以及案件处理结果等标准，综合判断公安机关是否根据当事人有犯罪嫌疑，作为刑事案件来予以处理。如果在性质上不属于刑事案件，就被认定为插手经济纠纷，以采取行政强制措施纳入行政诉讼的受案范围。

3. 背景分析：从形式标准到实质标准的转变

（1）经济因素："三角债"的问题。由于 20 世纪 90 年代初期是我国从计划经济向市场经济的转型阶段，经济纠纷以及相关社会矛盾急剧增加，其中，最具代表性的社会现象是"三角债"的问题。据统计，到了 1988 年，全国"三角债"约有 320 亿元，至 1990 年初已猛增至 1000 多亿元，1990 年底更是突破了 2000 亿元大关。"三角债"产生的后果相当严重。受拖欠所累，大多数的国营企业、乡镇企业、私营企业都面临收不到毛收入的问题，致使经济效益好的企业因缺乏资金而难以扩展生产；巨额的未清偿的债务拖款使企业或不能进一步向银行申请贷款，或难以申请到信贷；越来越多的企业会陷入债务死扣之中，每一个企业既不愿意偿债，它的债权也无法得到清偿。①

（2）执法因素：公安机关插手经济纠纷的问题。在这种经济背景之下，地方政府有清理三角债以及维护地方经济的压力，企业有追回经济债款的利益驱动，而诉诸法院的民事诉讼，既存在经济和时间成本的问题，又存在司法判决难以执行的问题，公安机关插手经济纠纷就成为了一种直接和有效的干预手段。一个社会普遍存在的经济问题转化为一个公安行政的法律问题。根据1989年3月15日公安部发布《关于公安机关不得非法越权干预经济纠纷案件处理的通知》，其指出一些基层公安机关以查处诈骗等经济犯罪案件为名，直接插手干预一些经济纠纷案件的处理，有的甚至强行收审、扣押一方当事人做人质，替另一方逼索款物；有的还按比例从争议金额中提成取利。在1992年4月25日，公安部发布《关于严禁公安机关插手经济纠纷违法抓人的通知》，其中总结了公安机关的违法情形，主要表现在超越公安机关权限，插手合同、债务等经济纠纷案件；乱用收审手段拘禁企业法人代表和有关经办人作"人质"，强行索还款物；到外地抓人追赃不办法律手续，也不通过当地公安机关，搞"绑架式"行动，非法搜查住宅、侵犯公民人身权利；对当事人拷打虐待、逼迫"退赃"和承认"诈骗"；有的公安机关祖护本地犯罪分子，对外地来人正常办案不予配合，以种种借口设置障碍，横加阻扰，不让依法拘留逮捕本地的犯罪分子，不让追赃；对明显的诈骗、投机倒把案件，不认真侦查调查，只追赃罚款，甚至与犯罪分子谈判"私了"，"退款放人"；向受害单位和当事人索取"办案费"，要款要物等。

在这种情况下，公安机关的态度发生改变，开始转向诉诸法院的司法干预和监督。在《关于公安机关不得非法越权干预经济纠纷案件处理的通知》中，明确规定：（1）必须划清经济犯罪和经济纠纷的界限，严格依法办事，决不能把经济纠纷当作诈骗等经济犯罪来处理。一时难以划清的，要慎重从事，经过请示报告，研究清楚后再依法恰当处理，切不可轻易采取限制人身自由的强制措施，以致造成被动和难以挽回的后果。（2）严禁非法干预经济纠纷问题的处理。对经济纠纷问题，应由有关企事业及其行政主管部门、仲裁机关和人民法院依法处理，公安机关不要去干预。更不允许以查处诈骗等经济犯罪为名，以收审、扣押人质等非法手段去插手经济纠纷问题。否则，造成严重后果

---

① 《1990：清理三角债，企业走向市场经济前的一次洗礼》，载中国经济网，http://views.ce.cn/fun/corpus/ce/zj/200901/07/t20090107_17898124.shtml。

的，要依法追究有关当事人和主管负责人的法律责任。

在此背景下，行政审判经历了从形式标准到实质性标准的发展过程。这一转化过程得到了有关司法解释的进一步印证。2000 年 4 月 28 日，最高人民法院发布《关于如何界定公安机关的行为是刑事侦查行为还是具体行政行为请示的答复意见》，其指出：（1）在起诉受理阶段，受诉法院在公安机关被诉行为的性质尚不能确定的情况下，作为行政案件受理并无不当。（2）在一审期间，公安机关不举证或所举的证据不能证明其实施的行为系刑事诉讼明确授权的行为，法院不宜认定其是刑事司法行为。（3）对于被告在一审期间不举证而在二审期间向法庭提供了证据，按照《最高人民法院关于执行〈中华人民共和国行政诉讼法〉若干问题的解释》第三十一条的规定，不能作为二审法院撤销或者变更一审裁判的根据。

三、历年案件的背景分析

根据武汉市洪山区法院 1987—2009 年受理案件的统计，有关城市规划、土地和房产管理方面的行政案件共计 92 件，在行政诉讼被告中其被诉率居于第二位。以受案时间先后次序，作为被告的行政机关包括区土地管理局、市洪山规划土地管理处、市城市规划管理局、市土地规划管理局、市城市规划管理局洪山分局、市政府征地拆迁办公室、市城市规划土地管理局洪山分局、区房地产管理局、湖北省国土资源厅、市国土资源管理局洪山分局、市国土资源和房产管理局等。在案件类型上，主要包括建房许可、房屋拆迁、土地和房产权属登记等行政案件。

图 7-2 中两个峰值分别代表了房地产开发的两个发展时期。根据经济学的统计分析，中国经历了三次房地产业的增长周期①：（1）从 1981 年开始至 20 世纪 80 年代末，中国大陆初步形成房地产业和房地产市场。（2）从 1992 年开始，房地产业高速发展，到 1997 年跌入谷底，1998 年出现恢复性增长，1999 年平稳增长。（3）2000 年到目前，新一轮房地产业的增长周期。从经济学角度来看，房地产开发商如果通过平等协商或者市场价格来获得土地资源，势必会增加其开发成本。同时，降低经济成本的利益驱动和政府拓展财政收入

---

① 高波：《全球化背景下的中国房地产业：发展前景与本土对策》，载中国人民大学书报资料中心：《复印报刊资料·城市经济区域经济》2003 年第 1 期。另见高波等编著：《现代房地产经济学导论》，南京大学出版社 2007 年版，第 61 页。

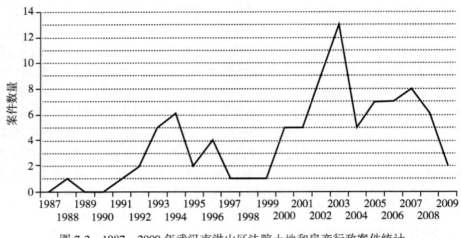

图 7-2   1987—2009 年武汉市洪山区法院土地和房产行政案件统计

不谋而合。因此，政府的干预和介入就成为了推动土地资源流转的主导力量。这种土地流转的行政介入主要反映在三个方面：（1）通过对违法占有土地和违章建筑的清查；（2）通过对国有土地和集体土地的行政征收；（3）通过对土地和房产权属登记瑕疵的审核。

这些土地和房产管理活动又会导致原土地和房屋的使用者的权利主张，由此在司法实务中引发了大量的建房许可、房屋拆迁和权属登记行政案件。一个相当明显的例证是，1994 年和 2003 年法院受理土地和房产行政案件的激增，印证了伴随着两次房地产开发的增长期，有关土地和房产方面的法律纠纷和社会矛盾也会相应增加。由此可见，这种背景分析在个案讨论中运用，可以展现某一法律问题的发展变化；而在历年的系列案例中，通过社会和经济的比较，可以把握某种法律发展的趋势，并且与社会和经济的某些发展趋势相互印证。

第七节   审委会讨论：以问题为中心的"案例树"分析

一、概述

在法院的审委会、检察院的检委会或者律所的集中讨论中，可以某一法律问题为中心，将类似或者关联的案例串联起来，形成一个案例框架——"案例树"，其要点为：（1）"案例树"必须以法律问题为中心，即通过一个法律问题将不同的案例联系起来。例如，有关房产登记的善意保护的行政案例，就可以将物权法实施前后的不同案例及其处理方法等放在一个案例框架之中。（2）联系相关案例进行比较分析。这里的案例可以按照一定的顺序来排列，例如最高人民法院的指导性案例、法院的二审案例、一审案例和国外的案例等。比较分析包括案例背景、事实和法律、法理论证以及社会效果等方面。（3）根据假设作出推论。有的时候并没有合适的案例，可以假设与案例有关的情形，然后根据假设来进行法律分析。（4）附加新的立法和理论说明。

由此，所形成的案例框架是一个较为系统的知识结构。在进行案例讨论的时候，运用"案例树"来分析一个新的案例就可以了解与该案有关的大量信息和处理方法，通过原有"案例树"上的不同情形与新案例的比较，则可以进一步地提出不同的解决方案。

二、"案例树"分析——以法不溯及既往为例（图 7-3）

情形 1："案例树"的主线：法不溯及既往

【案例 7-3】刘长华诉江油市城乡规划建设和住房保障局规划行政处罚案。① 2013 年 3 月 27 日，被告执法人员接到群众匿名举报，经核查：2002 年，原告刘某，第三人张某、刘某未经规划建设行政主管部门许可，在原有住房旁修建了房屋，建筑面积约 265 ㎡。2013 年 4 月 3 日，被告向原告发出了行政案件罚（理）事先告知书，要求刘某在收到告知书 3 日内进行陈述、申辩和申请听证，刘某未在规定期限内陈述、申辩和申请听证。同月 12 日，被告依据《中华人民共和国城乡规划法》第 64 条的规定，作出江规建住理字（2013）第 52 号行政处理决定，认定刘某修建的房屋属违法建（构）筑物，所修建筑物地处经四川省政府批准的江油市城市规划区范围内，其建设行为未经城乡规划行政主管部门许可，且无法采取改正措施消除对规划实施的影响，责令刘长华自收到处理决定书之日起 3 日内，自行拆除所建全部违法建筑。同日，被

――――――――――

① 四川省绵阳市中级人民法院（2014）绵行终字第 13 号行政判决书。

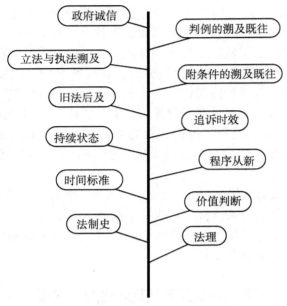

图 7-3　法不溯及既往的"案例树"

告执法人员向刘某留置送达了行政处理决定书。原告不服向法院提起行政诉讼。一审法院判决维持原行政处理决定。刘某不服上诉至中院，二审法院认为："法不溯及既往"原则是一项基本法治原则。本案中，上诉人刘某在江油市城市规划区范围内的宅基地上违法修建 265m² 房屋的行为发生在 2002 年，自 2008 年 1 月 1 日起施行的《中华人民共和国城乡规划法》（以下简称《城乡规划法》）不具有溯及既往的效力，被上诉人江油市住建局适用该法相关规定对上诉人刘某进行处罚应认定为适用法律错误。故被上诉人江油市住建局对上诉人刘某作出的行政处罚决定适用法律错误，依法应予撤销。

本案的法律问题是行政处罚的溯及既往，即 2008 年施行的《城乡规划法》能否对 2002 年的建房行为具有法律溯及力。在行政法上，法不溯及既往的原则，是指对行政法规范发生效力之前终结的事实不适用该规范。如图所示，以法不溯及既往为例，构建由各种情形组成的"案例树"。

情形 2：法不溯及既往的历史渊源、法理和制度

法不溯及既往的思想肇始于 18 世纪西方国家的宪法与理论发展，可以从大陆法系和英美法系两个角度展开。在行政法上，法不溯及既往的法理精神在于保护公民的信赖利益、维持法律的安定性以及防止国家权力反复无常地侵犯公民的合法权益等。有关法不溯及既往的制度规定可以从中西两个方面予以展开。例如，《立法法》第 93 条规定："法律、行政法规、地方性法规、自治条例和单行条例、规章不溯及既往，但为了更好地保护公民、法人和其他组织的权利和利益而作的特别规定除外。"

情形 3：判断溯及既往的时间标准

本案涉及行政法规范是否有溯及既往的效力问题。其中，关键所在是判断是否溯及既往的标准。行政法规范是否有溯及既往存在着时间上的认定问题，即认定新的行政法规范对某一事实或行为是否产生法律效力时，该事实或行为在时间上的认定是以其发生时间为限，还是以其被发现时间为限。如图 7-4 所示：

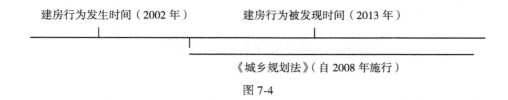

图 7-4

在本案中，是否应依据《城乡规划法》对刘某作出了行政处罚决定，其核心在于认定刘某的建房行为是否在《城乡规划法》时间效力范围之内，而这一确认有赖于对刘某建房行为在时间上的认定标准，即以建房行为的发生时间为标准。据此，刘某的建房行为发生在 2002 年，而《城乡规划法》的施行时间为 2008 年，同时该法并无溯及既往的规定。因此，被告的行政处罚决定违反了法不溯及既往的原则，应判决撤销。

情形 4：价值判断与审查标准

一般而言，司法裁判从时间顺序来看，需要经过一个法律调整社会关系的

过程。其中，包括被起诉的利益冲突关系、调整社会关系的部门法、根据案情进行价值判断或者利益衡量、选择法律标准、法律处理以及最后形成新的利益关系。以上述案例为例：

- 被诉社会关系：刘某建房和城乡规划的利益冲突。
- 法律调整：通过《城乡规划法》予以行政处罚。
- 价值判断：信赖利益的保护、法的安定性等。
- 法律标准：事实发生时间标准。
- 法律处理：法院作出撤销判决。

在司法实践中，法官在选择法律标准或者法律条款之前，实际上已经作出了价值判断或者利益衡量，或者至少有这样的倾向。刘某建房行为在 2002 年，而《城乡规划法》自 2008 年开始施行。用一个新的法律规范来调整过去的行为，这显然不符合法理，由此促成法官的价值判断或者利益衡量，并依此找到合适的审查标准进行裁判。这一点很容易被忽视，其原因在于传统法学教育一般侧重于概念、理论或者法条的解释与说明，而法律条款背后的法理论证则没有得到重视。同时，我国法院的司法判决也不重视法理分析，基本上在进行事实和证据的分析之后，就直接跳到法律条款的适用上了，至于法官为什么选择这个法条，而不是那个法条，则没有详细具体的法理论证。

情形 5：法不溯及既往与程序从新

"案例树"可以通过司法解释进一步得到拓展。与上述案例相联系的有两个重要的司法解释。其一，最高人民法院的司法解释（1989 年 1 月 23 日）：《关于行政案件受理问题的函》中规定："旧法规未规定当事人不服行政机关处罚和其他处理决定可向人民法院起诉，新法规规定可向人民法院起诉。如果当事人的行为发生在新法规实施之前，行政机关的处罚或处理决定又在新法规实施之后，当事人不服可以向人民法院起诉。"其二，2004 年 5 月 18 日最高人民法院关于印发《关于审理行政案件适用法律规范问题的座谈会纪要》的通知。根据行政审判中的普遍认识和做法，相对人的行为发生在新法施行以前，具体行政行为作出在新法施行以后，法院审查具体行政行为的合法性时，实体问题适用旧法规定，程序问题适用新法规定，但下列情形除外：（1）法律、法规或规章另有规定的；（2）适用新法对保护行政相对人的合法权益更为有利的；（3）按照具体行政行为的性质应当适用新法的实体规定的。

上述司法解释提出了一个新的问题，即相对人行为在新法规实施前，行政处罚在新法规实施后，如何处理？是不是属于溯及既往呢？上述司法解释的法律意义在于保护当事人的诉讼权利，其通过实体从旧和程序从新，对法不溯及既往进行了新的诠释。

情形 6：持续状态：通过假设来推论

如果没有合适的案例，可以假设某种情形，然后根据假设情形来进行法律分析。在本案中，可以假设刘某的建房行为处于一种持续状态，即《城乡规划法》是从 2008 年开始施行，其建房行为是从 2007 年开始到 2009 年结束，恰好跨越了新旧法的交界点。如图 7-5 所示：

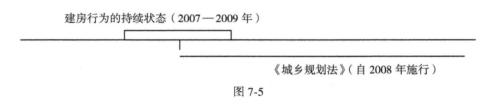

图 7-5

这种假设情形产生了一个法律问题，即刘某的建房行为处于持续状态，即建房行为发生在《城乡规划法》施行之前，而建房行为终了于该法施行之后则又如何处理？对持续发生的事实或行为的处理，涉及溯及既往的种类划分，即纯粹溯及既往与不纯粹溯及既往。一般而言，溯及既往往是指纯粹溯及既往，即将新法的约束力追溯至该新法生效之前已完成的法律事实。"如果该法律事实与法律关系，在新法生效之后，依然处于延续状态者，此时既然新法已产生，可规范依旧法所成立的法律关系，即是所谓的不纯粹溯及。"①对于持续发生的事实或行为的不纯粹溯及既往，各国的司法态度略有不同。在我国，由于公民建房需要事前进行申请和许可，这种假设在建房问题上不大合适，但是，可以将此案和其他性质的行政案例联系起来。例如，如果是其他的违法行为，是否可以适用《行政处罚法》第 29 条的规定，即从违法行为发生之日起计算；违法行为有连续或者继续状态的，从行为终了之日起计算。

①　参见陈新民著：《德国公法学基础理论》（下册），山东人民出版社 2001 年版，第558 页。

情形 7：法不溯及既往与追诉时效

如果建房行为发生时间和建房行为被发现时间均在有效期内，建房行为是否一定受处罚？在本案中，假设刘某的建房行为在 2009 年，而在 2013 年才被行政机关发现，其建房行为是否具有合法性。这就将法不溯及既往和行政处罚的追诉时效联系在一起。如图 7-6 所示：

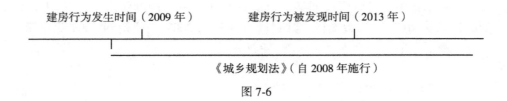

图 7-6

《行政处罚法》第 29 条规定："违法行为在二年内未被发现的，不再给予行政处罚，法律另有规定除外。"其中，二年即为追诉时效，而之所以有此规定，立法精神在于保证行政效率。因此，若建房行为发生时间和建房行为被发现时间均在法律规范有效期内，建房行为是否一定会受到行政处罚，应考量该行为的违法情节以及是否在追诉时效以内。对于这一法律问题，最高人民法院在 1997 年发布《最高人民法院行政审判庭关于如何计算土地违法行为追诉时效的答复的通知》，对非法占用土地的违法行为，在未恢复原状之前，应视为具有继续状态，其行政处罚的追诉时效，应根据《行政处罚法》第 29 条第 2 款的规定，从违法行为终了之日起计算；破坏耕地的违法行为是否具有连续或继续状态，应根据案件的具体情况区别对待。

情形 8：溯及既往与旧法后及

【案例 7-4】2005 年 5 月，杜某得知自己驾驶的货车被"电子眼"记录 105 次违章。违章地点都是北京市西城区真武庙头条西口，违章内容全是在这条路上闯禁行标志。结果是被交管部门缴纳罚款 10500 元。杜某不服向西城区法院提起行政诉讼，要求撤销北京市交通管理局西城交通支队西单队对他作出的行政处罚，并退还万元罚款。该案后来以原告撤诉结案。该案主要涉及行政告知的问题，但是，在案件审理的过程中，有一个

旧法的后及效力问题，即旧的行政法规范对新法之后的行为是否产生溯及
力？如图 7-7 所示：

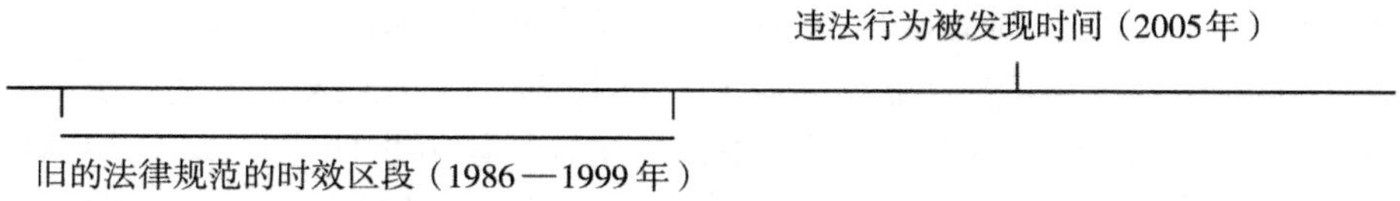

违法行为被发现时间（2005年）

旧的法律规范的时效区段（1986—1999年）

图 7-7

该路段上的禁行标志是旧标志，我国的《道路交通标志和标线》（1986 发
布，1999 年修订）规定机动车的禁令标志是汽车标识加斜杠，而不是汽车标
识加横杠。据此，杜某的代理律师认为路段禁令标志属于无效标志，即杜某并
没有违反交通规则；而交管部门则认为新旧交通标识的更换，不影响旧标识的
法律效力。也就是说，根据惯例或者习惯，司机应当知道旧标识的意义和作
用。对此，如果法院要进行审查，则涉及法官对待法律规范的司法态度，即如
果采取形式标准，严格适用 1999 年以后的新标识，可认定原告没有交通违章；
如果采取实质标准，不看新旧标识或者规范本身，而是按照一个普通民众遵守
交通规则的标准来看新旧标识的实际作用。此外，还可以考虑新旧标识更换需
要时间和财政支持的问题。那么，作出司法判断的结果可能就不同了。

情形 9：附条件的溯及既往

台湾"司法院"大法官释字第 142 号解释理由书："'营业税法'第 41
条：'营利事业匿报营业额逃漏营业税，事实发生之日起五年内未经发现者，
以后不得再行课征'之规定，系民国五十四年十二月三十日修正旧营业税法
全文时所增订，从而逃税事实发生在该法条增订以前者，因行为当时施行之营
业税法无课征期间之限制，故无论经过时间之久暂均得课征，而逃税事实发生
在该法条增订以后者，则依该法条规定事实发生之日起五年内未经发现者，以
后即不得再行课征，是在该法修正公布施行之日以前虽逃漏多年未经发现之营
业额仍须课征，而在该法修正公布施行之日以后，虽逃漏仅五年未经发现之营
业额反不得课征，既属有失公平。"

台湾的"营业税法"在 1965 年进行修订，其中规定自事实发生之日起五
年内未经发现逃漏营业税者，以后不得再行课征。对此予以适用，有两种情

215

形：（1）不溯及既往：适法的不公平。1965 年之前，无五年追征期的规定，无论逃税多少年，都需要追缴；而 1965 年之后，五年未经发现的不再追缴。（2）溯及既往：税收公益的丧失。如果考虑溯及既往，即将五年追征期溯及 1965 年以前的行为，则 1960 年之前逃漏的营业税不再追缴，适法的公平性问题解决了，但是，却造成了税收公共利益的损失。对此，法官进行司法解释："营利事业匿报营业额逃漏营业税之事实发生在民国五十四年十二月三十日修正全文公布施行之营业税法生效日以前者，乃宜自该日起算，五年以内未经发现者，以后即不得再行课征，以期平允。"这一司法解释要求所有逃漏营业税行为都从新法生效之日起算，而不是从逃税事实发生之日起算，即通过附条件（起算标准）的溯及既往，来实现上述两种矛盾情形的折中处理。

情形 10：立法溯及既往与执法溯及既往

【案例 7-5】某市出租车经营权的取得通过行政审批解决，且不需要交有偿使用费（无偿），其经营权的使用期限也未作规定（无期）。1996 年 6 月该市人大常委会通过了新的《客运出租汽车管理条例》规定，出租车经营权通过竞投等方式实行有偿使用。自此以 1996 年为界，新旧出租车经营者分别以有偿和无偿的方式进行经营。后该市政府以《通知》的形式决定对原行政审批取得出租车经营权的经营者，一次性征收经营权有偿使用费 3 万元，并核定经营权使用期限为 10 年。随后，原经营者对市政府的决定不服，以政府行为违反了"法不溯及既往"的原则为由提起行政诉讼。

该案的法律问题是市政府的行政行为是否有违不溯及既往的原则？这个问题比上述温某建房的案例要更加复杂。某市的出租车行业中的小型客运出租汽车经营权的取得通过行政审批解决，且不需要交有偿使用费（无偿），其经营权的使用期限也未作规定（无期）。1996 年 6 月该市人大常委会通过了新的《客运出租汽车管理条例》规定，小型客运出租汽车在市区的经营权通过竞投等方式实行有偿使用。自此出现以 1996 年为界限，新旧出租车经营者分别以有偿和无偿的方式进行经营。后该市政府经请示两级人大常委会，以《通知》的形式决定对市区原行政审批取得出租车经营权的经营者，一次性征收经营权有偿使用费 3 万元，并重新核定经营权使用期限为 10 年。随后，原经营者对市政府的决定不服，以政府行为违反了"法不溯及既往"的原则为由提起行政诉讼。原告诉求的理由是政府行为触及了他们以往的利益关系，构成溯及既往。这一问题可以从三个方面来解释：（1）行政法不溯及既往，是指是否溯及"事件和行为"，而不是指是否溯及"主体"。如果将其理解为主体，那么任何新法都可能影响到人的利益，不溯及既往是新法不对新法之前的事件或者行为产生法律效力。（2）立法溯及既往与执法溯及既往的区分。上述案例中该市人大的立法本身直接规定了1996年前后的管理规定，而政府只是进行行政执法，其行政执法活动本身没有溯及既往。（3）既得利益的法律保护。在新法之前，还存在没有法律规定和有旧法规定的情况。在没有法律规定的情况下，根据法不禁止即自由的原则，公民的既得利益是值得法律保护的；在有旧法规定的情况下，公民违法只能根据旧法作出裁判，新法不得溯及既往。

情形 11：判例的溯及既往

【案例 7-6】1928 年美国联邦最高法院在 Long v. Rockwood 案中，认为作家因版权收入不得作为课税对象；1932 年美国联邦最高法院在 Film Corp. v. Doyal 案中，推翻 1928 年的判例，认为作家应该就该收入缴税。在 1934 年的 Rice v. Graves 案中，纽约州政府认为依照 Film Corp. v. Doyal 案判决结果，原告收了版权费应该向政府缴税，包括从 1928 年至 1932 年间的收入，即自 1932 年起溯及至 3 年前的税都需补缴，原告不愿意补缴。

该案的法律问题是 Film Corp. v. Doyal 案推翻 Long v. Rockwood 案判决，而自为新判例，该新判例是否发生溯及既往的效力？对此，美国著名法官布莱克斯通（Blackstone）认为法院的判决并不会改变法律的内容，不论法院判决如何解释法律，都不能创造法律。因此，后法院推翻前法院的判决，并不会改变法律内容或创设新的法律规定。法律本身没有改变，当新判决改变旧判决时，等于后判决推翻前面法院对法律的解释，也就是认为前法院因解释错误而自始无效，前面判决如同从来没有出现，后判决当然有溯及既往的效力，没有"不溯及既往原则"的问题。该案判决认为 Film Corp. v. Doyal 判例有溯及既往的效力，原告应补交版权收入的税金及 6% 的滞纳金。[①]

---

① 潘维大、刘文琦编著：《英美法导读》，法律出版社 2000 年版，第 88 页。

情形 12：法不溯及既往与政府诚信

某市政府颁布了《某市基本生态控制线管理规定》（2012 年），并划定"基本生态控制线"。C 项目（2011 年启动）部分房屋位于某市"基本生态控制线"范围内，该部分房屋是否应当给予补办规划审批手续？在该法律意见书中，笔者从三个方面展开分析：（1）《某市基本生态控制线管理规定》的法律适用，即法不溯及既往原则的适用、该管理规定第 15 条规定的适用以及法律效果与社会效果的兼顾。（2）补办相关手续的合法性。（3）政府诚信与地方经济发展的关系。（详见第五章中关于 A 公司补办规划审批手续的法律意见书）

第八章 法律实习制度及其改革

第一节 法学教育中实践教学的发展

自 1978 年以来，陆续恢复和增加了全国重点高等学校，共为 88 所。① 直到 1983 年 8 月，全国已有全日制高等法学院系 35 个，在校学生已超过 1.1 万人，法律专业教师 1400 多名。②除了法学院及其法律专业的建设之外，实践性教学与法律实习也受到一定程度的重视。1983 年 12 月，司法部和教育部联合召开的"全国高等法学教育工作座谈会"，指出积极发展多层次、多规格、多种形式的高等法学教育，在教学方法的改革上，要改变"满堂灌"的教学方法，注重启发式的教学方法多加强实践课，建立法律咨询处，积极创造条件，让学生较多地接触社会，充分运用模拟法庭、旁听审判、录像、挂图等，加强直观教学；认真组织学生开展社会调查；制定实习规范，建立实习基地，聘请兼职教师，加强对实习的指导。③ 在 1996 年的高等法学教育改革研讨会上，与会者就法律实习展开了讨论，"各校的做法不一，有的时间长些，如一学期，有的时间短些，如两个月；有的比较重视，有的则流于形式"。④

在教育部的政策供给上，教育部发布了一系列有关促进实践教学的文件，为推动高等院校的法律实践教学提供了政策依据和动力。教育部《关于普通高等学校修订本科专业教学计划的原则意见》（教高〔1998〕2 号）规

---

① 教育部《关于恢复和办好全国重点高等学校的报告》（1978 年 2 月 17 日）。

② 《贯彻全国高等法学教育会议精神 为提高法学教育质量而努力》，载《政法论坛》1984 年第 1 期。

③ 《贯彻全国高等法学教育会议精神 为提高法学教育质量而努力》，载《政法论坛》1984 年第 1 期。

④ 李红云：《高等法学教育改革研讨会会议纪要》，载《中外法学》1996 年第 2 期。

定，要处理好理论教学与实践教学的关系，要加强理论联系实际，明确实践教学目标，加强教学、科研和社会实践的有机结合，丰富实践教学内容、方式和途径。教育部《关于进一步加强高等学校本科教学工作的若干意见》（教高〔2005〕1号）规定，高等学校本科教学工作的主要任务和要求是"着眼于国家现代化建设和人的全面发展需要，加大教学投入，强化教学管理，深化教学改革，坚持传授知识、培养能力、提高素质协调发展，更加注重能力培养，着力提高大学生的学习能力、实践能力和创新能力，全面推进素质教育"。教育部等四部门联合下发了《关于进一步加强和改进大学生社会实践的意见》（中青联发〔2005〕3号），对开展多种形式的实践教学提出了要求。2007年初，以国家为主导的"本科教学质量与教学改革工程"启动，实践教学的改革创新被列为其中一项重要的建设内容。在2011年，教育部和财政部发布了《关于"十二五"期间实施"高等学校本科教学质量与教学改革工程"的意见》（教高〔2011〕6号）。同年12月23日，教育部、中央政法委员会联合发布了《关于实施卓越法律人才教育培养计划的若干意见》，其中规定培养应用型复合型法律职业人才，是实施卓越法律人才教育培养计划的重点，并要求法学高等教育适应多样化法律职业要求，坚持厚基础宽口径，强化学生法律职业伦理教育强化学生法律实务技能培养，提高学生运用法学与其他学科知识方法解决实际法律问题的能力，促进法学教育与法律职业的深度衔接。

教育部《关于开展"本科教学工程"大学生校外实践教育基地建设工作的通知》（教高函〔2012〕7号）规定，根据实施"高等学校本科教学质量与教学改革工程"的意见开展国家大学生校外实践教育基地建设工作。遵照教育规律和人才成长规律，对各类学生构建有针对性的实践教育方案，积极推动校外实践教育模式改革，由参与共建的高校和企事业单位共同制定校外实践教育的教学目标和培养方案，共同建设校外实践教育的课程体系和教学内容，共同组织实施校外实践教育的培养过程，共同评价校外实践教育的培养质量。同时，计划在中央部门所属高等学校立项建设125个实践基地，在地方所属高等学校建设500个实践基地。其中，北京大学、中国人民大学、清华大学、北京师范大学、中国政法大学、吉林大学、上海交通大学、山东大学、武汉大学、中南财经政法大学成为第一批建设法学教育实践基地的大学。①

---

① 2011年国家大学生校外实践教育基地建设项目名单。

与此同时，我国诊所法律教育对于促进法律实践教学的发展亦功不可没。诊所法律教育源自 1999 年美国福特基金会在北京召开的法律诊所教育课程研讨会。2000 年 9 月在该基金会的资助下，北京大学、清华大学、中国人民大学、武汉大学、中南财经政法大学、华东政法学院和复旦大学等 7 所高等院校开始进行诊所法律教育的试点。2002 年 7 月由十一所院校发起成立了中国法学会诊所法律教育委员会。截至 2017 年 3 月，中国诊所法律教育专业委员会已有会员单位 202 家。①

无论是政府和高校主导的实践教学改革，还是域外的诊所法律教育模式，都推动和促进了我国的法学教育。在此基础上，我国法学的实践教学基本上形成了实务课程、法律诊所和以实践基地为中心的毕业实习相结合的格局。

第二节　法律实践教学的"供给侧"改革

一、法律实践教学存在的问题

根据麦可思研究院发布的《中国大学生就业报告》，法学自 2011 年至 2015 年连续五年成为本科就业的"红牌专业"（失业量较大，就业率、薪资和就业满意度综合较低的专业）。在《就业蓝皮书：2017 年中国大学生就业报告》中，本科就业"红牌专业"包括法学、历史学、音乐表演、生物技术、美术学、生物工程。据统计，在 2016 届本科毕业生半年后的就业率中，最高的专业为护理学（93.9%），最低的专业为法学（89.3%）。② 为什么法学专业从过去炙手可热的专业变成了如今的"红牌专业"呢？从教育供给体系上来看，法学专业的实践教学至少存在以下五个方面的问题：

第一，在教育政策供给上，没有将法学学科作为"实践性很强的学科"进行规划，而是采取"一刀切"的方式予以对待，由此导致法学教育理念与目标的偏差；同时，这一取向受到高校"行政化"管理的影响，并得以强化：

---

① 中国诊所法律教育网：http：//www.cliniclaw.cn。
② 参见中国教育在线网，http：//www.eol.cn/html/pic/2017lps/。

（1）偏重于"通识教育"而弱化"职业教育"。一般而言，大陆法系国家偏重于"为更广泛的社会成员提供法律知识与意识上的训练"，而英美法系国家偏重于"为法律行业培养新人"。①我国本科的法学教育一直就存在"通识教育"与"职业教育"的争论，而最终的结果是"通识教育"成为法学教育的主流，其集中反映在本科培养方案的设定上。（2）以理工科为中心的教育政策一直影响着法学教育的发展。例如，《国家中长期科学和技术发展规划纲要（2006－2020年）》明确提出，"加快建设一批高水平大学，特别是一批世界知名的高水平研究型大学，是我国加速科技创新、建设国家创新体系的需要"。以科学研究见长的研究型大学是保持我国国际竞争力的重要战略资源。据此，教育部发布《关于加快研究型大学建设 增强高等学校自主创新能力的若干意见》（教技〔2007〕5号）予以具体执行。基于我国经济发展的需要，建设研究型大学确实是势在必行，但是，法学教育是否也要和强调科技创新的理工科一样进行"研究型"的转型发展呢？这一问题值得商榷。尤其是建设研究型大学在绩效评估上转化为可量化的论文发表和项目申请，则实践教学和实务型人才的培养处于被忽视的边缘地带。

第二，过去的教育供给体系存在绝对和相对的"产能"过剩问题。一方面，从法学专业毕业生人数和就业市场的比较来看，出现了严重的"供过于求"的现象。②经过数十年的高校扩建和扩招，截至2017年5月31日，全国普通高等学校共计2631所（含独立学院265所），③其中设有法学专业的高校有620余所。根据教育部阳光高考信息平台最新统计数据，2016年法学、会计学、英语、艺术设计、土木工程和计算机科学与技术等10个普通高校本科专业的毕业生规模最大，其中法学专业为8万~8.5万人。

另一方面，过去主要以培养研究型人才为主的供给体系，无法满足实务型人才的社会需求，具体表现为：（1）一般法律人才供给过剩，而高端实务型人才供给不足。过去的法学教育以知识教学为主，而弱化实践教学，经过通识

① 贺卫方：《法律教育散论》，载贺卫方编：《中国法律教育之路》，中国政法大学出版社1997年版，第114页。

② 例如，根据2016年国家公务员考试职位表，国家公务员招考职位是2669个，其中，招收法学专业的岗位仅仅为285个（很多岗位是法学和其他专业一并招收）。

③ 参见教育部网站：http://www.moe.gov.cn/srcsite/A03/moe _ 634/201706/t20170614_306900.html。

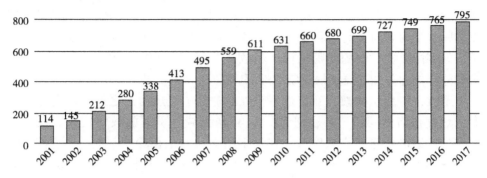

图 8-1　2001—2017 年全国高校毕业生人数（单位：万人）

教育之后，法学院的毕业生往往法律方面的通才，而非某一领域的专才。例如，在涉外法律实务中，很多学生缺乏专业的语言沟通能力，也不熟悉涉外的法律业务；在企业法务上，很多学生只有法律专业知识，而对企业的产品（需要理工科知识背景）和经营管理不甚了解；在金融、证券、知识产权等专业领域上，很多学生熟悉法律条文，而对实务操作知之甚少。（2）无法跟上日益扩大的多样化和特定化的社会需求。例如，人工智能和其他高新技术的发展为法学带来了新的机遇，包括法律检索和文书写作的智能化、大数据分析、无人化机器和经营等；又如，随着"一带一路"的发展，涉外法学实务型人才的培养亦须与时俱进。

第三，在实践教学上对学生的人均投入不足。许多法学院在教育部的"指挥棒"下大力投入实践基地的建设，而在学生身上平均投入的师资和经费却是九牛一毛，即"硬件建设"过度投入而"软件建设"投入不足。一方面，由于学生人数多，很多实践教学课程都无法实现小班教学；另一方面，只注重实践基地的启动建设，而忽视运行过程中持续性的经费投入。

第四，在师资供给上存在结构性问题，负责实践教学的师资缺乏制度性保障。从参与实践教学的师资构成来看，大致分为四类：（1）负责知识教学的教师，即法学各专业的教师。（2）负责实践教学的教师，即专职从事实践教学的教师。目前，有的法学院已经设立的实践教学的专职岗位，而大部分的法学院，其实践教学工作仍由法学各专业教师来兼任。（3）行政人员，即负责社会实践和毕业实习工作的行政岗位教师。（4）其他人员，如实习单位中的法官、检察官和律师等。

由于实践教学在教师的职称评定以及其他绩效考核中无足轻重，导致负责实践教学的师资不足，也使其无法将更多的精力投入实践教学之中，甚至出现以实践教学为名而实为项目申请的现象。在校外实习上，缺乏专业教师的指导，大多由负责行政的老师进行"粗放式"管理，而实习单位中法官、检察官和律师的业务指导更加缺乏制度性保障。

第五，诊所法律教育有待进一步发展。除了上述因素之外，诊所法律教育仍然存在诸多问题，其表现为：（1）作为域外引入的教学模式，没有和原有的实践教学进行有效整合。在很多法学院，法律诊所只是一门"特色"选修课程或者项目申请的"噱头"（至少在诊所法律教育发展的初期是如此）。（2）诊所课程多有域外司法的成分，而缺乏本土化的教学内容。（3）小班教学无法满足法学院学生人数较多的需求。（4）诊所教学方式和内容千差万别，缺乏规范化。（5）有的法学院缺乏法律援助机构或者类似组织的支持，其诊所教学的社会资源有限。（6）教学资源与教学课程还存在"时差"的问题。例如，诊所课程上了一半时间，才有当事人来寻求法律服务；负责一审诉讼业务的诊所学生由于诊所课程结束，而无法负责二审的诉讼业务等。

笔者2001年在武汉大学法学院参与诊所教育项目，并开设诉讼实务法律诊所课程。回顾十几年的诊所法律教育，仍时常想起2002年在中山大学珠海校区召开的《诊所法律教育本土化》国际研讨会。在这次会议上，发生了一个有趣的插曲。贺卫方老师对诊所法律教育的发展提出了善意的质疑，而与会的诊所老师对其"群起而攻之"。不过，这些质疑似乎在后来的诊所法律教育中得到了某种程度的应验。

二、法律实践教学的"供给侧"改革

2017年5月3日，习近平主席赴中国政法大学考察，其指出法学学科是实践性很强的学科，法学教育要处理好知识教学和实践教学的关系。要打破高校和社会之间的体制壁垒，将实际工作部门的优质实践教学资源引进高校，加强法学教育、法学研究工作者和法治实际工作者之间的交流。法学专业教师要坚定理想信念，带头践行社会主义核心价值观，在做好理论研究和教学的同时，深入了解法律实际工作，促进理论和实践相结合，多用正能量鼓舞激励学生。① 如何处理好知识教学和实践教学的关系，促进理论和实践的结合呢？从上述教育供给体系上存在的问题来看，法律实践教学需要进行"供给侧"的改革。②

从宏观层面来看，法律实践教学的"供给侧"改革可从如下方面展开：

（1）调整"一刀切"的教育政策，在研究型和实务型人才培养上予以政策平衡，构建符合法学教育规律和特点的教育体系。

（2）改变大学的"行政化"管理体制，让法学院以及教师有独立自主的教育管理权，尤其是在实践教学上对培养方案、教学计划、相关课程等作出灵活性的调整。

（3）经费投入从硬件建设转向对学生和教师的投入。

（4）改革职称评定和绩效考核的标准，激发专业教师从事实践教学的主动性和积极性。

从微观层面来看，法律实践教学的"供给侧"改革需要进行相关实践教学制度的整合，将毕业实习转变为实习课程以及将第四学年设置为"职业培训年"。

第三节　制度整合、毕业实习课程化和职业培训学年

一、实践教学的改革路径之一：模拟教学、法律诊所与毕业实习的制度整合

我国法学院基本上开设了模拟教学课程、法律诊所课程，并有社会实践和毕业实习。但是，在制度设计上各有不同。以下结合武汉大学法学院、清华大学法学院、中国人民大学法学院、中南财经政法大学、中国政法大学民商经济

---

① 参见中国国务院网站：http：//www. gov. cn/xinwen/2017-05/03/content＿5190697. htm#1。

② 吴敬琏等著：《供给侧改革》，中国文史出版社 2016 年版，第 142 页。我国经济在供给体系和结构上面临产能过剩、无法满足多元化和个性化的消费需求以及企业生产经营成本增加等方面的问题。与我国经济的"供给侧"改革类似，法律实践教学亦面临"供给侧"的改革。

法学院的法学本科培养方案，予以具体阐述：

（一）各法学院实践教学的制度设计

1. 武汉大学法学院①

（1）专业培养的目标。以培养适应全球化、信息化时代法治建设和社会发展需要的厚基础、宽口径、复合型、高素质的法律人才为目标，使学生成为德、智、体、能全面发展，具有坚实的法学理论基础，掌握系统的法学专业知识，具备必要的相关知识与人文素养，拥有较强的表达、组织与沟通协调能力，富有创新精神、社会责任意识、实践能力、国际视野和语言能力的，德智体美与健康个性和谐统一的，集法律知识、法律思维、法律技能、法律职业道德与法律修养于一体的、致力于用法律服务社会、既能从事法学研究也能适应司法实践工作的专门人才。

（2）专业培养的要求。系统掌握法学各学科的基本理论与基础知识，构建系统的法学专业知识体系；掌握法学的基本思维方法、分析方法和应用技术，能运用法学知识分析问题和解决问题；了解法学的理论前沿和国家法治建设的趋势，掌握文献检索、资料查询、社会调查、论文写作等科学研究的基本方法，具有从事科学研究的基本能力；掌握一定的经济学、政治学、社会学等学科知识，熟悉综合使用所学知识与方法认识问题、分析问题；具有良好的文字、口头表达能力和较强的论辩能力，并具备一定的组织协调能力；具有良好的说服、交际沟通与社会适应能力；掌握计算机的基本知识，并具有一定的应用能力；掌握一门以上外语，能够较好地阅读本专业的外文书刊，并有良好的口语和书面语表达能力。

（3）实践课程的安排。为了贯彻理论联系实际原则，培养学生分析问题、解决问题的能力，特别是动手操作能力，必须加强实践教学环节。实践类课程主要包括军事训练、公益服务、毕业实习、毕业论文（设计）、社会调查与实践（包括法律咨询、社会调查、庭审旁听和送法下乡活动等）、专题辩论、模拟审判及诊所法律教学等。实践课程（含课程教学中的实践部分）的总学时为522~540，占总学时的20.7%~21.4%，其中，集中实践教学课程的学时为198，占总学时的7.8%。法律诊所课组包括儿童诊所、性别诊所、行政诉讼

① 参见《武汉大学法学院本科培养方案》（2013年版）。

诊所、刑事法诊所、社区法律赋能诊所。法律诊所实行小班授课，每班 8~10 人。上述诊所类别学生选择其一学习，即可获得法律诊所课程学分并取得法律诊所课程学习证书。实务深化研讨课由实务部门专家讲授，采取集中授课方式，在第 3~4 学年完成。毕业论文（设计）为 4 学分，为期 8 周，不包括在实践教学环节内，详见表 8-1。

表 8-1

编号	实务型课程	学分	课时	选课时段
0300374	法律诊所课组	3	54	第 3~4 学年第 1 学期
0300375	法庭科学实验	3	54	第 2~4 学年第 1 学期
0300376	模拟法庭（含民商事、刑事、行政法律综合训练）	3	54	第 3~4 学年第 1 学期
0300377	涉外法律实训实验课程	2	36	第 3~4 学年第 1 学期
0300378	国家司法考试制度与实训	3	54	第 3~4 学年第 1 学期
0300379	模拟国际商事仲裁庭	2	36	第 3~4 学年第 1 学期
0300489	实务深化研讨课	2	36	第 3~4 学年第 1 学期
编号	实践教学（环节）	学分	课时	选课时段
1300024	专业实习	3	6 周	从第 3 学年结束后的暑假起，由本科生工作办公室统一安排

2. 清华大学法学院①

（1）专业培养的目标。培养具有扎实的法学理论功底和较强的法律应用能力，具备深厚的人文素养和必要的自然科学知识、管理知识，适应国家建设所需要的德智体全面发展的高素质的法律人才。

（2）专业培养的要求。具有坚定的法律信仰、崇高的道德品质、较强的团队协作意识和良好的文化修养、心理素质和身体素质；较好地掌握法学的基本理论知识和相关法律法规，了解法治建设的基本动态；具备运用法学知识发现问题、分析问题和处理问题的能力；具备应对现代社会的发展所需要的自然

---

① 参见《清华大学法学院本科培养方案》（2016 年版）。

科学、管理科学以及人文社科知识和外语能力。

（3）实践课程的安排。另有综合论文训练（40660620），为 15 学分，不包括在实践环节内，详见表 8-2。

表 8-2

编号	实践课组	学分	周学时	选 课 时 段
40660523	法律实务	3	2	第 4 学年秋季学期
40661432	法律诊所	2	2	第 3-4 学年夏季/秋季学期
编号	实践环节	学分	周学时	选 课 时 段
40661412	模拟法庭初级训练	2	2	第 2 学年夏季学期
40660612	社会调查	2	2 周	第 1 学年夏季学期
40660392	社会实践	2	4 周	第 2 学年夏季学期
40660822	司法实践	2	4 周	第 3 学年夏季学期

3. 中国人民大学法学院①

（1）专业培养的目标。旨在培养德、智、体、美全面发展的高素质法律人才。坚持"宽口径、厚基础、多选择、重创新、国际性"的培养理念，采取因材施教、分类培养模式，培养从事立法、行政、司法、法律服务等法律实务人才，从事法学教育与学术研究的研究型人才以及从事国际法律事务的涉外法律人才。

（2）专业培养的要求。适应建设社会主义法治国家的要求，做到有理想、有道德、有知识、有纪律；掌握系统的法律专业知识，了解国内外法学发展动态；具有良好的文字和口头表达能力、逻辑思辨和论证能力，具有独立分析和解决法律问题的能力；熟练掌握一门以上外语，具备听说读写译的水平；身体健康，达到"学生体质健康标准"。

（3）实践课程的安排，详见表 8-3。

---

① 参见《中国人民大学法学院本科培养方案》（2013 年版）。

表 8-3

编号	实务型课程	学分	课时	选 课 时 段
LW101755	法律诊所	4		第 3 学年春季学期
编号	实践教育环节	学分	课时	选 课 时 段
LW101902	社会研究与创新训练	2		第 3 学年春季学期
LW101904	社会实践与志愿服务	2		第 4 学年春季学期
LW101901	专业实习	4	4 周	第 4 学年春季学期
LW101803	毕业论文	4		第 4 学年春季学期

4. 中南财经政法大学法学院①

（1）专业培养的目标。培养德、智、体、美全面发展，适应社会主义市场经济建设和建设社会主义法治国家需要，具备扎实法学理论基础与系统法学知识，具有经济学、管理学等方面的知识和能力，具有良好政治素质和职业道德，富有创新意识和开拓精神，能在国家立法机关、司法机关、行政机关以及高等院校、科研机构和各类企业事业单位从事相应工作的法学专门人才。

（2）专业培养的要求。系统掌握法学专业的基本知识，具备从事涉外法学研究和处理涉外法律纠纷的基本能力，掌握从事现代法律职业所必备的经济、管理和人文等基本知识；熟悉我国有关的法律、法规，熟悉国际条约和国际惯例，熟悉主要国家和地区的立法；了解涉外法学的最新研究成果和发展动态；熟练掌握一门外语，听、说、读、写、译能力强，熟练运用计算机。普通话达到国家规定的等级标准。

（3）实践课程的安排，详见表 8-4。

表 8-4

编号	实践与实验课程	学分	课时	选 课 时 段
B0490070	法律诊所	2	32	第 2 学年第 2 学期
B1890010	学年论文	2		第 3 学年第 1 学期
B1890030	毕业论文	4		第 3 学年第 1 学期
B1890020	教学实习	4	8 周	第 4 学年第 2 学期

---

① 参见《中南财经政法大学法学院本科培养方案》（2013 年版）。

续表

编号	实践与实验课程	学分	课时	选 课 时 段
B0490030	商务法律实务	3	48	第 3 学年第 1 学期
B0490020	行政法律实务	3	48	第 3 学年第 1 学期
B0490010	法律方法应用实验	3	48	第 3 学年第 1 学期
B0490040	诉讼实务	3	48	第 3 学年第 1 学期

5. 中国政法大学民商经济法学院①

（1）专业培养的目标。旨在培养具有厚基础、宽口径、高素质、强能力的复合型、应用型、创新型高级法律职业人才。学生具有广泛的人文社会科学与自然科学领域的知识基础；具有较坚实的法学理论基础，系统地掌握法学知识和法律规定，了解国内外法学理论发展及国内立法信息，并能用一门外语阅读专业书刊；具有较高的政治理论素质、较强的分析能力、判断能力和实际操作能力；能较熟练地应用有关法律知识和法律规定办理各类法律事务，解决各类法律纠纷，并具有从事法学教育和研究工作的基本能力和素质。

（2）专业培养的要求。掌握法学的基本理论、基础知识；熟悉法律工作的方针、政策和法规；具有执法的基本能力；掌握法学理论研究的基本方法，了解法学前沿理论及其研究动态，具有一定的教学、科学研究和实际工作能力；身体素质达到国家规定的大学生体育锻炼和军事训练合格标准，具备健全的心理和健康的体魄，能够胜任从事本专业范围内的各项工作的要求，能够履行建设祖国和保卫祖国的神圣义务；掌握一门外国语，能够熟练运用并达到国家规定的等级水平。

（3）实践课程的安排。有法律诊所课程 6 门，选修一门诊所课程可以免修专业实习，详见表 8-5。

表 8-5

编号	实务技能课程	学分	课时	选 课 时 段
401060082	法律文献检索	2	32	第 1/2 学年第 2 学期
401050062	法庭论辩技巧	2	32	第 2 学年第 2 学期

---

①　参见《中国政法大学本科培养方案》（2017 年版）。

续表

编号	实务技能课程	学分	课时	选课时段
402070112	会计法实务	2	32	第2学年第2学期或第3学年第1学期
401050072	法律写作	2	32	第3学年第1学期
401050082	法律实践基本技能	2	32	第3学年第1学期
401050042	律师实务	2	32	第4学年第1学期
403010242	国际模拟法庭比赛（贸仲杯）	2	32	第3学年第1学期
403010292	国际模拟法庭比赛（ICC审判竞赛）	2	32	第4学年第1学期
403030202	国际模拟法庭比赛（杰塞普模拟比赛）	2	32	第4学年第1学期
403010302	国际模拟法庭比赛（人道法模拟法庭比赛）	2	32	第4学年第1学期
403010282	国际模拟法庭比赛（国际替代争端解决方式模拟比赛）	2	32	第4学年第1学期
403010262	国际模拟法庭比赛（航空法模拟法庭比赛）	2	32	第4学年第1学期
403010272	国际模拟法庭比赛（知识产权模拟法庭大赛）	2	32	第4学年第1学期
401060042	替代纠纷解决方式	2	32	第4学年第1学期
402070102	税法实务	2	32	第4学年第1学期
402010052	民法实务	2	32	第4学年第1学期
402070092	金融法实务	2	32	第4学年第1学期
402040052	民事诉讼法实务	2	32	第4学年第1学期
403010192	国际模拟法庭基础	2	32	第4学年第1学期
403010122	空间法模拟法庭	2	32	第4学年第1/2学期
403030342	WTO法模拟法庭	2	32	第4学年第1学期
402020282	外国投资法律事务	2	32	第4学年第2学期
403010222	涉外商事法律实务	2	32	第4学年第2学期

续表

编号	实务技能课程	学分	课时	选课时段
403010232	涉外法律实务	2	32	第 4 学年第 2 学期
401050022	司法文书	2	32	第 4 学年第 2 学期
404020162	刑事辩护与代理实务	2	32	第 4 学年第 2 学期
401040132	非诉讼律师实务	2	32	第 4 学年第 2 学期
401040090	行政法诊所	0	80	第 4 学年第 1/2 学期
404020140	刑事法与刑事科学法律诊所	0	80	第 4 学年第 1 学期
402060070	知识产权法诊所	0	80	第 4 学年第 1/2 学期
404030040	少年越轨法律诊所	0	80	第 4 学年第 1/2 学期
402080030	劳动法诊所	0	80	第 4 学年第 1/2 学期
402050060	环境法诊所	0	80	第 4 学年第 1/2 学期
403010202	国际模拟庭比赛	2	32	第 4 学年第 2 学期
编号	实践教学环节	学分	课时	选课时段
	公益劳动和志愿服务	1	2 周	第 3 学年第 2 学期
	社会实践	2	4 周	第 3 学年第 2 学期
	学年论文	1	2 周	第 3 学年第 2 学期
	专业实习	5	10 周	第 4 学年第 2 学期
	毕业论文	8	16 周	第 4 学年第 2 学期

（二）各法学院实践教学课组设计存在的问题及其整合

在上述五个法学院的本科培养方案中，实践教学课组设计存在的问题：（1）没有将模拟课程、法律诊所和毕业实习予以整合，而是以实务课程和实践环节相区分。尤其是法律诊所课程和毕业实习相脱节，教学资源没有共享；（2）对实践教学的定位不清，例如，有的法学院将毕业论文作为实践环节的一部分，而有的法学院则排除在外；（3）除了模拟法庭以外，少有专门的模拟课程；（4）实务课程和实践环节的学分和课时各有不同；（5）毕业实习缺乏事前和事中的教师指导以及事后的评估，显得流于形式；（6）毕业实习仅仅限于学生在实习基地的学习，而没有将毕业实习予以课程化，由专门的指导老师结合实务部门的资源对学生进行实践教学；（7）实践教学缺乏针对法律职业的培训（如法官、检察官、律师或者公司法务等岗位培训）。

针对以上问题，制度整合的思路，详见表8-6：

表8-6

实践教学的形式	（1）公益服务以及其他社会实践（如社会调查）。 （2）模拟课程（含模拟法庭、实验课程，不包括案例研习）。 （3）法律诊所课程。 （4）毕业实习（不包括毕业论文）。
整合重点	（1）以司法、检察和律师业务能力为中心，根据学生毕业的职位要求进行整合。例如，增加法官和检察官职位实训课程。 （2）实践教学实行导师负责制。 （3）毕业实习转变为实习课程。例如，在法院或者检察院开设短期实习课程。 （4）实习鉴定转变为实习考试（法律实务能力测试）。未及格者，将须再次参加实习和考核。 （5）增加实践教学的课时，将大学第四学年转变为职业培训学年。 （6）在第四学年，将以上模拟课程、法律诊所课程和毕业实习整合为以职业培训为中心的实践教学模式，包括审判实务类课程、检察实务类课程和辩护实务类课程。

二、实践教学的改革路径之二：将毕业实习转变为实习课程

针对毕业实习流于形式的弊病，这一实践教学改革的核心在于法院或者检察院开设短期实习课程，使得毕业实习变成一个由教师指导的法律实务培训课程。其特点为：（1）以职业培训为主要内容；（2）实行导师负责制；（3）小班教学，人数控制在20人以内；（4）教学地点设置在实习基地；（5）实习课程为短期培训，为期10天；（6）实习考核为法律实务能力测试。

（一）实习课程的地点和人员安排

与松散式的毕业实习不同，实习课程由专门的实习导师负责指导，并将课堂设置在法院或者检察院等实习基地。这一教学改革的条件是法学院与实习单位签订教学实习基地共建协议，由实习单位提供容纳20人左右的会议室或者

其他场所以及多媒体设备，供实习学生和教师专用。

由于法学院学生较多，而参与实习单位实习课程的人数有限，可以采取学生报名参加实习课程，而由教师进行筛选。根据实习单位的接受实习学生的能力，以学生20人为一组分批次参加实习课程。未参加实习课程的学生可以按照传统实习模式进行毕业实习。

实习导师为法学院专职教师，也可以是实习单位的法官、检察官或者律师。例如，根据最高人民法院发布《关于建立法律实习生制度的规定》（法〔2015〕230号）规定，实习活动实行导师制。人民法院应指定经验丰富的法官或其他工作人员担任指导老师。实习人员在实习期间担任实习法官助理或实习书记员，在指导老师帮助下参与案件审理、案件记录、起草法律文书以及专题调研等辅助工作，详见表8-7。

表 8-7

人员和组织	实习工作流程
行政教师	负责实习的前期准备和与实习单位的协调。
实习学生	由行政教师或者实习导师组织安排办理实习证，并宣布实习纪律。
实习导师	负责为期一个月的课程讲授和实习评估；在条件允许的情况下，法官、检察官或者律师可以与实习导师共同授课。
法学院	提供相关实习费用，如学生和教师的交通费、授课法官或检察官的指导费用等。
实习单位	提供专用的实习场所以及其他条件。

（二）实习课程的时间安排

实习课程为期一个月，实际课时为20天左右（扣除节假日），详见表8-8。

表 8-8

天数	法院	检察院	律所或者公司
1	参观和法官介绍	参观和检察官介绍	参观和律师介绍
2	书记员工作	书记员工作	律师助理工作
2	实案的阅卷笔录	实案的阅卷笔录	实案的阅卷笔录

续表

天数	法院	检察院	律所或者公司
2	实案的证据分析	实案的证据分析	实案的证据分析
2	实案的文书写作	实案的文书写作	实案的文书写作
2	预备庭或者庭前会议观摩	提审犯罪嫌疑人	预备庭或者庭前会议观摩
2	模拟庭审	模拟公诉	模拟应诉
2	正式庭审观摩	正式庭审观摩	正式庭审观摩
3	案件焦点问题讨论	案件焦点问题讨论	案件焦点问题讨论
2	实习反馈和评估	实习反馈和评估	实习反馈和评估

（三）实习课程的内容设置

实习课程旨在提高实习学生的法律实务技能，进行实习岗位的业务培训，让实习学生能够在入职后具有独立办案的能力。以法院实习为例，其内容如表8-9所示。

表8-9

书记员工作	让实习学生熟悉书记员的工作职责和流程，包括案件登记、文书制作、开庭通知、时间和场地安排、庭审记录、与主审法官协调等。
阅卷笔录	以卷宗材料为基础，指导学生进行阅卷，并作出笔录。
证据分析	结合原被告双方提交的证据材料，分析其中存在的问题，拟写质证提纲。
文书写作	让学生熟练掌握诉状、答辩状、代理词、判决书、裁定书等文书的写作。
预备庭或者庭前会议	观摩预备庭（或者观看录像），了解法官主持预备庭的方式，以及原被告双方的证据出示和提出初步意见。
模拟庭审	在正式庭审之前，由实习导师组织学生进行模拟庭审。
观摩庭审	观摩正式庭审（或者观看录像），要求学生做笔记，并进行事后讨论。
案件焦点问题讨论	模拟审判委员会的工作方式，对案件的焦点问题进行讨论。在条件允许的情况下，可以邀请法官参与模拟审委会讨论。
实习反馈和评估	实习导师对每一个学生在实习期的表现作出日志式记录，让学生进行实习讨论，最后由实习导师作出评估。

三、实践教学的改革路径之三：将大学第四学年设置为"职业培训年"

（一） 以职业培训为中心的教学改革

由于各法学院现有的实践教学课程比较分散，对法院、检察院、律师事务所或者公司等法律职业岗位上的业务能力培训不够重视，从而导致很多法学院毕业生入职后缺乏独立办案的实务能力。加之，建立类似国外的司法研修所，需要大量的人力资源和财政拨款。对此，这一教学改革的特点为：（1）将实践教学课程集中到大学第四学年，全年设置为"职业培训年"；（2）以职业培训为中心来设置课程；（3）仿照国外司法研修所的实训模式，在实习单位引入实习课程；（4）设置法律职业考试辅导的课程；（5）学生统一参加审判实务、检察实务和辩护实务的研修，并经考核或者考试对其实务能力进行评估。具体教学安排如表 8-10 所示：

表 8-10

	第一学期	第二学期
第一学年	通识教育	通识教育和专业知识教学
第二学年	专业知识教学	专业知识教学
第三学年	专业知识教学	专业知识教学
第四学年	专业实践教学	专业实践教学

（二） 实践课程的类型化与课程安排

将现有的法律诊所、模拟法庭、毕业实习、文书写作、刑事侦查实验、案例研习和实务讨论等课程予以整合，取消文书写作课程，将毕业实习改为实习课程，增设职业实训课程和实习课程，其中法官、检察官、律师或者公司法务实训课程为校内教学，法院、检察院、律所或者公司实习课程为校外教学，具体分为三组：

（1）审判实务类课组，包括诉讼类法律诊所、模拟法庭、法官职位实训课程、法院实习课程等；其中，法院实习课程还可以分为民事、刑事和行政审判三类实务课程。

（2）检察实务类课组，包括刑事类法律诊所（如刑事辩护、社区矫正等）、检察官职位实训课程、检察院实习课程等。

（3）辩护实务类课组，包括诉讼类法律诊所、律师或公司法务职位实训课程、律所或公司实习课程等。

具体课程安排如表 8-11 所示：

表 8-11

第四学年	实践课程	要　　求
第一学期	各类法律诊所	选修其中一门
	模拟法庭	选修
	法律职业道德	必修
	法官职位实训	必修
	检察官职位实训	必修
	律师或公司法务职位实训	必修
第二学期	审判实习（法院实习）	必修
	检察实习（检察院实习）	必修
	辩护实习（律所或者公司实习）	选修

此外，值得注意的是：（1）法律诊所课程作为选修课可以安排在第三学年的第一学期。（2）为了减轻实习安排的压力，可采取审判实习、检察实习（必修）和辩护实习（选修）的模式；或者没有条件让所有学生参加实习课程的，可以将上述三类实习课程都作为选修课，没有参加实习课程的学生可以自择实习单位进行实习。（3）考虑到法学院毕业生到了大学四年级第二学期面临各种就业面试，实习课程可以提前到第四学年的第一学期。